庆祝太原科技大学六十周年华诞系列专著

审计意见及其影响的实证研究

白宪生 著

经济科学出版社

责任编辑：刘　莎
责任校对：刘　昕
版式设计：代小卫
责任印制：邱　天

图书在版编目（CIP）数据

审计意见及其影响的实证研究/白宪生著. —北京：
经济科学出版社，2012.6

ISBN 978 - 7 - 5141 - 1829 - 2

Ⅰ.①审…　Ⅱ.①白…　Ⅲ.①上市公司 - 审计 -
研究 - 中国　Ⅳ.①F239.22②F279.246

中国版本图书馆 CIP 数据核字（2012）第 073502 号

审计意见及其影响的实证研究

白宪生　著

经济科学出版社出版、发行　新华书店经销
社址：北京市海淀区阜成路甲 28 号　邮编：100142
总编部电话：88191217　发行部电话：88191537
网址：www.esp.com.cn
电子邮件：esp@esp.com.cn
北京密兴印刷有限公司印装
710×1000　16 开　15.5 印张　280000 字
2012 年 6 月第 1 版　2012 年 6 月第 1 次印刷
ISBN 978 - 7 - 5141 - 1829 - 2　定价：48.00 元

总　　序

　　2012 年，太原科技大学将迎来 60 周年华诞。值此六秩荣庆之际，我校的专家学者推出了这套学术丛书，以此献礼，共襄盛举。

　　六十年前，伴随着新中国的成立，伟业初创，百废待兴，以民族工业为先锋的社会主义现代化建设蓬勃兴起，太原科技大学应运而生。六十年来，几代科大人始终心系民族振兴大业，胸怀制造强国梦想，潜心教书育人，勇担科技难题，积极服务社会，为国家装备制造行业发展壮大和社会主义现代化建设做出了积极贡献。四万余名优秀学子从这里奔赴国民经济建设的各个战场，涌现出一大批杰出的科学家、优秀的工程师和知名的企业家。作为新中国独立建设的两所"重型机械"院校之一，今天的太原科技大学已发展成为一所以工业为主，"重大技术装备"领域主流学科特色鲜明，多学科协调发展的教学研究型大学，成为国家重型机械工业高层次人才培养和高水平科技研发的重要基地之一。

　　太原科技大学一直拥有浓郁的科研和学术氛围，众位同仁在教学科研岗位上辛勤耕耘，硕果累累。这套丛书的编撰出版，定能让广大读者、校友和在校求学深造的莘莘学子共享我校科技百花园散发的诱人芬芳。

　　愿太原科技大学在新的征途上继往开来、再创辉煌。

　　谨以为序。

太原科技大学校长　郭勇义

二零一二年六月

前　　言

　　证券市场是企业融通资金的重要渠道，它的健康有序发展对国家经济的发展极为重要。通过对上市公司年报审计意见及其影响的实证研究，能够从不同角度揭示出与审计意见类型相关的各种现象和规律。本书的研究成果，对于我国证券市场和审计市场的长远发展具有十分重要的现实意义。

　　六年多来，在太原科技大学有关领导、老师、同学们的关心和支持下，在山西省社科联重点课题"审计意见及其影响的实证研究"的基础上，《审计意见及其影响的实证研究》一书终于完成了，这段充满辛勤、充实、收获和快乐的日子让我终身难忘。

　　本书采取了理论分析和实证研究相结合、定性和定量相结合的研究方法，在文献研读的基础上，以我国沪深两市A股上市公司为研究对象，就审计意见对股价的影响以及会计师事务所变更、盈余管理、公司治理、审计费用、持续经营能力和内部控制等与审计意见的关系，开展了七项重要的实证研究，根据研究结论针对普遍存在的问题提出了相关的建议。

　　本书的研究价值在于：对于注册会计师来说，一是本书的研究结论在出具审计意见时起着辅助判断作用，有助于审计师进一步加强对会计舞弊行为的监督；二是能帮助社会公众正确认识注册会计师在识别并揭露企业的会计舞弊行为方面所起的作用，增强对注册会计师行业发展的信心。对于投资者来说，本书的研究结论可以帮助投资者根据某公司的财务报表，预先判断其财务报表可能会得到何种类型的审计意见，为投资者的决策服务。对于监管部门来说，本书的研究结论为其加强对上市公司的监管和提高会计信息披露的质量，提供新的思路和方法。

　　本书研究中取得的每一个成果，都离不开太原科技大学领导、老师和学生的支持和帮助，特别是田新翠老师在研究过程中曾给予很大的帮助；本书所需要的大量数据大部分是由贺清照、宁莉、李微微、刘娟妮、孟祥花、马艳、马静、赵愿莉、赵慧敏、刘丽仙、王会伟、王晓璇、吴然、光涵、高卓婧、赵云云、赵倩、高颖、赵静、张艺馨、田英芳、郭雨、范晓蕾、关娅丽、郭萍、高庭瑞和曹志铭等同学收集的，没有他们的辛勤劳动，要完成这样一本实证研究的书是非常困难的；本书在编写过程中参阅了国内外学者的大量研究文献，这些研究成果为本书的研究提供了重要的帮助。借此机会，谨向他们表示诚挚的感谢。

       由于本人水平有限，《审计意见及其影响的实证研究》一书中难免存在一些不足和错误，敬请各位读者批评指正。

白宪生

2012 年 4 月于太原

摘　　要

　　审计意见及其影响是国内外审计界研究的主要领域之一，国内外学术界、职业界和监管界对此都进行了广泛的研究和探讨。本书采取了理论分析和实证研究相结合、定性和定量相结合的研究方法，在文献研读的基础上，对审计意见及其影响的相关理论进行梳理，就审计意见对股价的影响以及会计师事务所变更、盈余管理、公司治理、审计费用、持续经营能力和内部控制与审计意见的相关理论进行阐述，并以沪深两市 A 股上市公司为研究对象开展了以上七项重要的实证研究。

　　本书的主要内容包括：绪论、文献回顾、审计意见的相关理论、审计意见对股价的影响、会计师事务所变更与审计意见、盈余管理与审计意见、公司治理与审计意见、审计费用与审计意见、持续经营能力与审计意见、内部控制与审计意见、主要研究结论与建议等。

目　　录

第一章 绪 论

第一节 研究背景和意义

证券市场中，企业管理层掌握着有关证券价值的内幕消息，绝大多数财务报告的使用者都不参与企业的经营，一般接触不到编制财务报告所依据的会计记录和会计账簿，即使可以接触，往往由于时间和成本的限制也无法对其进行审查，只能依赖于公开披露的资料来获取相关信息以估计证券的价值，这些相关信息的主要来源渠道是企业管理层定期向外界提供的财务报告。要提高财务报告的可信度，就需要一个来自企业外部独立的审计师对财务报告进行审计，出具具有鉴证作用的审计报告。

审计意见是注册会计师根据审计准则的要求，在实施必要的审计程序后对上市公司财务报表的合法性和公允性发表的意见，其根本目的在于提高财务报表信息的可信赖程度，增强财务报表预期使用者的经济决策相关性，减轻由于"信息不对称"所带来的交易成本。审计报告是审计意见的载体，是注册会计师根据执业准则的要求，在实施了必要审计程序的基础上，对被审计单位财务报表发表审计意见的书面文件。

理论研究表明，财务报表使用者有着各自的利益，这种利益与被审计单位管理层的利益存在很大的差异。出于对自身利益的关心，财务报告使用者常常担心企业管理层会提供带有偏见、不公正甚至欺诈性的财务报告，因此他们往往会向外部独立的审计师寻求鉴证服务。审计师按照审计准则的规定，在获取充分、适当的审计证据后，对财务报表的合法性和公允性发表审计意见。由于审计师独立于被审计单位，因此经过审计师审查的财务报表更为可靠，能够增加预期财务报表使用者的信心，减少因使用财务报表而发生的决策失误。由于审计报告能够影响投资者的决策，有些并不需要进行法定审计的私人企业也会自行聘请审计师进行审计，以获取审计师对财务报告整体不存在由于舞弊或错误导致的重大错报的合理保证，得到高于审计费用的超额收益。

不同类型审计意见的审计报告，可以提高或降低会计报表信息使用者对会计报表的信赖程度，在一定程度上对被审计单位的财产、债权人和股东的权益以及企业利害关系人的利益起到保护作用。如果某上市公司的年度财务报表被出具了非标准审计意见的审计报告，说明该上市公司的年度财务报表在所有重大方面不完全符合适用的财务报告编制基础，不能公允反映其财务状况、经营成果和现金流量，所公布的盈利数字被操纵的可能性大，企业的持续经营能力存在重大不确定性，未来的现金流动存在着较大问题，投资者承担的风险较高。非标准审计意见对投资者来说是一个"坏消息"，投资者会相对降低对股票价值的市场预期，导致股票价格的下跌。审计意见特别是非标准审计意见的披露，对市场评判上市公司财务报告的合法性和公允性起着至关重要的作用。

2003～2010 年我国上市公司年报审计意见类型的情况如表 1.1 所示。

表 1.1　　　　　　2003～2010 年我国上市公司审计意见类型的情况　　　　　单位：家

意见类型 / 年度	标准无保留意见	非标准审计意见						合计
		带强调事项段无保留意见	保留意见	无法表示意见	否定意见	合计	非标占全部的比例	
2003	1 183	58	28	21	0	107	8.29	1 290
2004	1 228	69	52	27	0	148	10.76	1 376
2005	1 204	77	57	28	0	162	11.86	1 366
2006	1 307	85	35	29	0	149	10.23	1 456
2007	1 449	90	14	17	0	121	7.71	1 570
2008	1 514	76	18	17	0	111	6.83	1 625
2009	1 655	86	13	19	0	118	6.66	1 773
2010	2 011	86	25	7	0	118	5.54	2 129
合计	11 551	627	242	165	0	1 034	8.22	12 585

资料来源：根据中国注册会计师协会发布的《年报审计情况快报》和上市公司审计报告加工整理而成。

从表 1.1 可以看出，非标准审计意见无论是绝对数还是所占全部上市公司年报审计意见比例相对数，都呈现了先升后降的趋势。

注册会计师出具的审计意见既是会计信息使用者判断上市公司会计信息可信度的主要依据，也是监管当局监测上市公司的重要指标，直接影响着上市公司的股价及融资能力，故而上市公司会尽量避免其年报得到非标准审计意见的审计报告。审计意见的影响力越大，上市公司规避非标准审计意见的动机越强，社会公众对注册会计师的能力和道德要求就越高。为了提高注册会计师的专业胜任能力和职业道德水平，国家采取了诸如资格证书制度等种种措施，采用立法等方法规范注册会计师的行为。在这样的监管背景下，注册会计师的审计风险进一步加大，整个行业面临着严峻的执业环境，作为经济人的注册会计师及其事务所执业也会更加谨慎，必然会采用种种办法回避或减轻自己的审计风险，最好的办法是除了尽量遵循执业准则外，还要尽量控制审计风险，适时地根据实际情况改变审计风险的计量模型。

从审计实务的发展来看，为了适应新的审计环境，完成繁重的审计工作，减少工作量和提高效率，审计师以审计抽查方法替代了传统的详细审计方法，实现了审计方法上的飞跃。由于被审计对象的不确定性，对被审计对象的错弊程度的确定、抽查样本的取舍、误差范围和误差率的估计都有一定的难度，简单地运用抽查会严重地影响审计工作的质量。随着经济全球化进程的加快，为了对财务报表不存在由于错误或舞弊导致的重大错报获取合理保证，规避审计风险，审计界采用了风险导向审计方法，其核心是要求审计师评估财务报表重大错报风险，设计和实施进一步审计程序以应对评估的错报风险，得出正确的审计结果，出具恰当的审计报告。在风险导向审计方法下，需要注册会计师在执业中不仅要特别关注公司的财务状况和经营业绩，还要关注公司的盈余管理、公司治理、内部控制、持续经营能力等情况，充分了解被审计单位及其环境，以识别和评估重大错报风险，从而确定控制测试和实质性程序的性质、时间和范围，降低可接受的检查风险，将审计风险控制在一个可接受的范围之内。

审计的独立性一直是审计界广泛争论的热点问题，审计意见类型是否恰当也是审计界面临的难题。随着国内外经济的快速发展和企业经营环境的急速变化，一些知名公司发生了财务丑闻和审计失败事件，这些审计失败事件并不是审计师在审计程序上的缺陷，究其原因主要是审计师没有履行好独立审计职责，未能发现会计报表中的重大错报、漏报，有些审计师甚至与上市公司同流合污联手做假账，欺骗会计信息使用者，严重损害投资者的利益。在这些财务造假和审计失败的事件中，上市公司（或拟上市公司）存在的问题一般集中于虚增利润、虚构交易、虚构重要原始凭证、隐瞒重大违反法规行为或披露不充分等，审计师对于这些问题未能做到勤勉尽责，未能恰当地发表审计意见和报告有关事实，导致审计失败。这些审计失败案的发生，使社会公众对一般审计目标和现行审计方法产生了质疑，推动了审计准则的修订和相关政策的出台。

审计意见及其影响是国内外审计界研究的主要领域之一，国内外学术界、职业界和监管界对此都进行了广泛的研究和探讨。在理论和实证研究方面，国外的研究起步较早，已作出大量有益的探索，国内的研究起步较晚，系统研究审计意见的信息含量和非标准审计意见影响因素的文献不太多，对审计意见有没有信息含量、哪些因素会影响审计意见还缺乏经验性的证据。投资者由于自身专业知识的有限性和鉴定信息的高成本性，难以对日趋复杂的会计业务的处理、财务报表的编制和会计信息的质量做出判断，只能依赖在证券市场担任"警察"角色的注册会计师出具的审计意见。随着与注册会计师审计有关的系列财务丑闻事件的不断曝光，严重挫伤了投资者对审计意见的信任度。目前，我国证券市场正处于规范和发展时期，一系列监管政策的出台对证券市场影响很大，2005年《公司法》和《证券法》实施以来，对改善上市公司的公司治理结构和完善信息披露具有积极的作用，随着股权分置改革的实施，通过资产重组、并购等活动改善了上市公司的经营状况。在此情形下，投资者是否信任注册会计师、是否会利用审计信息对不同类型的审计意见做出不同的市场反应、不同年度审计意见的信息含量有无差异、能否因上市公司会计信息披露质量的提高而降低审计风险、新审计准则的实施能否提高审计质量和增加审计意见的信息含量等，就成为审计界研究的新课题。

会计师事务所变更、盈余管理、公司治理、审计费用、持续经营能力和内部控制等与审计意见的关系，在不同国家、不同证券及审计市场环境下的研究结果不同。我国的证券市场有着特殊的背景和发展状况，部分上市公司是由国有企业改制而成，国有股和法人股所占比重大，导致所有者缺位和经营者的权利被放大，公司经营层通常由政府部门行政任命，总经理和董事长大多为兼任，存在"一股独大"、"内部人控制"、股权集中、监事会徒有虚名等公司治理结构缺陷。证监会陆续出台了一系列主要基于会计数字的配股资格规定，提高了再融资的"门槛"，对亏损公司也有了相应的惩罚政策，上市公司为了实现自身效用的最大化，有采取盈余管理进行"审计意见购买"的动机，注册会计师在利益驱使下可能会作出不适当的让步。针对上述问题，识别和分析我国上市公司会计师事务所变更、盈余管理、公司治理、审计费用、持续经营能力和内部控制等与审计意见的关系，评价我国上市公司审计的执行现状，弥补我国审计实证研究的不足，为审计行业监管者制定相关的监管制度提供理论支持。对审计意见及其影响进行实证研究的目的是：

（1）通过审计意见对股价影响的实证研究，揭示不同类型的审计意见对股价到底有无影响、若有影响是否显著、投资者是否对不同类型的审计意见做出不同的市场反应、投资者对审计意见的反应力度和反应的时间段等情况或内在规律。

（2）通过对会计师事务所变更与审计意见的实证研究，揭示会计师事务所变更与上期审计意见类型的关系，以及变更后是否能够使审计意见得以改善。

（3）通过对盈余管理与审计意见的实证研究，揭示上市公司存在的不同程度的盈余管理行为，注册会计师能否识别并通过不同类型的审计意见反映出来。

（4）通过对公司治理与审计意见的实证研究，揭示内部公司治理结构与审计意见的关系。

（5）通过对审计费用与审计意见的实证研究，揭示审计费用是否与审计意见有关，审计意见类型是否与审计费用具有相关性。

（6）通过对上市公司的持续经营能力与审计意见的实证研究，揭示不同的审计意见类型能否反映上市公司的持续经营问题，注册会计师由于持续经营能力问题出具非标准审计意见时主要关注哪些指标。

（7）通过对内部控制与审计意见的实证研究，揭示内部控制对审计意见类型的影响，注册会计师对内部控制好的和不好的上市公司在审计意见上有无区别。

通过对上市公司年报审计意见及其影响的实证研究，能够从不同角度揭示与审计意见类型相关的现状和规律，有助于注册会计师进一步加强对会计舞弊行为的监督；可以帮助社会公众正确认识注册会计师在识别和揭露企业的会计舞弊行为方面所起的作用，增强其对注册会计师行业发展的信心；可以帮助投资者根据某公司的财务报表，预先判断该公司可能得到何种类型的审计意见，为投资者的决策服务；为监管部门加强对上市公司的监管和提高会计信息披露质量，提供新的思路。本书对于我国证券市场和审计市场的长远发展，对制定有助于提高我国审计独立性的监管措施，具有十分重要的实用意义。

第二节　研究的内容

本书通过实证研究的方法，研究审计意见对股价的影响，研究会计师事务所变更、盈余管理、公司治理、审计费用、持续经营能力和内部控制等与审计意见的关系，探索审计意见的信息含量和会计师事务所变更等其他因素是否与审计意见有关及其关联的程度。本书共有十一章，主要内容如下：

第一章是绪论。阐述了本书研究的背景和意义，明确了研究的内容和方法，总结了本书的特色和局限性。

第二章是文献回顾。通过对审计意见市场反应和会计师事务所变更、盈余管理、公司治理、审计费用、持续经营能力、内部控制与审计意见等方面的国内外研究成果进行回顾和梳理，掌握国内外的研究情况，寻找研究的方向。

第三章是审计意见的相关理论。阐述了审计师进行审计行为的相关理论，这些理论包括委托代理理论、保险理论、博弈理论和信号理论，为深层次探讨审计意见与股价以及会计师事务所变更、盈余管理、公司治理、审计费用、持续经营能力和内部控制等与审计意见的关系提供理论基础。

第四章是审计意见对股价的影响。在对相关理论进行分析的基础上提出研究假设，采用图形法、均值检验、相关性分析和多元回归等方法，以超额日收益率（AR）和累计超额收益率（CAR）为主要变量，实证研究 2007～2010 年上市公司的审计意见对股价的影响，得出结论并针对性地提出应对措施。

第五章是会计师事务所变更与审计意见。在界定了相关概念和描述了我国从2000~2010年会计师事务所的变更情况以及变更前后审计意见变化情况的基础上，以2009~2010年发生事务所变更的上市公司为研究对象进行实证研究，得出结论并针对性地提出应对措施。

第六章是盈余管理与审计意见。从盈余管理的概念入手，在研究盈余管理与审计意见关系的基础上提出假设，以2008~2010年沪深两市上市公司为研究对象，选用可控应计利润和非经常性损益比利润的指标作为主要解释变量，审计意见作为因变量进行实证研究，得出结论并针对性地提出应对措施。

第七章是公司治理与审计意见。从公司治理的概念和内部公司治理对会计信息披露的影响入手，以2009~2010年沪深两市上市公司为研究对象，对公司内部治理结构与审计意见的关系进行实证研究，得出结论并针对性地提出应对措施。

第八章是审计费用与审计意见。在对相关概念和理论研究的基础上提出假设，以沪深两市2008~2010年除金融企业和净资产为负数的企业外的所有披露了审计费用的A股上市公司为研究对象，进行实证研究，得出结论并针对性地提出应对措施。

第九章是持续经营能力与审计意见。在对持续经营能力概念界定的基础上，分析了影响持续经营能力的各种因素，讨论了持续经营能力对审计意见的影响，在分析上市公司因持续经营能力被出具非标准审计意见概况的基础上，提出相关假设，进行实证研究，得出结论并针对性地提出应对措施。

第十章是内部控制与审计意见。目前有关内部控制与审计意见研究的比较少。本章首先对内部控制的概念进行界定，其次研究了内部控制要素与财务报告可靠性的关系，在分析内部控制与审计意见关系的基础上，提出相关假设进行实证研究，得出结论并针对性地提出应对措施。

第十一章是主要研究结论与建议。总结了全书的主要结论，针对研究中普遍存在的问题提出了相关的建议。

第三节　研究的方法和数据来源

一、研究的方法

本书采取了理论分析和实证研究相结合、定性和定量相结合的研究方法，在文献研读的基础上，对审计意见及其影响的相关理论进行梳理，就审计意见对股价的影响以及会计师事务所变更、盈余管理、公司治理、审计费用、持续经营能力和内部控制与审计意见的相关理论进行阐述，以沪深两市 A 股上市公司为研究对象开展了七项重要的实证研究。

为了研究的方便，本书把年报被出具非标准审计意见上市公司简称为非标公司，把年报被出具标准审计意见上市公司简称为标准公司。

二、研究的数据来源

本书研究所需数据主要是根据以下资料逐一整理而成的：

（1）中国注册会计师协会网站发布的各年《上市公司年报审计情况快报》和《会计师事务所综合评价前百家信息》；

（2）上海证券交易所网站、深圳证券交易所网站和巨潮资讯网站的上市公司年报和公告；

（3）证券之星；

（4）新浪网；

（5）2009 年的内部控制排名和指数来源于《中国上市公司内部控制指数研究》一书；

（6）2010 年的内部控制评价数据来源于上市公司年报的"公司治理"和"重要事项"部分、"内部控制自我评估报告"和"社会责任报告"。

所有的实证分析都通过统计软件 SPSS17.0 版和 Excel 进行。

第四节　本书的特色和研究的局限性

一、本书的特色

本书以审计意见与股价以及会计师事务所变更、盈余管理、公司治理、审计费用、持续经营能力和内部控制与审计意见关系为主线，以我国沪深两市 A 股上市公司为研究对象，根据上市公司披露的近几年的年度报告和其他公告以及中国注册会计师协会各期的《年报审计情况快报》，采用多元回归、Logistic 回归分析、描述性统计分析、均值检验、相关性检验等方法，进行实证研究，针对性地提出应对措施。本书具有模型简单，方法直观，数据准确，结果真实等特色。

二、本书研究的局限性

由于有些数据的取得比较困难，研究中仅考察了上市公司公开披露的信息，对于一些研究中还需收集的数据，如公司内部治理结构中管理层和治理层发挥作用情况、内部控制执行的有效程度和投资者对审计意见的态度等信息，涉及具体的公司、事务所和投资者，需要借助问卷调查方式或其他途径获取有关的信息，实证研究中对这类指标没有进行分析。今后，在对审计意见及其影响进行实证分析时，应当采用多种调查研究方法，尽量获取较全面的数据，进行进一步的研究，得出更为准确的研究结论。

第二章 文献回顾

第一节 审计意见的市场反应

一、国外文献

国外对审计意见市场反应的实证研究始于 20 世纪 80 年代，从已有的研究结论来看，绝大部分都认为非标准审计意见具有一定的信息含量。

巴斯金（Baskin，1972）[1] 通过对股价变动的自然对数来衡量价格反应，探讨非标准审计意见的信息含量。结果发现非标准审计意见的财务报告对股价并无明显的影响。

费斯（Firth，1978）[2] 运用市场模型计算 AR 值（超额日收益率）和 CAR 值（累计超额收益率），分别选择了 247 家保留意见研究样本和无保留意见控制样本，对审计意见的信息含量进行了检验。研究结果显示，持续经营和资产计价保留意见对投资者的决策有重大的负影响；不同保留事项的保留意见信息含量有差异。

埃洛伊特（Elliot，1982）[3] 首次将保留意见样本根据不同的保留事项分为五类，选择 "ST" 保留意见研究样本和无保留意见控制样本各 145 家，通过统计检验研究样本的 CAR 值在事件期（−45，14）不同窗口内是否显著小于零，配对比较研究样本和控制样本各对应子样的 CAR 值是否有显著差异，得出以下研究结论：持续经营和资产计价两类 "ST" 保留意见样本在其公开披露前第 5 周内股票市场有显著的负面反应；因为很难分离不确定性事项本身和 "ST" 保留意见对股票市场的影响作用，无充分证据表明保留意见本身有信息含量。

弗莱德里克和琼斯（Frederick L. and Jones，1996）[4] 对因企业持续经营的不确定性而被出具的非标准审计意见是否具有信息含量进行了研究，发现那些被出具了持续经营不确定性审计意见的公司的平均非正常报酬率为负，而对那些被出具了标准无保留审计意见且处于财务困境公司的平均非正常报酬率则为正，这说明审计意见向市场传递了信息。

陈、苏和赵（Charles J. P. Chen, Xijia Su and Ronald Zhao, 2000）[5]以来自上海股票交易所 1995 ~ 1997 年年报中披露非标准审计意见的 96 家上市公司为研究样本，运用多变量分析法检验了股票市场对非标准审计意见的市场反应程度。在多元回归模型中，被解释变量为根据市场模型计算的事件期窗口（ - 1, 1）的 CAR 值，解释变量主要有：审计意见类型、每股收益的变化率、是否违背公认的会计准则而被出具非标准审计意见、是否有涉及诉讼的或有事项、股利分配、是否连续收到非标准审计意见等。研究结果表明：市场对非标准审计意见有显著的负反应；市场不能区分无保留审计意见加说明段和保留审计意见两种审计意见类型；市场不能区分保留意见与带说明段的保留意见。

二、国内文献

国内对审计意见信息含量的实证研究始于 20 世纪 90 年代末期。

李增泉（1999）[6]以上市公司 1993 ~ 1997 年的审计意见为研究对象，把这 5 年间 188 份非标准无保留审计意见根据其具体原因划分为七类，并用非正常报酬率来考察 5 个研究假设，得出以下结论：标准公司与非标公司在年报公布前后有不同的市场表现，审计意见会对投资者的决策行为产生重要影响；不同类型的非标准无保留意见会引起不同的市场反应，但投资者并未对其进行严格区分；非标公司在年报公布前后的反常表现及被连续出具的非标准无保留意见在年报公布日仍有一定的信息量。

陈梅花（2002）[7]以 1995 ~ 1999 年年报被出具非标准无保留审计意见的 403 家上市公司为研究样本，同时，随机抽取 355 家被出具无保留意见的公司作为控制样本。通过配对分析、多元回归分析和问卷调查分析，均表明审计意见对股票市场的影响不显著，但年报中的每股收益和股利分配信息对年报公布前后股价的异常波动有较为显著的解释力。

陈晓、王鑫（2001）[8]运用超额收益法和多元回归分析法研究了我国股票市场对 1998 年年报保留审计意见的反映。研究结果显示，市场对 1998 年年报保留审计意见没有明显的负反应，即我国资本市场对保留审计意见公告的反应尚不具有一致性。

姜永杰（2003）[9]对 2000 ~ 2001 年被出具非标准无保留审计意见的上市公司进行了研究，发现违反企业会计准则、审计范围受限、无法持续经营的非标准无保留意见并无显著的负的信息含量；强调其他重大事项的非标准无保留意见具有正的信息含量；市场对首次签发的非标准无保留意见有较明显的负面反应，而对连续披露的非标准无保留意见反应微弱。

肖序、周志方（2006）[10]以中国证券市场 2001～2004 年获得非标准审计意见的上市公司为样本，运用超额收益法和多元逻辑回归模型，分年度考察了非标准审计意见的市场反应及价值相关性。研究发现：在年报公布日前后较短时窗内，市场对非标准意见表现出微弱的负反应，即非标准审计意见与股价超额收益增量呈负的弱价值相关性；首次出具和连续出具的非标准审计意见分别与股价超额收益增量存在负和正的弱价值相关性，且前者的相关性低于后者；2003 年审计报告准则修订对非标准审计意见的价值相关性和决策有效性提升作用明显；非标准审计意见的市场反应、价值相关性并不明显，但随着一系列证券监管政策的颁布与审计准则的修订，非标准审计意见的价值相关性在不断得到加强。

三、文献评述

从国内外的研究现状来看，审计意见受到研究者的广泛关注。研究的主要方法是事件法、多元回归法，以财务报告公布日前后股价的 AR 值（超额日收益率）和 CAR 值（累计超额收益率）来衡量审计意见的信息含量。国外的绝大部分研究结论都支持非标准审计意见具有一定信息含量。在国内的研究中，对非标准审计意见的市场反应结论不一，对不同类型非标准审计意见的市场反应研究较少。

第二节 会计师事务所变更与审计意见

一、国外文献

国外关于会计师事务所变更的实证研究始于 1967 年，许多学者通过不同的方式对会计师事务所变更的问题进行了研究，大体可以归结为会计师事务所变更的动因有审计意见类型、财务困境、会计师事务所级差、审计费用、管理当局变动，等等。

1. 审计意见类型与会计师事务所变更

周和瑞斯（Chow and Rice，1982）[11]的研究发现，会计师事务所的变更与变更前上一会计年度的保留审计意见之间呈正相关关系，即上市公司如果被出具了非标准无保留意见的审计报告后，更有可能在次年选择变更会计师事务所，目的是获取标准无保留意见的审计报告。

克里斯南和斯蒂芬斯 (Krishnan and Stephens, 1995)[12] 的研究发现，会计师事务所变更与变更前上市公司是否被出具了非标准无保留意见的概率存在着显著的相关性。当然还有很多学者不认同这种观点，其中有代表性的施沃兹和门农 (Schwartz and Menon, 1985)[13]、约翰森和莱斯 (Johnson and Lys, 1990)[14] 研究表明：未发现保留意见类型与会计师事务所变更之间的相关性。

克里斯南 (Krishnan, 1994)[15] 将发生会计师事务所变更和未发生变更公司的审计意见进行对比研究，结果表明会计师事务所对上市公司的审计意见的处理并无很大差异，因收到非标准无保留意见审计报告而更换会计师事务所的上市公司，在第二年审计意见得到改善的概率并不比仍收到非标准无保留意见的审计报告的概率高。

2. 财务困境与会计师事务所变更

施沃兹和门农 (Schwartz and Menon, 1985)[16] 运用卡方检验的方法来测试濒临破产的公司，发现濒临破产的公司"在会计师事务所变更过程中，确实存在一种意欲控制对财务困境的陈述的倾向。"也就是说，处在财务困境中的公司更易于发生会计师事务所变更。

布莱恩、提拉斯和惠特利 (Bryan, Tiras and Wheatley, 2001)[17] 的研究认为，注册会计师变更与识别濒临破产公司之间存在重大负相关关系，即处于财务困境的上市公司，变更会计师事务所不一定能达到客户的预期目的，且这一行为不利于有效、及时地识别濒临破产的公司，而且使得广大投资者和其他利益相关者不能够及时了解到真实情况，最终损害其权益。

3. 会计师事务所级差、审计费用与会计师事务所变更

伯顿和罗伯斯 (Burton and Roberts, 1967)[18]、卡明特和斯多斯威尔 (Carpenter and Strawser, 1971)[19]、贝汀菲尔和洛伯 (Bedingfield and Loeb, 1974)[20] 的研究均表明从"地方性"事务所变更为"全国性"事务所的主要原因是客户想要获得"全国性"会计师事务所的认可，从而达到影响利益相关者和潜在投资者的目的。

比提和费恩利 (Beattie and Fearnley, 1998)[21] 研究了变更会计师事务所的上市公司在变更后对会计师事务所的选择的偏好问题。研究发现：上市公司倾向于选择小规模的会计师事务所，其主要原因就是小规模会计师事务所审计收费相对较低，具有低成本优势。

4. 管理当局变动与会计师事务所变更

伯顿和罗伯斯 (Burton and Roberts, 1967)[18] 选用了 620 家来自 1952 ~ 1965

年入选《财富 500 强》的大型美国公司作为总样本，经过筛选从中选取 83 家变更了会计师事务所的公司作为小样本，观察其变更前后年度报表中关于管理层的信息，并以问卷调查的形式向这 83 家公司的管理层咨询会计师事务所变更的主要原因，研究结果表明客户变更审计师的最主要原因在于管理层发生了变动。

二、国内文献

国内有关上市公司变更会计师事务所的研究起步较晚，2000 年以前几乎处于空白阶段，近几年来，随着中国证券市场、审计市场的发展和日趋完善，为该领域提供了良好的研究平台，研究成果不断涌现。目前大多数集中在会计师事务所变更影响因素的研究上，认定哪些因素是与会计师事务所变更有关的潜在变量，并对这些因素为什么会成为客户变更事务所的动机做出了经济学解释。

1. 审计意见类型与会计师事务所变更

耿建新、杨鹤（2001）[22]通过对 1995 ~ 1999 年度变更会计师事务所 A 股上市公司的数据进行比较和分析，研究表明：出具非标准无保留意见的审计报告以及会计师事务所与上市公司不在同一地域，是影响上市公司变更会计师事务所的主要因素。

李东平、黄德华和王振林（2001）[23]采用 Logistic 回归分析，对 1999 和 2000 年度 34 家变更会计师事务所的上市公司的数据进行实证研究，研究发现：注册会计师出具的"不清洁"审计意见是导致我国资本市场中会计师事务所变更的基本原因。

朱红军（2003）[24]的研究指出，盈余管理是造成会计师事务所变更的根本原因，而由盈余管理导致的非标准审计意见则是造成会计师事务所变更的直接原因。

杨鹤和徐鹏（2004）[25]通过检验发现，以收买审计意见为变更动机的公司在变更之后收到标准无保留审计意见的比例显著大于 0，从而我国上市公司通过会计师事务所变更，在一定程度上影响了后任会计师事务所的独立性。

2. 财务困境与会计师事务所变更

朱小斌（2001）[26]以沪深两市 1996 ~ 1999 年更换会计师事务所的 136 家 A 股上市公司为样本，得出更换会计师事务所的上市公司在更换前财务状况普遍有恶化的趋势，很多公司甚至处于"财务困境"中，即为 ST、PT 公司。

吴粒、杨雅楠（2007）[27]选取 2005 年沪深两市 197 家 ST、*ST 公司为研究样本，通过 Logistic 回归结果表明财务困境公司的上期审计意见类型、上期审计收费及盈余管理与会计师事务所变更显著相关，同时财务困境公司的经营风险及财务风险也影响上市公司变更会计师事务所。通过实证研究，财务困境公司变更会计师事务所的真正动机是对上期审计意见不满、蓄意降低审计收费等。

吴锡皓、曹智学和祝孝明（2009）[28]采用 2005～2006 年沪深两市非金融类 A 股上市公司数据，对我国上市公司的财务能力、审计意见以及自愿性审计师变更之间的关系进行了实证研究。结果发现，财务能力越差的公司，越容易被出具非标准审计意见；而财务能力较差的公司或者上一年被出具非标准意见的公司，在本年度更容易发生自愿性审计师变更。同时还发现，针对"ST"、"PT"公司的特殊审计市场，审计供求双方进行的博弈非常激烈。

3. 会计师事务所级差、审计费用与会计师事务所变更

吴溪（2001）[29]研究了我国证券市场会计师事务所变更的会计师事务所规模。研究结果表明，近年来我国变更会计师事务所的上市公司呈现出事务所规模由大到小的变动趋势。

余玉苗（2000）[30]通过对 1999 年上市公司注册会计师审计市场结构分析，发现上市公司由本地会计师事务所审计的比例达到 19.4%，认为会计师事务所的审计活动带有显著的地域性。

4. 管理层变动与会计师事务所变更

袁松清（2007）[31]研究表明，高层管理人员的变更是上市公司变更会计师事务所的统计意义上的具有较强解释力的原因，因为在我国高层管理人员的变更就意味着公司管理控制权的转移，新任的管理层可能会选择适合自己风格的会计师事务所。

张敏、李伟和张胜（2010）[32]以我国 2001～2007 年间除了金融类和数据缺失后的 7 997 个 A 股上市公司为研究样本，通过对控制权转移、高管变更和事务所变更关系的实证研究发现，我国上市公司的审计师聘任决策受到高管的决定性影响，并且高管变更对审计师变更方向的影响是正向的，这种变更是向更高质量事务所的变更，其目的可能是向市场传递积极的信号，为新企业和新管理团队的未来发展奠定基础。同时，经过控股股东和高管变更的企业，也更容易得到审计师的肯定，从而得到更好的审计意见。

三、文献评述

综上所述，国外对会计师事务所变更的研究已经相对成熟，各个阶段的研究成果不尽相同，研究方法大都采用实证研究的方法，分别从非标准审计意见、财

务困境、地域性、上市公司面临的经营压力、管理层的利益驱动、低审计费用的要求、公司人员变动、控股股东和管理层变更,以及公司自身财务状况等方面对会计师事务所变更进行了研究,但对会计师事务所变更的主要原因并没有达成统一的意见。从我国学者的研究文献发现,各个阶段的研究结果都存在一定的差异,大多数学者均认为,影响会计师事务所变更的主要因素是非标准审计意见、财务困境、事务所级差等。

第三节 盈余管理与审计意见

一、国外文献

金尼和马丁(Kinney and Martin,1994)[33]研究发现,审计后的净盈余及净资产比未审计前的可信度高。

费迪南德和朱迪(Ferdinand and Judy,1998)[34]检验了不同的盈余管理检测模型的效率,得出企业盈余操纵程度越高被出具有保留意见的可能性越大的结论。

弗朗西斯和克里斯南(Francis and Krishnan,1999)[35]通过对大样本美国上市公司的研究,找出了具有较高应计利润的公司更有可能被出具非标准无保留意见的证据。

乔霍尔(Johl,2007)[36]的研究结果表明,公司的盈余管理水平越高,被出具非标准审计意见的概率越高。

巴肖(Barshaw,2001)[37]探讨了应计利润与审计意见之间的关系之后,认为审计师知道增长的盈余很可能意味将来盈余能力的下降及违背公认会计准则,但并没有规定必须通过审计意见将这一信息传递给投资者,也就是说,审计师无法帮助投资者识别盈余管理。

二、国内文献

章永奎和刘峰(2002)[38]选取了1998年128家被出具非标准无保留意见的公司和128家对照公司,将可控应计利润作为盈余管理指标,通过横截面扩展琼斯模型计算,发现审计意见和盈余管理具有显著相关性。

徐浩萍(2004)[39]选取了1998~2001年在上海证券交易所上市的1 448家公司,通过不同组别之间的t检验,得出与被出具标准审计意见的财务报告相比,被出具非标准无保留审计意见的财务报告会计盈余管理的程度较高的结论，发现审计师对盈余管理具有一定的鉴别能力。

李维安等（2005）[40]通过对 1998 ~ 2001 年间 3 009 家 A 股上市公司的实证研究，认为盈余管理较高的公司，收到非标准审计意见的可能性较大。

刘继红（2009）[41]、王爱国和尚兆燕（2010）[42]等的研究发现，公司盈余管理程度越严重，越容易被出具非标准审计意见。

李玉平、贾榕泉（2007）[43]以山东省上市公司为样本对注册会计师审计意见与企业盈余的相关性进行了研究，结果显示：注册会计师在一定程度上不能够鉴别企业盈余管理的程度，并将其反映在审计意见中。

孟焰、王伟（2010）[44]对某上市公司使用非经常性损益进行扭亏盈余管理的典型案例进行了研究，发现审计机构在审计过程中未能勤勉尽责。

簿仙慧、吴联生（2011）[45]以 2001 ~ 2006 年 4 436 家上市公司财务报告为研究对象，研究结果表明公司当期盈余管理程度对审计师出具非标准审计意见的概率不存在显著影响。

三、文献评述

综上所述，国内外学者对盈余管理与审计意见的相关性研究主要选取的指标为可控应计利润或非经常性损益，采用的模型为横截面扩展琼斯模型，由于所选样本和研究时间的不同，结果各异。

第四节　公司治理与审计意见

一、国外文献

国外学术界对公司治理与审计质量和财务报告关系的研究已经有较长的历史。

李奇（Leech，1991）[46]等认为公司治理水平的改善有助于审计师的独立性和审计质量的提高。

叶麦克（Yermack，1996）[47]发现小规模董事会对公司的发展更有利。

比斯利（Beasley，1996）[48]发现董事会规模与财务报告舞弊正相关，认为独立董事在公司董事会所占的比例显著地影响虚假财务报告的发生率，独立董事越多，虚假财务报告的发生率越低。

拉·波塔（La porta, 1998）[49]研究发现股权集中度与财务报告质量负相关。

穆哈迈德和库克（Mohammad and Cooke, 2005）[50]通过实证研究，认为陷入财务困境和控股股东发生变更的公司更容易被出具非标准审计意见。

二、国内文献

国内学术界对公司治理与审计意见关系的研究起步较晚，但是近几年来也有不少研究成果。

刘立国、杜莹（2003）[51]的研究表明，法人股比例越高，造假的可能性越高，收到非标审计意见的可能性就越大；执行董事的比例越高，独立董事的比例越低，收到非标审计意见的可能性也越高；内部人控制制度越严重，收到非标审计意见的可能性就越大；监事会的规模越大，越不容易收到标准的审计意见，另外，流通股比例高的公司收到标准审计意见的概率要高一些。

张俊瑞、董南雁（2006）[52]认为公司治理的总体质量状况对审计意见类型有显著的影响，在公司治理评价的次级指标中，股东权益保护和董事会结构与运作也对审计意见类型有显著的影响。

王震、彭敬芳（2007）[53]从公司内部治理结构的股权结构、董事会、监事会和高级管理层4个层面进行实证分析，用流通股比例、股权集中度、董事会规模和董事与总经理两职设置状况衡量公司的内部治理结构，研究表明流通股比例和股权集中度与非标准审计意见显著相关。

张玉兰、田利军（2008）[54]认为，公司治理水平与审计意见的清洁度在统计上显著相关，其中董事长是否兼任总经理、董事会会议次数、第一大股东持股比例、国有股比例与不洁净审计意见存在正相关关系，董事会规模、独立董事比例、管理层持股比例、监事会规模对审计意见无显著影响。影响审计意见的因素主要是财务状况，公司治理指标只是参考指标并非决定性因素。

林妍、裴源远（2011）[55]通过用2008年上市公司被出具非标准审计意见和标准审计意见的数据，对治理结构对审计意见的影响及实证研究得出了上市公司治理结构显著影响注册会计师出具审计意见的类型。变量统计结果表明中国上市公司内部董事比例较高，内部人控制强，对审计意见有显著的正影响。中国证监会应当加强对上市公司的监管，严格控制公司内部董事比例，增加公司的独立董事比例，有效地制止公司管理当局的合谋，降低公司舞弊及重大差错的出现几率。公司治理的完善程度不仅将对企业的运作产生影响，也影响到注册会计师的职业判断，进而对注册会计师审计发挥作用产生根本性的影响。

肖作平（2006）[56]研究发现，第一大股东持股比例与审计质量之间呈倒"U"型关系，第一大股东性质为国有股的公司，其审计质量显著低于第一大股东为其他性质股东的公司。

李萃、袁建华和解飞（2010）[57]用2008年年报35家被出具非标准审计意见和35家标准审计意见上市公司的数据，对董事会特征、会计信息质量与审计意见的实证研究，以审计意见类型为因变量，选取董事长兼任总经理、董事会规模、董事会会议次数、独立董事所占比例和董事持股比例为自变量，采用Logistic模型进行回归分析。研究表明，董事会会议次数与非标准审计意见存在显著的正相关关系，没有发现董事会规模、独立董事占全体董事成员的比重和董事长兼任总经理情况及董事持股比例显著影响审计意见的证据。

三、文献评述

综上所述，国内外的研究已经开始强调公司治理对审计意见具有重大的影响，研究中所选取的主要指标包括股权结构、董事会特征和监事会规模以及管理层持股比例和财务困境等方面。其中股权结构方面的指标主要有：第一大股东持股比例和性质、国有股比例、股权集中度和流通股比例等；董事会特征和监事会规模方面的主要指标有：董事会规模、独立董事所占比例、董事持股比例、董事长兼任总经理、董事会会议次数、监事会规模等；在管理层持股比例和财务困境方面的指标主要有：管理层持股比例、净资产收益率、每股收益、是否亏损等。由于国内外研究数据来源和研究方法的不同，一直没有得出一个较为一致的结论。

第五节　审计费用与审计意见

一、国外文献

国外对于审计费用的影响因素研究始于20世纪80年代初。

斯密尼克（Smiunic，1980）[58]运用OLS方法分析了1977年美国397家上市公司的包括审计收费在内的数据，选择的解释变量包括：上市公司的资产规模、控股子公司的个数、涉及行业的类型、资产负债率、前两年的盈亏状况、审计年度、审计意见类型、审计任期和事务所的规模，研究后发现上述八个因素回归的效果比较显著；运用多元线性回归方法，利用斯密尼克建立的审计费用模型，以被审计企业总资产作为其规模，对1977年美国自由竞争市场审计费用进行分析，显示被审计单位规模与外部审计费用显著正相关；研究结果还表明，无论审计需求市场是大还是小，被审计单位重大错报风险与审计费用显著正相关。

克拉斯威尔、斯托克斯和拉夫顿（Allen Craswell, Donald J. Stokes and Janet Laughton, 2002）[59]以1 062家澳大利亚上市公司1994年的公开数据和1 045家澳大利亚上市公司1996年的公开数据为样本，研究审计师对某一客户审计收费的依赖度与其是否发表标准无保留审计意见之间的关联性，得出审计收费的依赖度对审计师发表非标准无保留意见有显著影响。

安德森和泽哈尔（Anderson and Zeghal, 1994）[60]以加拿大的上市公司作为研究样本，得出结论：被审计企业规模与外部审计费用呈显著的正相关关系。

费斯（Firth, 1985）[61]用总资产的对数来衡量被审计企业规模，利用单变量回归进行分析，认为被审计单位的规模与外部审计费用具有较强的正相关性。研究还考虑了公司非系统风险因素，结果表明，审计费用与非系统风险关系不显著。

门农和威廉姆斯（Menon and Williams, 2001）[62]对审计费用进行了长期的研究，认为随着审计技术的发展，虽然应收账款和存货对审计费用的影响越来越小，但是存在显著相关性。

娄和高（Low & Koh, 1990）[63]在研究中选择了或有负债率、长期负债率指标来表示固有风险，研究结论是或有负债率、长期负债率等固有风险对审计费用并没有显著影响。

约翰逊、埃里克和肯顿（Johnson, Ericn and Kenton, 1995）[64]通过对新西兰、英国和美国大型企业审计费用进行的实证研究，结果表明：五大事务所的审计费用收取高于对上市公司的收取审计费用的非五大会计师事务所。

迈泽尔（Maizer, 1997）[65]就会计师事务所对审计费用的影响进行了总结，发现在英国、新西兰、新加坡、澳大利亚以及印度等国，"八大"事务所的审计费用高于非"八大"事务所，其他国家的研究结论与此相反。说明审计费用与所属国家有关。

斯密尼克（1980）[58]、盖格尔和拉古南丹（Geiger and Raghunanda, 2002）[66]及梅尔塞多（Myersetal, 2003）[67]研究发现，会计师事务所任期过短，审计失败的可能性更大，应计利润更大，则审计风险更大，审计费用相应要高。

二、国内文献

伍利娜（2003）[68]以2000年和2001年282家公司的年报作为样本，研究上市公司审计费用及其变动的影响因素，得出以下结论：负面审计意见在2001年与审计费用显著相关，但被出具带解释说明段的无保留意见与审计费用不存在显著相关关系，因此不能从审计费用的角度证实公司支付高额审计费用进行审计意见类型变通之明显存在；上市公司总资产对审计费用收取额度有显著影响；规模大、信誉好的会计师事务所审计收费较高。

李连军（2004）[69]选取了我国 2000~2002 年间沪深 A 股上市公司的年报数据，将会计师事务所规模划分为国内前五大与国外前五大，研究发现国外"五大"事务所比国内"五大"事务所审计费用高且显著。

李爽、吴溪（2004）[70]的研究将会计师事务所审计任期分为初始审计任期、会计师事务所任期 2~4 年以及会计师事务所任期 5 年以上三种状况，通过比较研究得出结论：初始审计任期的审计费用比会计师事务所任期在 2~4 年的审计费用要高。

朱小平、余谦（2004）[71]选取了 2002 年 870 家沪深上市公司的年报数据，运用多元线性回归的方法进行实证研究，结果表明：被审计单位规模、应收账款占总资产的比例、存货占总资产的比例、被审计企业是否是 ST 公司、会计师事务所任期以及会计师事务所是否是"十大"对审计费用具有显著影响。

夏立军（2005）[72]在研究中得出大规模会计师事务所的审计任期与出具非标准审计意见呈显著负相关关系。

张继勋等（2005）[73]和徐欢（2008）[74]对影响审计费用的因素进行了实证研究，得出结论：被审计单位规模对审计费用具有显著影响。徐欢（2008）[75]的研究结果还表明：应收账款占总资产的比例对审计费用具有显著影响；存货占总资产的比例对审计费用的影响不显著；2006 年的审计费用受到上市公司业务的复杂程度包括合并报表的子公司数、应收账款的比率、上市公司会计师事务所类型的影响是显著的。

张小会、王培兰（2007）[75]以 2005 年沪深两市 A 股上市公司中选取 959 家符合条件的上市公司为研究样本，建立多元线性回归模型对审计收费的影响因素进行了实证分析。研究结果表明，审计任期在 10% 的水平上正向显著，说明审计任期越长，审计收费越高。

毛钟红（2008）[76]采用相关性分析和 Logistic 分析得出审计意见类型是影响审计收费的主要因素。

陈平、戴志燕（2008）[77]选取 2005 年 100 家上市公司审计报告中披露的国内外事务所的审计费用数据，通过比较发现国外会计师事务所，尤其是"四大"的收费远高于国内的会计师事务所。

刘婷婷、朱锦余（2010）[78]利用 Simunic 模型对审计费用的影响因素进行分析，结果表明：上市公司的资产规模、审计的复杂程度对审计费用的影响显著，应收账款与总资产之比和长期偿债能力对审计费用的影响不显著，存货与总资产之比、净资产收益率、短期偿债能力与审计费用没有太大关系，国际"四大"会计师事务所比国内会计师事务所的收费要高得多。

三、文献评述

通过对文献的回顾，可以发现国内外学者对审计费用的影响因素研究较多集中于被审计企业的规模、审计的固有风险、会计师事务所规模、审计任期等。对审计费用进行相关研究时，不同的学者选择的指标和衡量标准不一样，得出的结论也不同。审计收费影响因素替代变量的选择较为混乱，如应收账款与存货之和占总资产的比例既作为审计业务复杂性的替代变量也作为审计风险的替代变量，非标准审计意见既作为审计风险的替代变量也作为审计意见类型的替代变量，净资产收益率既作为审计风险的替代变量又作为上市公司盈利能力的替代变量等。

第六节 持续经营能力与审计意见

一、国外文献

奇达（Kida, 1980）[79]通过研究注册会计师如何运用重要的财务指标对被审计单位的持续经营能力进行判断，建立了相关的预测模型。选取了总资产周转率、权益/总负债、速动比率、总资产利润率、现金和总资产的比值等财务指标来进行分析，在此基础上，还分别找了20家财务状况良好和陷入财务困境而导致持续经营能力存在问题的制造业公司进行对照研究，并聘请资深的注册会计师进行评价分析，结果显示，根据这些财务指标对审计意见类型进行判断的正确率可以达到83%，说明了公司收到的审计意见类型与公司的持续经营能力有着联系。

马彻勒（Mutchler, 1985）[80]选择了持续经营存在困难的公司作为研究样本，研究公司财务状况的财务指标和非财务指标对持续经营能力的影响，选取了现金流量和总负债的比率、流动比率、所有者权益和总负债的比率、长期负债和总资产的比率和息税前利润与净销售额的比率等对公司持续经营影响比较大的指标，通过所构建模型的预测能力，检验了各财务指标和非财务指标与持续经营疑虑审计意见的相关性。

多布奇等（Nicholas Dopuch et al., 1987）[81]详细研究了反映公司持续经营能力的财务指标和股市变量的审计意见预测模型在偶发和不确定事件情况下预测的准确率。结果显示模型中反映公司持续经营能力的变量与非标准审计意见具有相关性。

二、国内文献

蔡春、杨麟、陈晓媛、陈钰泓（2005）[82]结合 2003 年度财务报告的相关数据，选取与企业持续经营能力有关的财务指标，对影响上市公司审计意见类型的因素做了实证研究，结果表明反映企业持续经营能力的基本财务数据和指标对审计意见类型存在显著影响。

李淑华（1998）[83]的研究表明，注册会计师的审计风险与被审计公司的经营状况密切相关，持续经营能力存在问题的上市公司被出具非标准审计意见的可能性明显较大。

唐恋炯和王振易（2005）[84]的研究得出，公司的盈利能力越好，收到标准审计意见的概率就越高；偿债能力越高，收到标准审计意见的概率就越高；资产质量越好，收到标准审计意见的概率就越高。

暴瑞藏和唐玉莲（2010）[85]选取 2007 年沪市 A 股 816 家上市公司作为研究对象，采用逻辑回归方法进行实证分析，结果表明，持续经营假设对注册会计师出具的审计意见有较大程度的影响，注册会计师对持续经营能力关注程度越来越高。在影响持续经营能力的因素变量中，负债/总资产、净利润/总资产、经营现金流量/债务总额、上年度审计意见类型这四个指标变量与出具的非标准审计意见类型显著相关。

三、文献评述

在国外关于财务状况和审计意见的研究中，几乎所有的研究都认为财务状况的好坏会影响到企业收到的审计意见类型，如果财务状况良好，那么公司收到标准审计意见的概率就高一些，财务状况不好的公司，收到非标准审计意见的概率就比较大一些。

国内学者一方面从反映公司持续经营能力的财务指标入手，研究持续经营能力与审计意见类型之间的关系；另一方面从上期审计意见、会计事务所变更以及客户重要性等非财务指标入手，研究审计意见类型的其他影响因素。从他们的研究结果可以看出，持续经营能力和审计意见类型之间存在显著的相关性。

第七节　内部控制与审计意见

对于内部控制的研究，国内外学者的研究领域十分广泛，但对内部控制与审计意见方面的研究却很少。

一、国外文献

克里斯南（Krishnan，2005）[86] 运用 Empirical Analysis（经验性总结）发现，审计委员会效率低下是导致内部控制缺陷的重要原因，而审计委员会的存在与高效运作，可以改善公司内部监督，完善内部控制，提高财务信息质量，改善审计意见类型。

斯凯菲（Ash-baugh-Skaife，2008）[87] 等的研究发现，存在内部控制缺陷的公司具有规模小、成立年限短、财务状况不好、成长性快、复杂、经历重组等特征。

二、国内文献

杨德明、王春丽、王兵（2009）[88] 利用 A 股上市公司 2007 年度相关数据进行研究，发现审计师最终决策（审计意见）的形成往往是建立在被审计单位内部控制基础之上，内部控制质量越高，越容易得到清洁的审计意见。上市公司在披露审计鉴证意见时，明显存在"报喜不报忧"的披露管理行为。

三、文献评述

基于国内外学者对内部控制与审计意见的研究，说明审计师最终决策（审计意见）的形成往往是建立在被审计单位内部控制基础之上，内部控制信息披露与财务报告质量、公司质量之间存在一定的关联。高质量的内部控制能够限制对外报告信息的故意操纵，降低会计处理和财务报告中无意的程序和估计差错风险，减轻可能影响财务报告信息质量的企业经营和战略的内在风险，由此注册会计师所承担的风险较低，出具非标准无保留审计意见的可能性越小，也就是说内部控制与审计意见之间存在负相关关系。

第三章 审计意见的理论分析

关于解释审计师出具审计意见行为的理论主要有：委托代理理论、博弈理论、保险理论和信号理论。

第一节 委托代理理论

随着企业规模的扩张，企业的技术和管理过程日益复杂化、专业化，这就使得公司的所有者不可能亲自经营自己的公司，而是要在保留公司所有权的同时将公司的资产经营权委托给职业经理人去经营。于是，所有权与经营权发生了分离，即"两权分离"。由"两权分离"导致的公司所有者与管理层的对立所引发的代理问题，正是委托代理理论研究的主要内容。

由于人的自私性，所有者雇佣经营者对企业进行经营管理，作为代理人的经营者被认为具有机会主义倾向，他们往往会以股东利益为代价谋求自身利益的最大化，产生委托代理关系中的道德风险或机会主义行为问题。也就是说，作为代理人的经营者和作为委托人的所有者有不同的目标函数。经营者的目标是追求自身利益的最大化，而所有者的目标追求的则是利润或公司价值的最大化，于是不同的利益取向形成了两者目标的不相容。

所有权和经营权的分离使得所有者无法自己观测到企业的生产经营过程，生产经营成果的获得渠道主要是财务报告所披露的内容，所以所有者掌握的有关企业生产经营的信息是有限的。只要掌握企业内部信息的经营者不对其拥有的这些信息对外披露，所有者就不可能对企业提供的会计信息的真实性和公允性加以评判，致使企业经营者进行盈余管理成为可能。企业的盈余的多少关系到企业融资的难易和管理层收入的高低，企业要想通过资本市场融资，必须要有稳定的盈利状况；企业要通过负债经营，债权人将会加入一些限制性条款，比如说要保持一定的资产负债率；经营者要实现自身收益的最大化，就需要达到所有者要求的目标收益，当经营者达不到这些目标时，就可能采取盈余管理的手段达到相关要求。

由于经营者对自己的能力、偏好、努力程度和努力成本所拥有的信息属于私有信息，委托者根本无法对其进行直接观测和精确计量，当计量成本足够高时，经营者就会利用自己的私人信息优势采取对所有者不利的机会主义行为，谋求个人利益。委托代理关系的实质是委托人必须对代理人的行为后果承担风险，而这种风险又来自信息的不对称和契约的不完备，于是就产生了对治理机制的要求。如果引起这种差异的各种情形事先通过契约的形式固定下来，那么治理机制的重要性就会降低，由于签约成本和执行成本太高又无法预测到所有以后可能出现的情况，就有必要建立起一整套的公司治理结构来规范委托代理关系各方的行为，对管理人员的机会主义行为进行控制，使其决策符合委托人的利益。

代理理论认为审计关系是指一项审计行为中的审计人、被审计人和委托人之间的经济责任关系，这种关系表现为，为了监督检查被审计人经济责任的履行情况，委托人委托审计人进行审计并接受审计人提出的审计报告，这样一来，委托人和审计人之间形成了一种审计代理关系。

现代注册会计师审计服务市场中的委托代理关系非常复杂，委托代理问题的核心即"信息不对称"问题也变得更加复杂，注册会计师与作为委托人的社会公众之间也存在信息不对称问题。注册会计师的审计服务作为一种无形商品，其质量是难以直接观察的，会计师事务所作为注册会计师职业服务的供给者在与委托人进行交易时，在职业服务的质量问题上存在严重的信息不对称，社会公众处于信息劣势地位，这就产生了注册会计师审计市场中的"逆向选择"和"道德风险"问题。

在审计市场中，会计信息作为资本市场中的一种公共产品，如果虚假会计信息得不到注册会计师的严格审计，注册会计师出具了不真实的审计报告，降低了审计服务质量，那么高质量审计将会被驱逐出市场，这种"劣质服务驱逐优质服务"现象就是注册会计师审计服务市场中"逆向选择"问题。

审计人作为经济人的目标是自身效用的最大化，也就是用最小的付出获取最大的收入。道德风险的存在使审计人在追求利益最大化的过程中表现出两种倾向：一是和被审计人合谋，在风险不变的条件下收入最大化，在这种情况下，审计人就会肯定管理者的经营能力和公司的财务状况，从而倾向于出具标准无保留意见；二是没有合谋，如果审计人有意地肯定管理者的经营能力和财务成果，出具了标准无保留的审计报告，只能增大自己的审计风险，但不会增加自身的经济利益。在这种情况下，审计人为了在收益不变的条件下使自身的风险最小化，会倾向出具非标准无保留意见的审计报告。在现实生活中，审计人员选择何种策略，主要是看审计市场对其道德风险行为的发现频率和处罚力度。

第二节　保险理论

20 世纪 80 年代以来，审计这个职业一直受到种种攻击，指控审计师的诉讼数量有逐年增多的趋势。这种现状加重了审计师的责任，因此人们倾向于认为审计是一个把报表使用者的信息风险降低到社会可接受的分析水平之下的过程，甚至认为审计是分担风险的一项服务。审计被看作一种保险行为，可减轻投资者和其他利益相关者的风险，但是审计人员必须承受足够的风险，审计人员取得的报酬、利润和威信都是风险承担的等价物。

保险理论下审计风险不仅包括由于审计过程的缺陷导致审计结果与实际不相符而产生损失或责任的风险，而且包括被审计客户经营失败可能导致无力偿债或破产倒闭对审计人员或事务所产生伤害或损失的经营风险，这样一来，审计师的审计风险被大大地扩展了。在风险导向审计下，内部控制风险是决定审计风险高低的因素之一，被审计单位内部控制效率越低，内部控制风险和财务风险就越高，财务报告出现重大错报的可能性就越大，审计失败的风险也就越大。审计人员作为厌恶风险的"经济人"，为了减轻责任和规避风险，会对内部控制不好、经营能力差、财务状况恶化的公司设置较高的审计期望风险，就会更加谨慎保守地出具审计意见，对财务状况差的公司就会更倾向于出具非标准的审计报告。

第三节　博弈理论

博弈理论认为，审计人员对审计独立性的保持，在某种程度上取决于审计人员与被审计客户管理层之间的力量博弈。在许多情况下，处于力量优势的一方是管理层。因此，审计人员独立性的保持，可以从博弈的双方来分析，一是管理层给审计人员压力的可能性；二是审计人员对管理层压力的抵制能力。

管理层给审计人员施加压力的可能性取决于管理层的力量优势、给审计人员施加压力的动机以及这种动机的制衡因素，在大多数审计人员和事务所能够胜任审计服务的时候，管理层对审计人员的力量优势主要是掌握着对审计人员的选择权，与此相关的审计费用也是管理当局的力量优势所在。

审计人员对管理层的抵制能力取决于审计人员的力量状况以及审计人员做出偏差行为的制衡因素。审计人员的独立性决定于对客户的依赖性。其依赖性主要体现在以下两个方面：第一，未支付费用。尤其是长期未支付以前的审计费用和其他专业服务费用，则审计人员可能因此而与审计客户的经营成果有直接的利益联系，审计人员的独立性会受到怀疑。第二，准租金。准租金的概念来自于对审计市场"低价揽客行为"的研究，由德·安吉罗（De Angelo，1981）[89]首次提出。德·安吉罗认为准租金是现任审计人员预期的未来竞争优势，这种优势来源于现任审计人员的技术优势和客户变更会计师事务所的交易成本。客户和现任审计人员是一种双边垄断关系，任何一方都可以以终止合约来威胁另一方，因为合约终止使审计人员不能获得准租金，且审计人员和新客户的签约也是有启动成本的。所以，准租金可以是审计人员的优势也可以是审计人员的劣势，对管理层也是如此。

第四节 信 号 理 论

信号理论是信息经济学中的一个概念。审计意见的市场反应研究也运用了信号理论。

注册会计师对上市公司年报审计的作用在于监督和鉴证资本市场中财务报表信息在所有重大方面的合法性和公允性，约束资本市场中各企业管理人员的活动。审计工作的主要成果是审计报告，不同类型审计意见的审计报告，向股票市场各利益相关者传递被审计客户所披露的包含企业财务状况、经营成果和现金流量信息的财务报表，是否在所有重大方面按照适用的财务报告编制基础编制且公允表达的"信号"。

上市公司通过定期公布财务报表和对财务报表的审计报告，能向市场有效传递有关公司状态的信息，从而缓解市场中的逆向选择问题。高质量公司的管理层有动机将公司较好的业绩、较好的内部控制及风险防范信息等方面高品质的信号及时传递给投资者。完善的内部公司治理结构和高质量的内部控制信息，能够显示出该公司具有良好的内部控制系统，给企业树立良好的形象，给投资者建立信心。

第四章 审计意见对股价的影响

第一节 理论分析与研究假设

一、理论分析

1. 股票市场投资者行为

投资者是审计报告的需求者和接受者，审计意见是否具有信息含量取决于其投资决策的行为。投资者的理性决定于资本市场的有效程度，在有效的资本市场中，投资者是完全理性的，在非有效的资本市场中，投资者的理性是有限的。完全理性投资者和有限理性投资者的决策行为存在着差异。

根据西方学者法玛（Fama）的有效市场理论定义，有效市场中证券价格充分而准确地反映了所有可以获得的信息。而且他把"可提供的信息"分为三类：一是历史信息，通常指股票过去的价格、成交量、公司特性等；二是公开信息，如红利宣告等；三是内部信息，指的是非公开的信息。法玛根据证券价格反映信息的不同程度，将市场的有效性划分为弱式有效市场、半强式有效市场和强式有效市场三种程度。

弱式有效市场的假设：认为证券的当前价格充分反映了证券的历史价格信息。投资者根据历史价格信息做分析，不可能获得超过平均水平的投资收益（超常收益），因而利用历史价格资料预测未来价格变动的"技术分析"失效。

半强式有效市场的假设：认为证券的市场价格充分反映了所有公开的信息，包括有关公司的各种媒体报道、公司披露的财务报表信息以及公司股票的历史价格信息。投资者根据所有公开的信息做分析，不可能获得超常的投资收益，因而现实中根据各种公开的信息预测未来股票价格变动的"基本面分析"失效。

强式有效市场的假设：认为证券市场价格充分反映了所有的信息，包括内幕信息。这就意味着所有公开或未公开的信息对股票价格的变动没有任何影响，投资者根据任何渠道、任何形式的信息分析都不可能获得超常的投资收益。

由此可知，假如我国股市为半强式有效的资本市场，股价会对审计意见这一新信息迅速做出调整，投资者将无法获得超额收益；如果投资者能够通过分析审计报告获得超额收益，说明我国股市未达到半强式有效。与财务报表一同公布的审计报告属于公开信息，可以利用事件研究法研究股价与非标准审计意见的关系，推断我国股市是否达到半强式有效，同时分析审计意见是否具有信息含量。

有效市场假说以一个完美的市场作为假设前提，在这个完美的市场中交易成本和获取信息的成本均为零，不存在信息的传递成本，所有投资者均是理性的并且能对信息进行完全解读，不存在反应滞后问题。完全理性投资者的决策是在考虑所有相关信息的基础上以有效方式进行，从而实现自身效用的最大化。当市场出现新消息时，投资者会立刻将其反应到股价中去。然而在现实的市场运作中，这些条件不同程度地受到了破坏。首先，市场存在严重的信息不对称；其次，现实中投资者由于知识能力、心理因素的影响，其投资决策是非完全理性的。

有效市场理论忽视了投资者决策过程中的情绪等因素对投资决策的影响，对证券市场中的很多现象都无法作出解释。行为金融学认为，投资既是利润的函数，也是经济和心理的函数。投资者会有回避损失的偏差，还会有减少后悔推卸责任的心理。投资者出于趋利避害的动机，在受到信息和当前事件的刺激下，经过系列的心理活动过程和行为过程来做出具体决策与选择。

证券市场上投资者的非理性决策行为主要有反应过度与反应不足现象、羊群行为、噪音交易者能获取更高收益等。

反应过度是指投资者对新消息的反应过于强烈，价格波动幅度过大而偏离了内在价值，但这种偏离在较长时间内会消失。对于利好消息，股价超过其内在价值，随着投资者对信息的消化与修正，股价又回到内在价值；对于利空消息，股价低于内在价值，随后又回到内在价值。反应不足与反应过度正好相反，是指投资者对新消息的初始反应过于平淡，股价波动较小而未达到内在价值。对于利好消息，股价低于其内在价值，随着投资者对信息的消化与修正，股价升到内在价值；对于利空消息，股价高于内在价值，随后又降到内在价值。反应过度与反应不足现象都是在出现新信息时，证券价格偏离内在价值，但经过一段时间后又回归到内在价值。

羊群行为是一种特殊的非理性行为，它是指投资者在信息环境不确定的情况下，模仿他人决策，或者依赖于舆论，而不是考虑自身信息的行为。在一定时期内，当采取相同策略交易特定资产的行为主体达到或超过一定数量时，就会产生羊群效应。

噪音交易者能获取更高收益是由于噪音交易者认知的系统偏差对证券价格产

生影响，套利者（理性交易者）出于对投资于错误定价的资产而可能受损的担心，他们会放弃套利的机会，不与噪声交易者的错误判断相对抗，这样，噪声交易者在使市场价格明显偏离基本价值的基础上，获取比理性投资者更高的收益。

2. 审计意见与股价的关系

股票的价值是股票期望未来收益的现值，取决于公司的报酬率和风险。股票的价格（简称股价）是投资者群体决策的结果，代表了投资者对公司价值的客观评价。在非完全有效的市场，股价往往与股票的价值不一致，而是随着股票价值上下波动，投资者的目的就是寻找并投资被市场低估的企业。因而，为投资者提供上市公司真实、完整的会计信息，有助于投资者做出正确的决策。作为上市公司信息披露的把关者，注册会计师出具的审计意见可以看作是会计信息的质量鉴定报告，反映会计信息的可信程度，对投资者决策极为重要。

标准无保留意见和非标准审计意见，意味着不同的会计信息质量，根据不同的审计意见，理性的投资者会对上市公司产生不同的预期，具体的反映体现在股价的上下波动上。标准无保留审计意见，说明上市公司披露的会计信息产品质量合格，财务数据被操纵的可能性比较小，给市场传递的是利好消息，有助于股价的上扬。非标准审计意见，说明上市公司会计信息的可靠性存在一定的问题，相对于标准无保留意见，会计信息的质量会打折扣，给市场传递的是利空消息，会降低投资者对股票价值的预期，引起股票价格的下降。可见，高质量的审计报告有助于增加投资者决策的相关性，减少投资者与上市公司信息不对称带来的交易成本。然而，审计市场存在的种种问题，可能使投资者无视审计报告的存在，或者由于投资者的有限理性，使投资者对审计报告过于重视或重视不足，究竟股价对审计意见作出何种程度、何种方向的反应，有待实证的检验。

由非标准审计意见的定义可知，带强调事项的无保留意见、保留意见、无法表示意见和否定意见，对会计信息质量的肯定程度依次降低，给股价带来的负面影响依次加强。如果投资者忽视审计意见的类型，其投资决策的失误率会依次提高。理性的投资者会根据非标准审计意见的类型做出显著不同的反应，但是，在审计质量受到质疑和投资者理性有限的情况下，股价是否会对不同类型的非标准审计意见作出显著不同的反应，还有待进一步研究和检验。

二、研 究 假 设

注册会计师在发表审计意见时，要判断财务报表错报金额、性质或审计范围受到限制的程度，错报金额越大，性质越严重，审计范围受到限制的程度越大，对财务报表使用者的决策影响也越大，出具的审计意见相应地也越严厉。如果被审计单位的财务报表被出具了标准审计意见的审计报告，说明该财务报表在所有重大方面是按照适用的财务报告编制基础编制且公允表达的，会计信息质量不存在问题。如果被审计单位的财务报表被出具了非标准审计意见的审计报告，说明该财务报表存在一些需要说明的重大事项或错报或审计范围受到不同程度的限制等问题，理性的投资者应当对此做出不同的市场反应并通过股价反映出来。郭涛、黄瀛、焦烨妍（2005）[90]的研究也表明，我国股票市场对非标准审计意见存在明显的市场反应，但在不同年度间不具有一致性。据此本书提出以下假设：

假设1： 审计意见公开披露的较短时窗内，股价对非标准审计意见与标准审计意见的反应存在差异。

假设2： 审计意见公开披露的较短时窗内，股价对非标准审计意见具有显著的负反应。

非标准审计意见按不同外在形式可分为带强调事项段的无保留意见、保留意见、无法表示意见和否定意见，其中带强调事项段的无保留意见在非标准审计意见中占的比例最大。从理论上讲，被出具带强调事项段的无保留意见的财务报告是合法和公允的，被出具保留意见、否定意见和无法表示意见的财务报告的合法性或公允性存在一些问题，因此带强调事项段无保留意见财务报表的质量比保留意见和无法表示意见财务报表的质量要好。如果一家上市公司被出具了保留意见或无法表示意见的审计报告，说明这家公司财务报告的编制在合法性、公允性或其他方面存在着这样或那样的问题，在一定意义上反映了公司管理当局的经营理念及公德意识不够本分。据此提出假设如下：

假设3： 审计意见公开披露的较短时窗内，股价对带强调事项段无保留意见的市场反应程度要好于保留意见和无法表示意见的市场反应程度。

近年来，随着证券市场的不断完善，强化了对上市公司的约束机制，新会计准则的发布和实施，有利于提高上市公司的会计信息披露质量，新审计准则的发布、实施和修订，加强了注册会计师队伍的建设，提高了注册会计师的专业胜任能力，有利于降低审计失败发生的概率，增强社会公众对审计行业的信心。随着上市公司会计信息和注册会计师审计质量的提高，审计意见的信息含量将会不断增加，投资者对不同年度的非标准审计意见将会做出不同的市场反应。据此提出假设如下：

假设4： 在年报公布日前后较短时窗内，股价对不同年度非标准审计意见做出不同的市场反应。

由于沪市和深市存在一定的差异，沪市和深市的非标准审计意见也存在一定的差异。唐齐鸣和黄素心（2006）[91]的研究发现，中国股市的投机者在面对利好消息的时候，更愿意在沪市进行炒作，而面对利空消息的时候，更倾向于在深市进行炒作。据此提出假设如下：

假设5：审计意见公开披露的较短时窗内，股价对不同上市地的非标准审计意见做出不同的市场反应。

第二节 研究设计

一、变量的选择

1. 因变量的选择

在研究中选择超额收益法计算得到的 CAR 值作为因变量。

2. 自变量的选择

（1）解释变量

审计意见是股价变动的重要解释变量，是本研究的重点。该变量为虚拟变量，发生为1，不发生为0。"1"和"0"的具体含义因研究对象不同而代表不同的审计意见，具体含义见表4.1的变量说明。

（2）控制变量

影响股价变动的因素较多，为了控制与年度财务报告一同披露的其他信息和研究窗口内其他事项的公布对股价的影响，选择了资产规模、每股收益变化率、股利分配方案、预盈、预亏、诉讼担保、违规等多个控制变量。

①上市公司的规模（v）。很多学者认为公司规模与股票收益率间存在显著的相关性。王萍（2006）[92]用上证180指数的所有样本股的资料和弗恩霍茨（Robert Fernholz）的方法成功地验证了规模效应的存在性，即对沪市A股市场来说，规模和股票收益呈现相反的关系，认为存在规模效应的原因就是小公司比大公司更加关注构建资本和获得市场份额，因此它们盈利的分布是不同的。

宋献中、汤胜（2006）[93]通过对2001年和2002年上海A股股票市场赢家组合和输家组合的规模进行分组检验，结果发现小规模上市公司的超常报酬率要远高于大公司，而且小规模的赢家组合在检验期的投资报酬率要高于大规模的输家组合，说明规模效应对上市公司股票超常报酬率的影响比过度反应更为明显。根据实证检验结果，发现我国股票市场中上市公司的股票价格受到规模效应和过度反应的共同影响，因此，不支持市场有效假说。本书据此引入资产规模变量，以检验我国股市是否存在规模效应。

②股利分配方案（DIVID）。陈梅花（2001）[94]、刘世全（2005）[95]用回归模型研究非标准审计意见时，均发现分配股利对超额收益具有显著的影响。王勇（2006）[96]的研究也表明，股利政策能够传递未来盈利能力水平的信息，管理层也会通过股利分配决策向资本市场传递公司未来发展前景的信息。

③每股收益变化率（ΔEPS）。每股收益与净资产收益率是评价上市公司经营业绩的重要指标，也是投资者最为关心的两个指标。孙爱军和陈小悦（2002）[97]的研究表明，无论未预期每股盈余还是净资产收益率对超常收益均具有显著的影响，股票收益对会计盈余具有明显的信息含量。赵宇龙（1998）[98]通过对1994～1996年沪市的混合样本检验，结果显示会计盈余信息及其披露对投资者的决策和交易产生了实质性的影响，在年报公布当周反应最为强烈；用每股收益和净资产收益率作为会计盈余的替代变量，也会得出类似的结果。考虑到每股收益变化率和净资产收益率具有高度相关性，为了避免回归方程的多重共线性和部分上市公司净资产为负无法计算净资产收益率变动率，选用每股收益变化率作为自变量，以对会计盈余的市场反应加以控制。

④研究窗口的重大公告。由于事件研究法对研究窗口上市公司的公告较为敏感，且不同的公告对超额收益率有不同的影响。据此选出以下重要信息作为控制变量，以控制该类信息对超额收益的影响。控制变量包括重大诉讼及对外担保公告（IMPORT）、预盈公告（YY）、预亏公告（YK）、暂停上市风险警示公告（ZTSS）、违规（VIO）等。由于重大诉讼及对外担保使公司的经营面临不确定性，给投资者传递的是利空消息，对公司的股票价格和公司价值会产生负面影响。姚胜琦、童菲和周晓辉（2006）[99]运用事件研究法考察了2000年9月1日～2002年8月31日两类诉讼仲裁的信息披露情况，得出在公告前后对个股的非系统性波动影响显著的结论，表明了上市公司的诉讼仲裁公告传递了有效的信息。刘世全（2005）[95]在研究2003年的非标准审计意见时，发现重大事项对累计超额收益产生显著影响，每股收益变化之所以不显著可能是由于年报预报制度的原因。黄云洲、赵喜仓（2004）[100]的研究表明，股票市场对退市风险警示反应过度。据此，选取研究窗口公布的预盈、预亏和暂停上市风险警示公告的指标，以检验投资者对盈亏预告和暂停上市风险警示公告的反应。

（3）其他变量

在对研究样本组间非标准审计意见分析时，引入是否首次披露的非标准审计意见（REPEAT）、上市公司上市地（PLACE）、样本是否属于 ST、*ST（DIST）等三个变量。

各变量的说明见表4.1。

表 4.1　　　　　　　　　　　　　　多元回归模型变量说明

符号	变量含义	预期符号
OP	虚拟变量：非标准审计意见为 1，其余为 0	－
OP1	虚拟变量：带强调事项的无保留意见为 1，其余为 0	－
OP2	虚拟变量：保留意见为 1，其余为 0	－
OP3	虚拟变量：无法表示意见为 1，其余为 0	－
ΔEPS	每股变化收益率	＋
V	公司规模，即当年年末资产账面价值	－
DIVID	虚拟变量：年度股利分配预案为 1，否则为 0	＋
DIST	虚拟变量：ST 或 *ST 为 1，其余为 0	－
IMPORT	虚拟变量：研究窗口内重大诉讼、仲裁为 1，其余为 0	－
ZTSS	虚拟变量：有暂停上市风险为 1，否则为 0	－
VIO	虚拟变量：违规为 1，无违规为 0	－
YY	虚拟变量：研究窗口内发布预盈信息为 1，否则为 0	＋
YK	虚拟变量：研究窗口内发布预亏信息为 1，否则为 0	－
REPEAT	虚拟变量：首次披露非标为 1，其他为 0	－
PLACE	虚拟变量：深市为 1，沪市为 0	－／＋

二、模型设计

本章采用事件研究法来研究市场对财务报表审计意见这一事件的反应，就某一类经济事件对企业价值所产生的影响进行测量。事件分析方法的有效性体现于这样的事实：如果市场是理性的，那么事件是否产生影响将立即通过价格反映出来，并可以通过对较短时间内价格的变化进行分析来加以测量。在大量的应用研究中，事件分析的焦点主要集中于事件对企业特定证券（尤其是股票）价格的影响。

本章主要以 2007～2010 年被出具非标准审计意见的公司为研究对象，以年度财务报告公布日为事件日，采用超额收益法和多元回归法两种模型，通过股价对事件日前后一段时间非标准审计意见公司的反应来验证非标准审计意见的信息含量。

1. 超额收益法

为了评价会计师事务所变更的影响，需要对超额收益率进行度量。该方法的思路是考察年度财务报告公布日前和公布日后的超额收益，如果存在超额收益，表明市场对非标准审计意见这一事件有反应。累计超额收益率的计算原理是，某时段股票的收益等于正常收益与超额收益之和，正常收益可以由市场模型确定，超额收益可以由实际收益与正常收益的差值计算得出，累计超额收益就是样本研究期间的超额收益的累加。研究在事件窗口内累计超额收益是否显著大于零，如果显著大于零，则表明样本上市公司股价上涨。具体方法如下：

（1）个股的实际日收益率的计算

$$R_{i,t} = (P_{i,t} - P_{i,t-1})/P_{i,t-1}$$

其中，i   表示不同的股票；

t   表示天数；

t = 0   表示上市公司年度财务报告公布日的当天；

t = -1   表示年度财务报告公布日的前一个交易日；

t = 1   表示年度财务报告公布日后的第一个交易日；

$R_{i,t}$ 表示第 i 种股票在第 t 交易日的收益率；

$P_{i,t}$ 表示第 i 只股票在第 t 交易日的收盘价；

$P_{i,t-1}$ 表示第 i 只股票在第 t-1 交易日的收盘价。

（2）个股的期望日收益率的计算

$$R_{m,t} = (P_{m,t} - P_{m,t-1})/P_{m,t-1}$$

$R_{m,t}$ 表示在第 t 个交易日期望收益率；

$P_{m,t}$ 表示在第 t 个交易日深市或沪市 A 股指数的收盘价；

$P_{m,t-1}$ 表示在第 t-1 个交易日深市或沪市 A 股指数的收盘价。

（3）个股超额日收益率的计算

$$AR_{i,t} = R_{i,t} - R_{m,t}$$

$AR_{i,t}$ 表示股票 i 在 t 日的超额收益率。

（4）计算平均超额日收益率

$$AAR_{it} = 1/n \sum_{i=1}^{n} AR_{i,t}$$

n   表示每个分类样本总体的样本数；

AARt   表示每个样本总体第 t 日的平均超额收益率。

（5）计算累计平均超额日收益率（累计非正常收益）

$$CAR(t1, t2) = \sum_{t=t1}^{t2} AAR_t$$

研究市场对某一事件是否发生了反应，一般要计算在一定时间内的累计超额收益率及平均超额收益率，以累计超额收益为指标进行研究样本与控制样本的比较，累计平均超额收益率是各个样本累计非正常收益在（a，b）两个时间段内的平均值。

2. 多元回归法

由于超额收益法无法直接控制其他因素对超额收益的影响，如资产规模、每股收益、股利分配方案等，虽然通过选择控制样本能在一定程度上加以控制，但不精确。为了能更简洁、更精确地检验非标准审计意见的市场反应，故同时通过多元回归法考虑各种因素对股价影响的方向与程度。建立模型如下：

$$CAR = \beta + \beta_1 OP + \beta_2 OP1 + \beta_3 OP2 + \beta_4 OP3 + \beta_5 V + \beta_6 \Delta EPS + \beta_7 DIVID$$
$$+ \beta_8 DIST + \beta_9 IMPORT + \beta_{10} ZTSS + \beta_{11} YY + \beta_{12} YK + \beta_{13} REPEAT$$
$$+ \beta_{14} PLACE + \beta_{15} VIO$$

本研究中，是否违规变量（VIO）仅在 2010 年分析时加，2007 ~ 2009 年以及各年的混合样本分析中未加入此变量。

为了实证不同年度以及 4 年整体的不同审计意见类型是否有信息含量，分别对非标准审计意见与标准意见、不同类型的非标准审计意见与标准审计意见和不同的非标准审计意见之间对股价的影响进行研究。在实证股价与非标准审计意见和标准审计意见关系时，剔除了 OP1、OP2、OP3 三个指标，在实证股价与非标准审计意见和标准意见以及非标准审计意见之间的关系时剔除了 OP 指标。

三、样本选择

1. 研究样本的确定

以 2007 ~ 2010 年被出具非标准审计意见的上市公司为研究对象。

研究样本具体选取原则是：①所选样本公司必须在 2006 年以前上市。一般认为，新上市的公司股票更容易引起投资者的关注，这些公司的股价波动可能更大，相关研究表明，上市时间越长的公司被出具非标准审计意见的比例越高。②剔除连续 5 个正常交易日以上没有股价数据的公司。③剔除无总资产的公司。④剔除 B 股。

2007 ~ 2010 年每年获取的研究样本数分别为 2007 年 48 家、2008 年 56 家、2009 年 71 家、2010 年 72 家。具体情况见表 4.2。

表 4.2　　　　　2007 ~ 2010 年研究样本选取情况　　　　单位：家

年度	非标准意见	非标准意见类型			连续出具非标准意见	
		强调事项段无保留	保留意见	无法表示意见	样本数	占样本总数比例（%）
2007	48	37	6	5	31	64.58
2008	55	37	11	7	28	50.00
2009	71	50	8	13	46	63.89
2010	72	56	13	3	48	67.61
合计	246	180	38	28	153	61.94

由表 4.2 可知，连续出具非标准审计意见的上市公司比首次出具非标准审计意见的上市公司多 1 倍。

2. 控制样本的选取

根据以下标准，严格筛选符合条件的标准无保留意见作为最终控制样本：
（1）与研究样本的审计意见披露年度相同；
（2）与研究样本具有相近的每股收益变化率；
（3）与研究样本资产规模相近；
（4）与研究样本处于同一行业板块。

之所以要求（2）、（3）、（4）三个条件，是为了尽可能地控制其他因素，以保证研究样本与控制样本除审计意见的不同外，其他差异尽可能小。国外的实证研究表明，行业性质与企业规模也是具有一定信息含量的。我国证券市场的发展极为迅速，不同年度的完善程度应有所不同，对于相同的审计意见，在不同的时期有可能会引起不同的市场反应，因此，我们选择的研究样本与控制样本应在相同年度。

3. 研究样本与控制样本的配对条件检验

配对条件中，控制的变量除资产规模和每股收益变化率外，其他变量均为虚拟变量，故只对研究样本和控制样本的每股收益变化率和资产规模进行配对条件检验，检验结果见表 4.3。

表 4.3　　研究样本与控制样本的配对检验

检验项目	年度	Levene 检验 (Levene's Test)		均值方程的 t 检验 (t-test for Equality of Means)	
		F	Sig.	T	Sig. （双侧）
自资产规模	2007	0.001	0.97	0.308	0.758
	2008	0.025	0.874	−0.17	0.865
	2009	0.486	0.487	−0.198	0.843
	2010	0.649	0.422	−1.39	0.167
每股收益变化率	2007	9.463	0.003	1.278	0.204
	2008	3.232	0.075	0.272	0.786
	2009	2.217	0.139	−1.389	0.167
	2010	0.268	0.605	−0.142	0.887

由表 4.3 得知，除 2007 年每股收益变化率的 F 值通过 0.05 显著性水平外，其他均没有通过显著性水平检验，即研究样本与控制样本的资产规模，每股收益

变化率相近，符合配对条件。

第三节 实 证 分 析

一、图形法

本研究对 2007～2010 年混合样本下非标准审计意见的研究样本与标准审计意见的控制样本、各年的非标准审计意见的研究样本与标准审计意见的控制样本以及沪深两市非标准审计意见 AR、CAR，采用图形法进行了比较分析。为了分析审计意见有无信息含量，证实上述假设，在实证过程中，分别按标准审计意见和非标准审计意见以及不同类型的非标准审计意见进行分析。在下列各图中纵坐标为 AR 或 CAR 值，横坐标为财务报告公布日前后的天数。

1. 2007～2010 年混合样本下研究样本与控制样本的 AR、CAR 的比较分析

2007～2010 年混合样本下非标准审计意见的研究样本与标准意见的控制样本 AR、CAR 比较分析如图 4.1～图 4.8 所示。

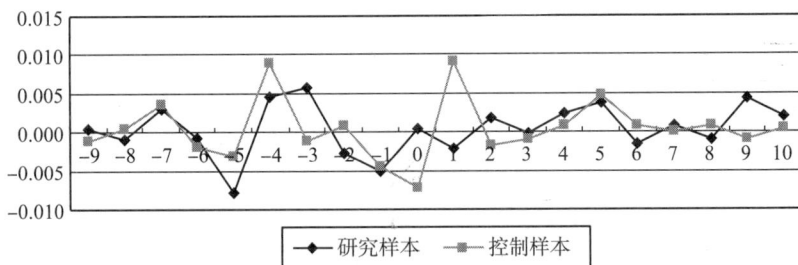

图 4.1 2007～2010 年非标准审计意见与控制样本 AR 比较

由图 4.1 可以看出，控制样本总体波动比研究样本略微大，而且控制样本的最高点远大于研究样本，但是控制样本的最低点小于研究样本，说明投资者对非标准审计意见的期望反应不一致。在研究窗口 [-3，-2] 和 [8，10] 有明显差异，尤其在 [0，1] 和 [7，10] 窗口内非标准审计意见与控制样本的 AR 呈明显的负相关，说明非标准审计意见对股价有负反应，有明显的信息含量。

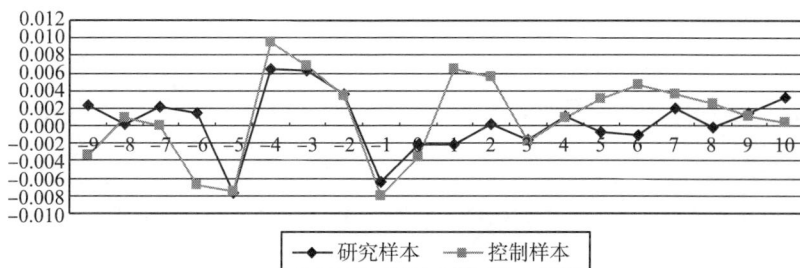

图 4.2 2007～2010 年带强调事项段的无保留审计意见与控制样本 AR 比较

由图 4.2 可以看出，带强调事项段的无保留审计意见的变化趋势比控制样本的变化趋势小得多，且控制样本的幅度总在研究样本之上。从研究窗口 [-9，-8] 看出带强调事项段的无保留审计意见与控制样本呈现明显的负相关，且从窗口 [1，10] 看出研究样本与控制样本的波动明显不同，基本呈现负相关，说明带强调事项段的无保留审计意见对股价有负反应，有明显的信息含量。

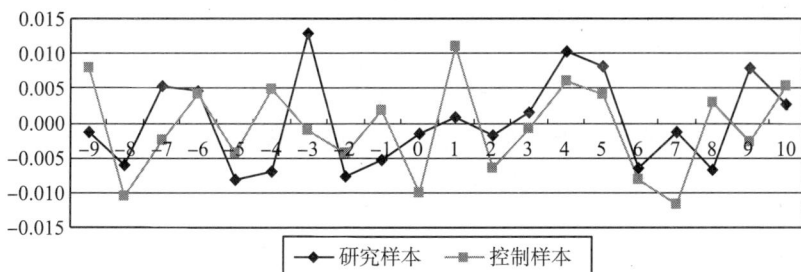

图 4.3 2007～2010 年保留意见与控制样本 AR 比较

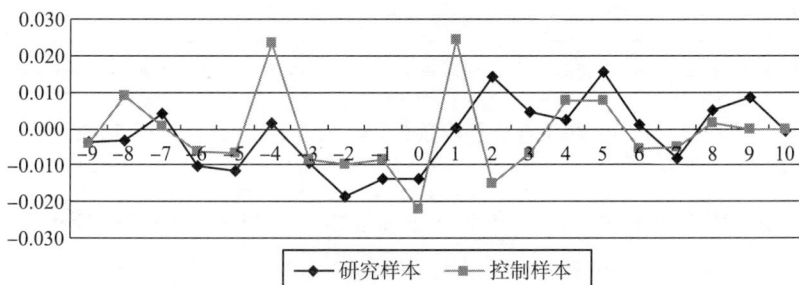

图 4.4 2007～2010 年无法表示意见与控制样本 AR 比较

图 4.3、图 4.4 显示了混合样本下保留意见和无法表示意见与其控制样本的 AR 的变化情况。由图 4.3 可以看出，被出具保留意见的公司样本平均超额日收益率波动大于其配对公司的平均超额日收益率，在窗口 [7，10] 被出具保留意

见的公司与其控制样本 AR 值出现负相关。由图 4.4 可以看出，混合样本下无法表示意见与控制样本 AR 的波动趋势基本相同，说明混合样本所反映的信息含量不大，应单独分析各年的样本。

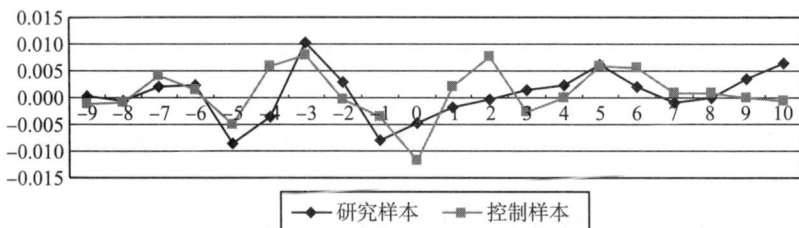

图 4.5　2007～2010 年非标准审计意见与控制样本 CAR 比较

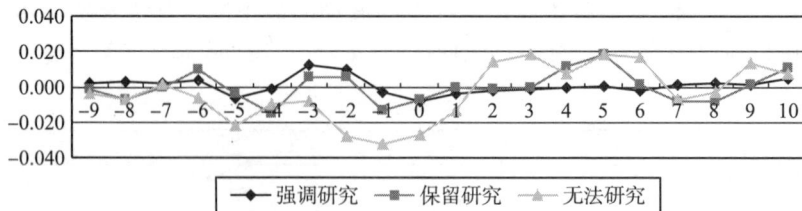

图 4.6　2007～2010 年各种非标准审计意见 CAR 比较

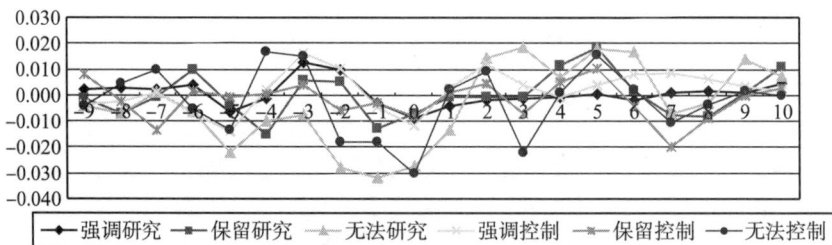

图 4.7　2007～2010 年各种非标准审计意见与控制样本 CAR 比较

　　图 4.5～图 4.7 显示了混合样本下非标准审计意见、各种非标准审计意见与控制样本和各年非标准审计意见 CAR 比较情况。由图 4.5 可看出，在年报公布前后波动较大，有明显的信息含量，其余的窗口非标准审计意见与控制样本的 CAR 变化幅度基本一致，披露日后第八天以后才出现明显的负相关。由图 4.6 可以看出，带强调事项段的无保留审计意见与保留意见、无法表示意见在研究窗口内信息含量没有明显的差别，带强调事项段的无保留审计意见的累计平均超额日收益率变化趋于平稳，保留意见波动大于带强调事项段的无保留审计意见，而无

法表示意见波动最大，说明不同类型的审计意见的信息含量有所差异，审计意见越差，相对的 CAR 波动就越大，对股价的影响越明显。图 4.7 显示，研究样本的波动不同于控制样本的波动，保留意见和无法表示意见的研究样本的波动大于其控制样本的波动，控制样本中无法表示意见波动最大，保留意见次之，带强调事项段的无保留意见波动最小，说明审计意见有一定的信息含量。

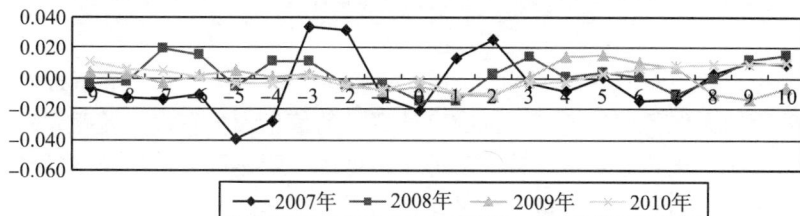

图 4.8　2007～2010 年各年非标准审计意见 CAR 比较

由图 4.8 可看出，2007 年股价波动最大且出现最高点和最低点，2008 年波动比 2007 年小但大于 2009 年，2010 年的波动最小，这是因为投资者对被出具非标准审计意见公司的炒作逐年减少，而且被出具非标准审计意见的上市公司自身经营状况有问题，投资者对非标准审计意见的关注度逐年提高，说明非标准审计意见的信息含量也在逐年增长。也说明了经过这几年的交易市场和股民实践知识的双重健全，越来越多的股民了解了审计意见的意义，不再盲目跟风，羊群效应已经越来越不明显。

2. 2007 年非标准审计意见与控制样本 AR、CAR 比较分析

2007 年非标准审计意见的研究样本与标准意见的控制样本 AR、CAR 比较分析如图 4.9～图 4.15 所示。

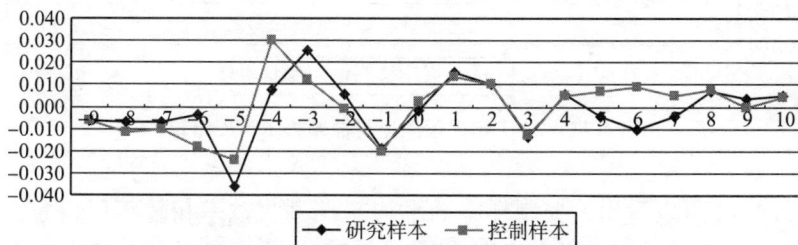

图 4.9　2007 年非标准审计意见与控制样本 AR 比较

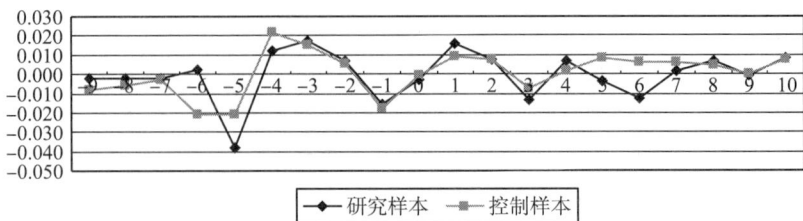

图 4.10 2007 年带强调事项段的无保留审计意见与控制样本 AR 比较

由图 4.9 和图 4.10 可以看出，在研究窗口 ［4，8］ 内非标准审计意见、带强调事项段的无保留审计意见与标准审计意见的信息含量有很大差距，在其他窗口的市场反应变化趋势基本一致。从另一角度讲，明显可以看出控制样本平均超额日收益率普遍高于非标准审计意见，这与混合样本研究结果相近。在报告披露日后的第六天，无论是总体的非标准审计意见还是带强调事项段的无保留审计意见，均会呈现出平均超额日收益率的最低谷，其后便会出现大幅度的回升。这种现象可能是由于 2007 年出现了"全民炒股"的热潮但投资者缺乏相关的投资知识，羊群效应显著，针对投资者的盲目性，庄家比较容易操纵某只股票，而被出具标准审计意见公司的资产质量状况明朗、企业规模大，不易操纵，只好选择操纵那些被出具带强调事项段的审计意见上市公司。随着被出具带强调事项段的无保留意见公司信息的公布，投资者根据新信息开始迅速调整对策，导致股价迅速下跌，而此时获得内幕消息者已提前抛出股票赚取了差价。同时也说明了中小投资者在信息获取方面处于劣势，跟庄现象严重，容易形成所谓的羊群效应。

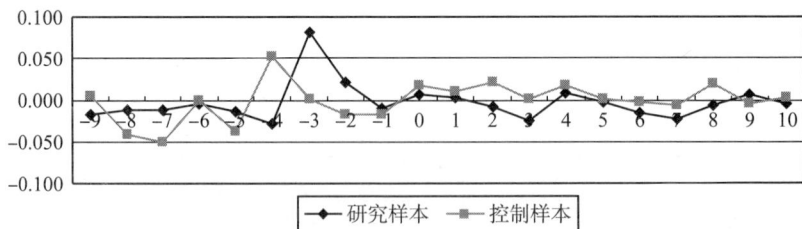

图 4.11 2007 年保留意见与控制样本 AR 比较

由图 4.11 可以看出，控制样本的平均超额日收益率相较于保留意见稳定，且一般高于保留意见。在研究窗口 ［-6，-2］ 内保留意见所引起的市场反应变化最大，而在研究窗口的其他时期内没有明显差距，在报告披露日后，控制样本的 AR 值一直都高于研究样本。

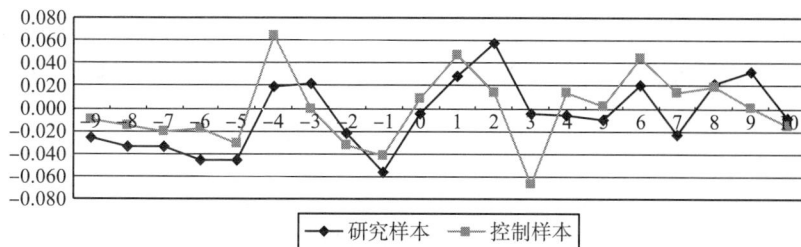

图 4.12 2007 年无法表示意见与控制样本 AR 比较

由图 4.12 可以看出，无法表示意见的研究样本与其控制样本的 AR 值的变动情况与带强调事项段的无保留审计意见和保留意见与其控制样本的变动情况基本相同，但无法表示意见样本 AR 值的波动更大。

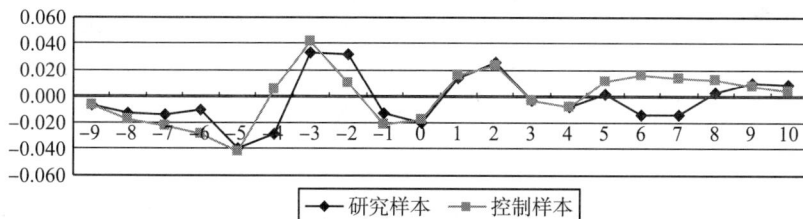

图 4.13 2007 年非标准审计意见与控制样本 CAR 比较

由图 4.13 可以看出，非标准审计意见研究样本的 CAR 始终低于控制样本，在研究窗口 [4，9] 内呈明显的负相关，说明非标准审计意见从年报公布第四天开始释放其不好的信息含量，从而使股价大跌。

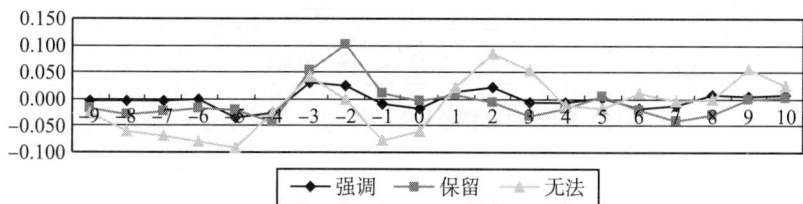

图 4.14 2007 年各种非标准审计意见 CAR 比较

由图 4.14 可以看出，三种非标准审计意见变化趋势大体相同，随着审计意见的变差，CAR 值的波动变大，带强调事项段的无保留意见样本波动平缓，保留意见样本只是在报告披露前六天到报告披露日的 CAR 呈现大幅度波动，其余时期并无太大反应差别，无法表示意见样本则在不时地出现较大的起伏，并且在报告披露日后五天开始不断的攀涨，之后就一直高于保留意见的累计超额收益率。原因是投资者对被出具带强调事项段的无保留审计意见公司，保持着一定程度上的信赖与质疑。

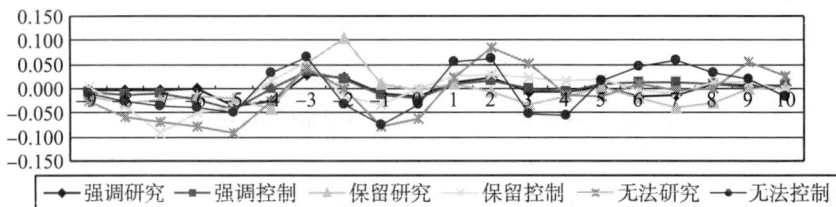

图 4.15   2007 年各种非标准审计意见与控制样本 CAR 比较

由图 4.15 可以看出，研究样本与控制样本 CAR 的比较与 AR 的比较，结论是一致的，研究样本的波动大于控制样本，在年报公布前三天 CAR 从最高点开始下滑并且在公布前一天达到最低谷，说明市场信息提前被释放，在年报公布后 CAR 开始上扬，所有的累计超额收益率都开始上扬，呈现出明显的正的市场反应，由此可以说明 2007 年审计意见的信息含量不高，得出的结论没有代表性。

3. 2008 年非标准审计意见与控制样本 AR、CAR 比较

2008 年非标准审计意见的研究样本与标准意见的控制样本 AR、CAR 比较分析情况如图 4.16 ~ 图 4.22 所示。

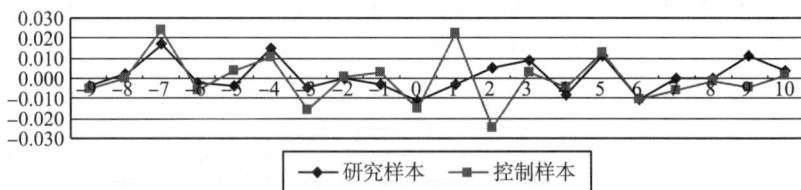

图 4.16   2008 年非标准审计意见与控制样本 AR 比较

由图 4.16 可以看出，研究窗口 [−1，7] 内非标准审计意见与标准审计意见的市场反应有很大差距，在其他窗口研究样本与控制样本市场反应的变化趋势基本一致，非标准审计意见市场反应在 [−10，10] 窗口内累计超额收益率大部分为正，少数非标准审计意见只有轻微的负面市场反应，这可能是由于在 2008 年前半年已经出现了潜在的经济危机，投资者对所投资的股票都存在一种危机感，通过不断地了解公司透露的信息，不断调整自己所投资的股票种类和数量。在货币流动过剩、物价上涨迅速的情况下，大量投机性资金涌入股市，投资者缺

乏相关的投资知识，对非标准审计意见的重视度不够，相关的会计信息、审计意见和监管法规没有对投资者发挥有效的作用。

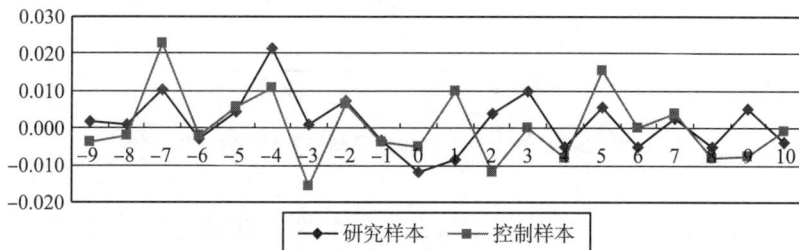

图 4.17　2008 年带强调事项段的无保留审计意见与控制样本 AR 比较

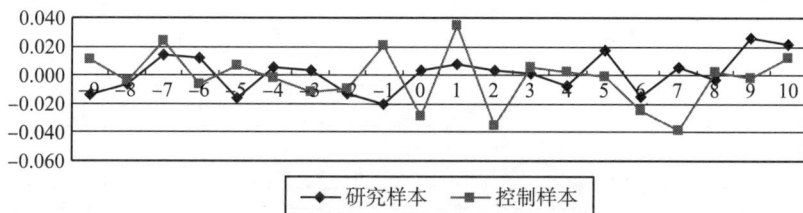

图 4.18　2008 年保留意见与控制样本 AR 比较

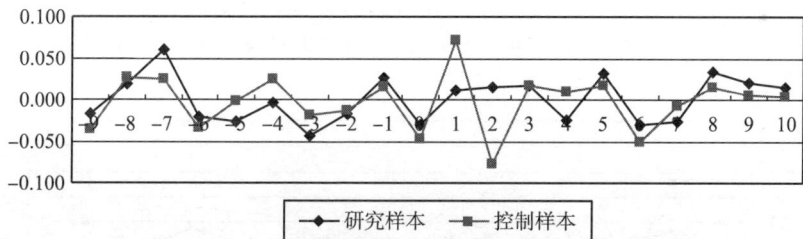

图 4.19　2008 年无法表示意见与控制样本 AR 比较

由图 4.17～图 4.19 可以看出，带强调事项段无保留审计意见研究样本与控制样本的 AR 值，在研究窗口［-1，7］内市场反应差别很大，尤其在研究窗口［-1，2］内变化最大，说明年报公布后，研究样本的股价开始下跌。保留意见研究样本与控制样本的 AR 值，在研究窗口［-2，2］内变化比较明显，其余窗口变化不明显甚至出现研究样本的 AR 值大于控制样本 AR 值的情况，有可能是年报被出具保留意见的上市公司公布了一些投资者比较看好的题材。无法表示意见研究样本的 AR 值变化不大，只在公布日后 3～5 天有小幅变化，而控制样本起伏较大，导致这种现象出现的原因是投资者预期到非标准审计意见的出现，提前抛售了这些股票，股价跌到一定程度后，股票炒作交易量少导致变化不明显。

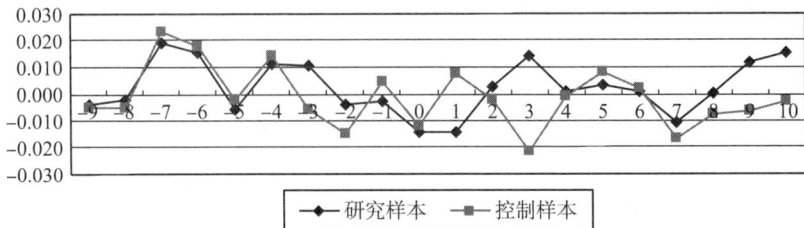

图 4.20   2008 年非标准审计意见与控制样本 CAR 比较

由图 4.20 可以看出，研究样本与控制样本的 CAR 值在研究窗口 ［ - 2，2］内差异较大，其他窗口变化不大，公布日后第 2 天获得非标准审计意见上市公司的股价开始上扬，CAR 达到最高点与控制样本呈负相关，说明公布后第 2 天就开始有人炒作。

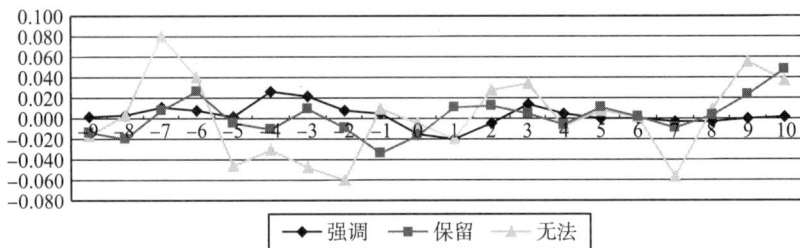

图 4.21   2008 年非标准审计意见 CAR 比较

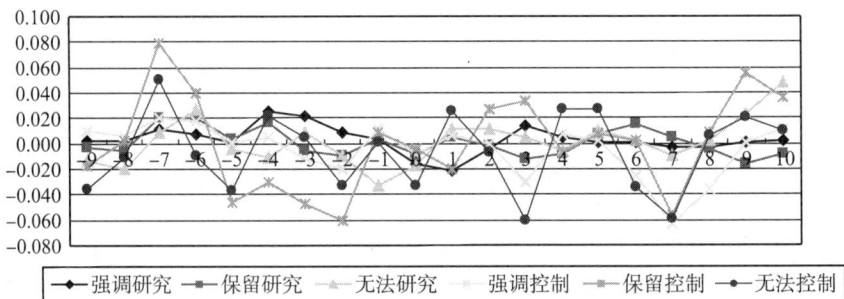

图 4.22   2008 年各种非标准审计意见与控制样本 CAR 比较

由图 4.21 ～ 图 4.22 可以看出，带强调事项段的无保留审计意见与保留意见变化趋势基本相同，带强调事项段的无保留审计意见平稳，无法表示意见波动最大并且出现股价最高点和最低点，导致这种情况的原因是被出具无法表示意见公司的经营出现困境，只好不断推出重组等新题材来炒作股价，造成了股价较大的波动。

4. 2009 年非标准审计意见与控制样本 AR、CAR 比较

2009 年非标准审计意见的研究样本与标准意见的控制样本 AR、CAR 比较分析如图 4.23 ~ 图 4.29 所示。

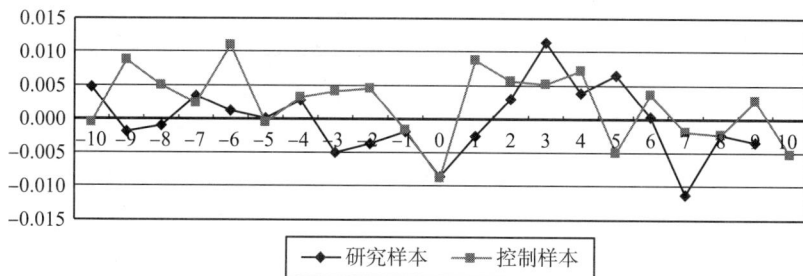

图 4.23　2009 年非标准审计意见与控制样本 AR 比较

由图 4.23 可以看出，非标准审计意见与控制样本在研究窗口 [-10， -1] 反应最强烈，在窗口 [-4， -1] 内非标准审计意见与标准审计意见的信息含量有很大差距，在公布日后的窗口的市场反应变化趋势基本一致，说明不好的信息已经提前释放，投资者已提前预期到被出具标准无保留意见的公司的效益好，该利好消息在年报公布前已反应完毕，年报公布后发现反应过度，从而使股价下跌。

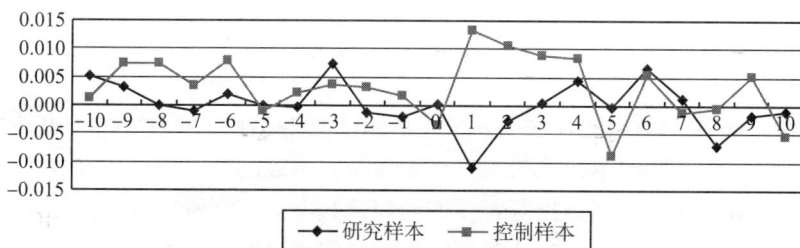

图 4.24　2009 年带强调事项段的无保留审计意见与控制样本 AR 比较

由图 4.24 可以看出，带强调事项段的无保留审计意见研究窗口 [-1， 9] 内与控制样本市场反应差别很大，尤其研究窗口 [-1， 4] 内变化最大，说明带强调事项段的无保留审计意见一出，这些公司的股价开始大跌，公布日后第 4 天开始有人炒作，又导致股价上扬。

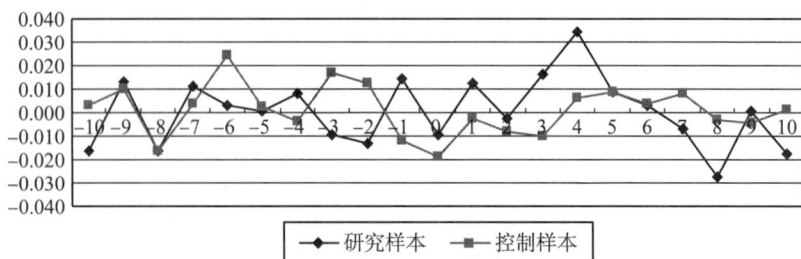

图 4.25　2009 年保留意见与控制样本 AR 比较

由图 4.25 可以看出，保留意见发表后，相关公司的股价上扬且幅度大于控制样本，市场反应不正常。出现这种情况是由于大部分被出具保留意见的上市公司都属于亏损特别严重的公司，在年报公布后通过发表重组、合并等新题材来提高股价，出现了研究窗口［1，5］内的非正常现象，到第 6 天股价急剧下跌，表明投资者发现炒作并没有实现期望的效果，开始大量地抛售股票，同时也说明投资者更加关注与年报同时公布的其他信息。

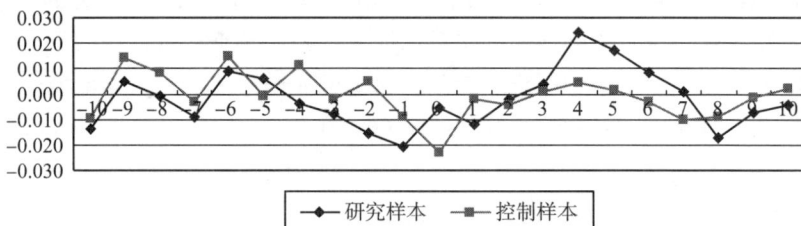

图 4.26　2009 年无法表示意见与控制样本 AR 比较

由图 4.26 可以看出，无法表示意见的 AR 波动不大，只在公布日后 3 ~ 5 天有小幅变化，而控制样本起伏较大，在大盘变化明显的情况下，研究样本变化不大，导致这种现象的原因是投资者预期到经营状况很差、资不抵债的上市公司会得到无法表示意见的非标准审计意见，提前抛售了这些公司的股票，股价跌到一定程度后，股票炒作交易量少导致变化不明显。

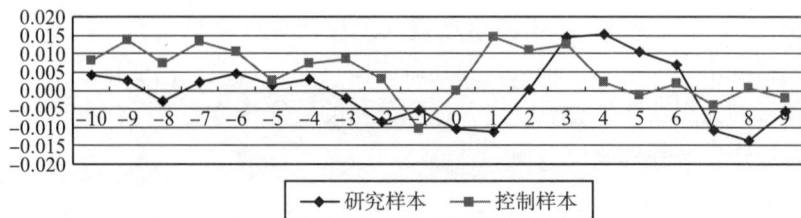

图 4.27　2009 年非标准审计意见与控制样本 CAR 比较

由图 4.27 可以看出，研究样本的波动在控制样本之下，在公布日后 3~5 天的异常现象是由于保留意见与无法表示意见公司的炒作所致，信息含量不大。

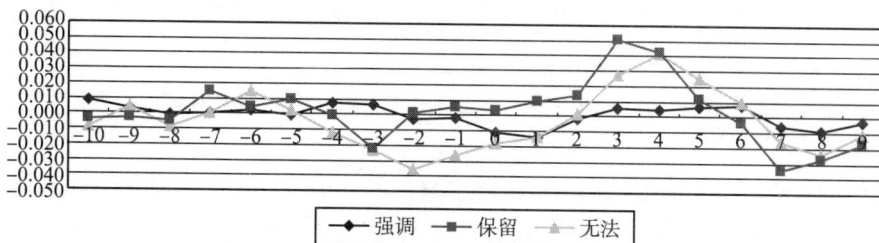

图 4.28　2009 年非标准审计意见 CAR 比较

由图 4.28 可以看出，带强调事项段的无保留审计意见与保留意见变化趋势基本相同，带强调事项段无保留审计意见的 CAR 值变化平稳，无法表示意见波动最大并且出现了股价最高点和最低点，导致这种情况的原因是被出具无法表示意见的公司经营出现困境，只有不断推出新的题材比如说重组来炒作股价，经过一段时间投资者发现题材并没有实现，对这些公司失去信心，股价开始下跌，从而造成大的波动。

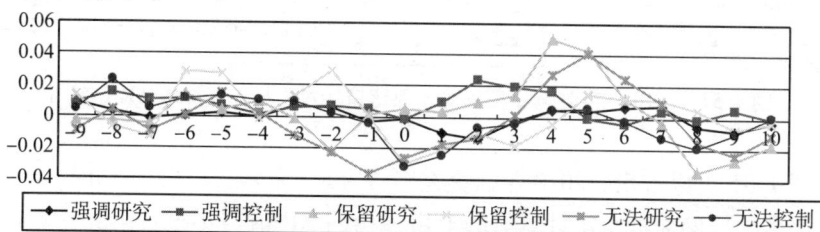

图 4.29　2009 年各种非标准审计意见与控制样本 CAR 比较

由图 4.29 可以看出，研究样本与控制样本 CAR 相比较，控制样本在公布日前波动大说明信息提前被释放。在图中也可以看出，很多时候非标准审计意见比标准审计意见的市场反应要好，带强调事项段无保留审计意见的平均超额日收益率也会高于其控制样本，由于被出具带强调事项段无保留意见的上市公司的会计信息质量远远低于投资者的预期，甚至出现保留意见的市场反应强于带强调事项段无保留意见的市场反应情况。

5. 2010 年非标准审计意见与控制样本 AR、CAR 比较

2010 年非标准审计意见的研究样本与标准意见的控制样本 AR、CAR 比较分析如图 4.30~图 4.36 所示。

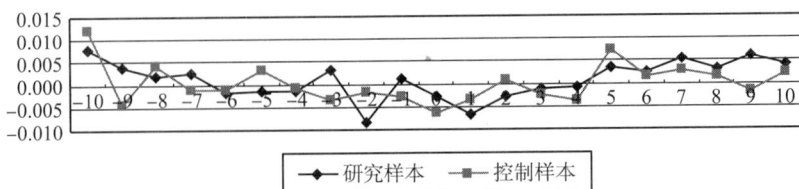

图 4.30　2010 年非标准审计意见与控制样本 AR 比较

由图 4.30 可以看出，2010 年在研究窗口［-9，-1］内年报被出具非标准审计意见的上市公司与年报被出具标准审计意见的上市公司的 AR 值有一定差距，年报被出具非标准审计意见的上市公司的 AR 值的最低点明显低于年报被出具标准审计意见的上市公司，年报被出具标准审计意见的上市公司的 AR 值的最高点明显高于年报被出具非标准审计意见的上市公司，可见审计意见类型有一定的信息含量。

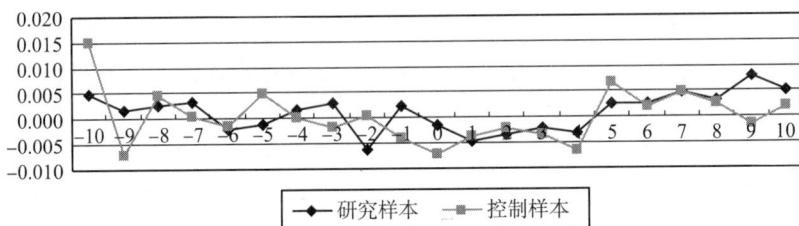

图 4.31　2010 年带强调事项段的无保留审计意见与控制样本 AR 比较

由图 4.31 可以看出，2010 年研究窗口［-5，-4］、［-3，-1］年报被出具带强调事项段的无保留审计意见的上市公司的 AR 值与年报被出具标准审计意见的上市公司的 AR 值有一定差距，出现了明显的负增长，而在其他窗口的市场反应变化趋势基本一致。

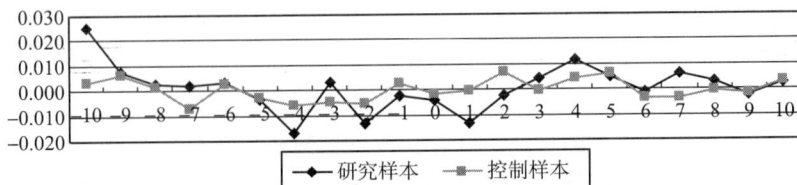

图 4.32　2010 年保留意见与控制样本 AR 比较

由图 4.32 可以看出，2010 年研究窗口［-5，2］年报被出具保留意见的上市公司与年报被出具标准审计意见的上市公司的 AR 值有差距，年报被出具保留意见的上市公司的 AR 值上下波动，明显低于年报被出具标准审计意见的上市公司，在其他窗口的市场反应变化趋势基本一致，说明保留意见类型具有一定的信息含量。

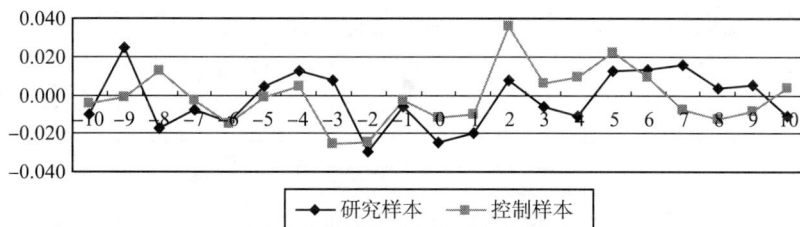

图 4.33　2010 年无法表示意见与控制样本 AR 比较

由图 4.33 可以看出，2010 年研究窗口 ［ -1，8 ］年报被出具无法表示意见的上市公司与年报被出具标准审计意见的上市公司的 AR 值存在差距，年报被出具无法表示意见的上市公司的 AR 值波动的最高值和最低值明显小于标准公司的 AR 值。在披露日后 5 ~ 10 天年报被出具无法表示意见的上市公司所引起的市场反应变化最大。

2010 年的年报被出具标准审计意见的上市公司平均超额日收益率与非标公司的平均超额日收益率波动差异不如混合样本明显。但是，无论是总体的非标准审计意见，还是非标准审计意见中的保留意见或者无法表示意见的平均超额日收益率出现的最低点和最高点均比控制样本小。年报被出具带强调事项段的无保留审计意见上市公司 AR 值的波动明显小于年报被出具标准无保留审计意见上市公司的 AR 值。出现这一情况的原因是 2010 年被出具非标准审计意见的上市公司大部分都是 ST 公司，投资者对此类公司没有信心，ST 公司的股价本身已经较低，在披露日前后也未能有较大的股价波动，但是作为控制样本的年报被出具标准审计意见的上市公司财务状况比较明朗，随着上市公司年报信息的公布，年报被出具标准审计意见的上市公司可能会发布些利好或者利空消息，投资者根据新信息开始迅速调整投资方向造成股价迅速上涨或者下跌，而此时获得内幕消息者已提前抛出股票赚取了差价。

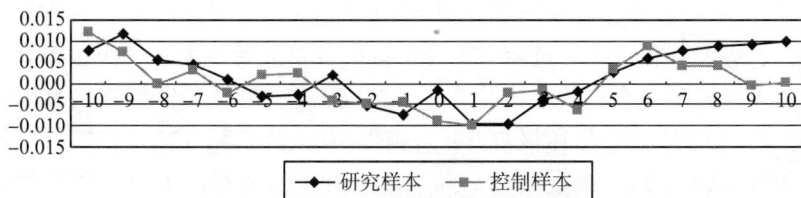

图 4.34　2010 年非标准审计意见与控制样本 CAR 比较

由图4.34可以看出，2010年研究样本的CAR值与控制样本的CAR值呈现出此消彼长的趋势，在研究窗口［7，10］内，年报被出具非标准审计意见的上市公司与年报被出具标准审计意见的上市公司呈明显的反向差异，且年报被出具非标准审计意见的上市公司的涨势明显好于标准公司，说明年报被出具非标准审计意见的上市公司，从年报公布第7天就开始有利好的信息。

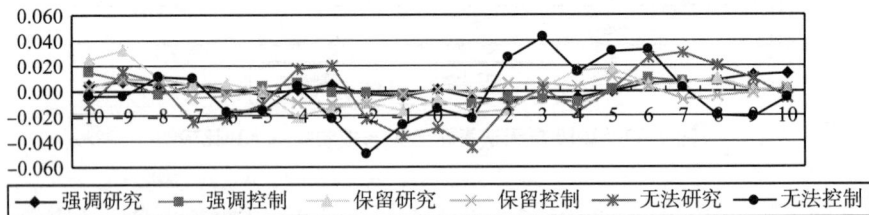

图4.35　2010年各种非标准审计意见与控制样本CAR比较

由图4.35可以看出，研究样本与控制样本CAR和AR的比较结论相同，控制样本的波动大于研究样本，在年报公布前3天控制样本CAR向下波动达到最低点，并且在公布后3天达到最高点，说明市场信息提前被释放。从图中也可以看出，年报被出具无法表示意见上市公司的CAR值变动幅度明显小于年报被出具标准审计意见的上市公司。这是因为中国的证券市场尚不健全，过多的内幕消息混淆了股民的判断，使投资者对被出具无法表示意见的公司还保持着一定程度上的信赖与质疑。

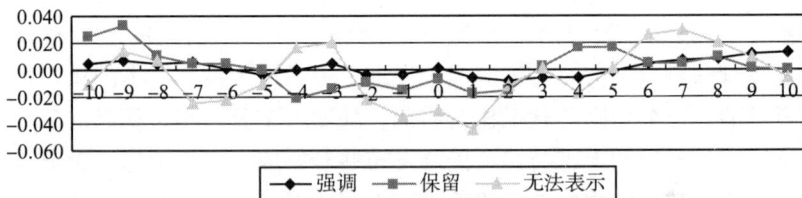

图4.36　2010年各种不同类型非标准审计意见CAR比较

由图4.36可以看出，年报被出具不同类型非标准审计意见上市公司的CAR值的变化趋势大体相同，并且随着审计意见的变差波动增大，年报被出具带强调事项段的无保留审计意见的上市公司的CAR值波动平缓，年报被出具保留意见的上市公司的CAR值只是在报告披露日前第10天到前第8天和披露日后第3天到第6天的CAR呈现大幅度波动，其余时期并无太大反应差别，年报被出具无法表示意见上市公司的CAR值，则在不时地出现较大的起伏。

6. 沪市与深市的非标准审计意见的 AR、CAR 比较

沪市与深市对非标准审计意见的影响情况如图4.37～图4.40所示：

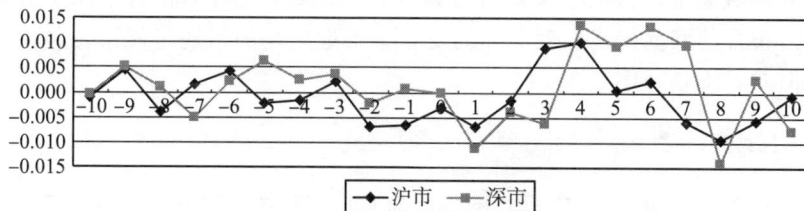

图 4.37　2009 年沪市和深市非标准审计意见的 AR 比较

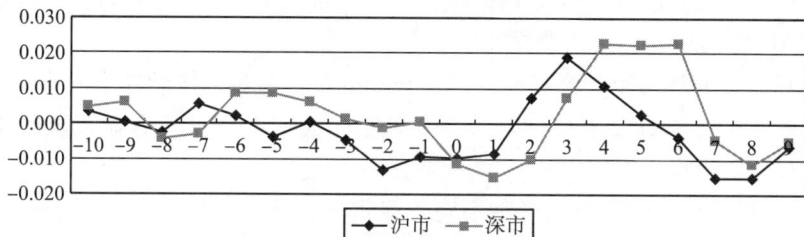

图 4.38　2009 年沪市和深市非标准审计意见的 CAR 比较

从图4.37和图4.38可以看出，在年报公布日前，2009年沪市非标公司的AR、CAR值的变化波动相对于深市非标公司来说明显较低，深市的平均超额日收益率的波峰要高于沪市，波谷低于沪市。在公布日后，沪市与深市呈明显的相对关系。

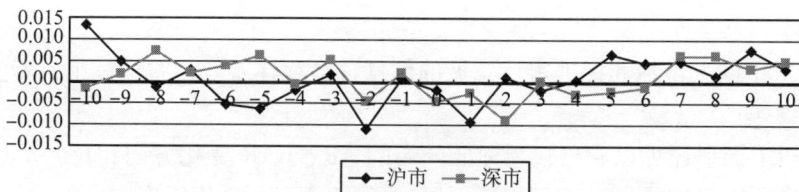

图 4.39　2010 年沪市和深市非标准审计意见的 AR 比较

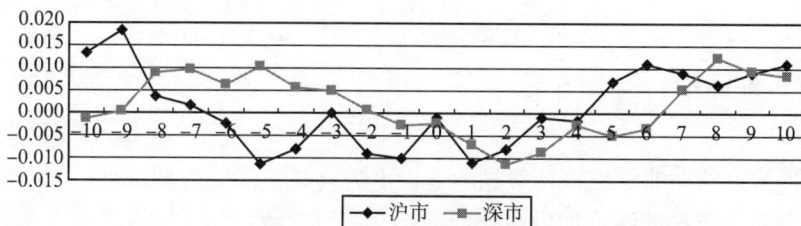

图 4.40　2010 年沪市和深市非标准审计意见的 CAR 比较

分析图 4.39 ~ 图 4.40 可以看出，2010 年在年报公布日前，沪市非标公司的 AR、CAR 值变化波动相比深市非标公司来说明显较低，沪市平均超额日收益率的波峰要高于深市，波谷也低于深市。在公布日后，沪市与深市 CAR 值的变化呈明显的相对关系，且沪市非标公司的 AR、CAR 变化波动相对于深市非标公司在年报公布日前明显提高。就总体而言，上市地点是沪市还是深市，股价波动有差异，但差异不是很明显。

7. 小结

通过对 2007 ~ 2010 年年报非标公司与其控制样本的分析，得出以下结论：

（1）分析截面样本图形，说明非标准审计意见与标准审计意见的信息含量存在差异，与假设 1 相符，不同年度差异不同，2007 年非标准审计意见与标准审计意见的 AR 变动趋势一致，差异较小。

（2）分析非标准审计意见研究样本与标准审计意见的控制样本图形，说明在审计意见公开披露的较短时窗内，股价对非标准审计意见具有显著负的市场反应，与假设 2 相符。

（3）从 2007 ~ 2010 年的各种不同类型非标准审计意见 CAR 比较分析图可以看出，审计意见公开披露的较短时窗内，股价对带强调事项段无保留意见的市场反应程度要好于保留意见和无法表示意见的市场反应程度。无法表示意见的 CAR 波动要大，与假设 3 相符。

（4）分析混合样本图形，说明不同年度非标准审计意见的信息含量存在一定差异，与假设 4 相符。2007 年的非标准审计意见波动最大，2008 年非标准审计意见有负面的信息含量，2009 年和 2010 年非标公司的累计超额收益率（CAR）波动较小。

（5）不同上市地非标准审计意见的信息含量存在差异，差异较小，不能完全证实假设 5。

从以上图形还可以看出，与标准公司的 AR、CAR 变化方向相反，反应为负的窗口在不同年度不同，2007 年反应在 [5，7]，2008 年反应在 [0，1]、[2，3]，2009 年反应在 [-3，-2]、[6，7]，2010 年反应在 [-2，-1]，混合样本反应在 [1，2]。

二、均值 T 检验及分析

图形法虽然对非标准审计意见的分析更为直观，但缺乏精确性，本节采用均值 T 检验对图形法的结论加以验证。

1. 2007～2010 年度不同样本 AR 的均值 T 检验

审计意见分为标准审计意见和非标准审计意见，非标准审计意见分为带强调事项段的无保留审计意见、保留意见、否定意见和无法表示意见。在以下的分析中，对所有非标准审计意见与其控制样本，带强调事项段的无保留审计意见、保留意见和无法表示意见与其控制样本进行均值 T 检验。由于 2007～2010 年上市公司财务报表没有被出具否定意见的情况，故未予分析。

（1）2007～2010 年混合样本 AR 的均值 T 检验

2007～2010 年标准和非标准审计意见混合样本 AR 的均值 T 检验情况如表4.4 所示。

表 4.4　　2007～2010 年标准和非标准审计意见混合样本 AR 的均值 T 检验

窗口	非标准审计意见		带强调事项段的无保留审计意见		保留意见		无法表示意见	
	A	B	A	B	A	B	A	B
−9	0.00003	0.00096	0.0029	0.0026	−0.0014	0.0054	−0.0164	−0.0157
−8	0.00157	−0.00073	0.0012	−0.0018	0.0017	−0.0035	0.0037	0.0102
−7	0.00259	0.00583	0.0025	0.0076	−0.0001	−0.0038	0.0069	0.0078
−6	−0.00069	−0.00470	0.0007	−0.0036	0.0056	−0.0036	−0.0181	−0.0133
−5	−0.00737*	−0.00080*	−0.0072	−0.0014	−0.0051	0.0020	−0.0118	−0.0008
−4	0.00480	0.00885	0.0066	0.0079	−0.0040	0.0074	0.0055	0.0170
−3	0.00369	−0.00042	0.0041	0.0005	0.0097	−0.0060	−0.0074	0.0010
−2	0.00289	0.00020	0.0059	0.0030	−0.0013	−0.0034	−0.0110	−0.0129
−1	−0.00830*	−0.00233*	−0.0061	−0.0034	−0.0148**	0.0040**	−0.0135	−0.0043
0	−0.00354	−0.00416	−0.0028	−0.0019	0.0042	−0.0071	−0.0188	−0.0134
1	0.00098	0.00329	0.0011	0.0007	−0.0008	0.0072	0.0026	0.0144
2	−0.00120	−0.00212	−0.0022	0.0017	−0.0023	−0.0077	0.0065**	−0.0190**
3	−0.00217	0.00016	−0.0025	0.0006	−0.0049	0.0023	0.0035	−0.0059
4	−0.00016	0.00088	−0.0001	0.0001	0.0040	0.0010	−0.0064	0.0057
5	0.00473	0.00512	0.0006	0.0052	0.0157	0.0028	0.0163	0.0078
6	−0.00211	−0.00010	−0.0030	0.0009	−0.0034	−0.0037	0.0052	−0.0018
7	0.00173	0.00116	0.3143**	0.0042**	0.3096***	−0.0126***	0.1008	0.0000
8	0.00308	0.00116	0.0022	0.0004	−0.0013	0.0043	0.0148	0.0015
9	0.00163	−0.00138	−0.0001	−0.0008	0.0041	−0.0022	0.0038	−0.0041
10	0.00293	0.00170	0.0031	0.0023	0.0047	0.0026	−0.0005	−0.0032

注：（1）A 为研究样本；B 为控制样本。
　　（2）* 为通过 10% 的显著水平检验；** 为通过 5% 的显著性水平，*** 为通过 1% 的显著性水平。

从表 4.4 可以看出，2007～2010 年标准和非标准审计意见在 t = -9 到 t = 10 窗口的超额日收益率的均值之间存在差异，非标准审计意见与其控制样本在 t = -8、t = -3、t = 3、t = 4、t = -9 时其超额日收益率均值符号相反，其中 t = 3、t = 4 时，非标准审计意见的均值为负值，说明市场认为非标准审计意见是坏消息，因此产生了负的反应。两类审计意见的超额日收益率均值在其他日期的符号相同，但超额收益率均值的大小不同。在 t = -5、t = -1 时，两类审计意见的超额日收益率的均值均为负数，非标公司超额日收益率的绝对值明显大于标准公司。在其他日期超额日收益率的均值虽有差异，但均未通过 T 检验。被出具带强调事项段无保留审计意见上市公司的 AR 分别在 t = -8、t = -5、t = -1、t = 0、t = 2、t = 3、t = 4、t = 6 和 t = 9 为负值，但不显著。在 t = 7 时 AR 均值明显大于被出具标准审计意见的上市公司。被出具保留意见上市公司的超额日收益率的均值在 t = -9 到 t = 10 的窗口内有 11 天为负值，其中 t = -1 时反应最显著，在 t = 7 时超额日收益率均值大于被出具标准审计意见的上市公司。被出具无法表示意见的上市公司，在此窗口内有 9 天为负值，大部分的市场反应为负，均不显著，在 t = 2 时超额日收益率的均值显著大于被出具标准审计意见的上市公司。通过以上均值的 T 检验发现，与资产重组等其他信息相比，我国投资者更重视其他信息。

（2）2007 年样本 AR 的均值 T 检验

2007 年样本 AR 的均值 T 检验情况如表 4.5 所示。

表 4.5　　　　　　　2007 年标准和非标准审计意见样本 AR 的均值 T 检验

窗口	非标准审计意见		带强调事项段的无保留审计意见		保留意见		无法表示意见	
	A	B	A	B	A	B	A	B
-9	-0.0063	-0.0066	-0.0020	-0.0079	-0.0166	0.0047	-0.0258	-0.0099
-8	-0.0067	-0.0115	-0.0023	-0.0062	-0.0114	-0.0413	-0.0337	-0.0147
-7	-0.0067	-0.0104	-0.0023	-0.0026	-0.0114	-0.0497	-0.0337	-0.0204
-6	-0.0035	-0.0179	0.0025	-0.0208	-0.0055	-0.0006	-0.0451	-0.0173
-5	-0.0360	-0.0241	-0.0383	-0.0211	-0.0141	-0.0374	-0.0451	-0.0304
-4	0.0079*	0.0300*	0.0124	0.0217	-0.0291	0.0524	0.0188	0.0646
-3	0.0257	0.0119	0.0171	0.0152	0.0820	0.0016	0.0220	-0.0001
-2	0.0058	-0.0011	0.0070	0.0056	0.0210	-0.0167	-0.0216	-0.0323
-1	-0.0188	-0.0201	-0.0152	-0.0176	-0.0103	-0.0169	-0.0556	-0.0417
0	-0.0017	0.0025	-0.0026	-0.0008	0.0066	0.0174	-0.0048	0.0092
1	0.0153	0.0134	0.0156	0.0094	0.0026	0.0095	0.0281	0.0473
2	0.0104	0.0102	0.0073	0.0079	-0.0090	0.0209	0.0574	0.0142

窗口	非标准审计意见		带强调事项段的无保留审计意见		保留意见		无法表示意见	
	A	B	A	B	A	B	A	B
3	-0.0136	-0.0129	-0.0131	-0.0077	-0.0242	0.0004	-0.0050*	-0.0673*
4	0.0057	0.0047	0.0070	0.0015	0.0075	0.0173	-0.0065	0.0135
5	-0.0045	0.0068	-0.0039	0.0084	-0.0029	0.0012	-0.0105	0.0021
6	-0.0099**	0.0090*	-0.0130*	0.0062*	-0.0164	-0.0034	0.0202	0.0446
7	-0.0041	0.0053	0.0014	0.0061	-0.0228	-0.0064	-0.0227	0.0134
8	0.0069	0.0078	0.0070	0.0043	0.0066	0.0189	0.0222	0.0198
9	0.0069	-0.0004	-0.0009	0.0004	0.0072	-0.0054	0.0328	0.0001
10	0.0051	0.0044	0.0086	0.0073	-0.0050	0.0028	-0.0080	-0.0151

注：（1）A 为研究样本；B 为控制样本。
（2）* 为通过 10% 的显著水平检验；** 为通过 5% 的显著性水平；*** 为通过 1% 的显著性水平。

从表4.5 可以看出，2007 年非标公司在 t = -9 到 t =10 日窗口的超额收益率均值有 11 天为负值，在 t =6 时反应显著。t = -4 时虽然为正数，但其绝对值明显小于被出具标准意见的上市公司。被出具带强调事项段无保留审计意见上市公司的 AR 在 t =6 时市场反应显著为负，其他日反应不显著。被出具保留意见上市公司超额日收益率的均值，在此窗口多数为负值，不显著。被出具无法表示意见的上市公司，只有在 t =3 时为负值，在 10% 的水平上显著，其他日的超额收益率的均值大部分小于被出具标准意见的上市公司但不显著。

（3）2008 年样本 AR 的均值 T 检验

2008 年样本 AR 的均值 T 检验情况如表 4.6 所示。

表 4.6　　　　2008 年标准和非标准审计意见样本 AR 的均值 T 检验

窗口	非标准审计意见		带强调事项段的无保留审计意见		保留意见		无法表示意见	
	A	B	A	B	A	B	A	B
-9	-0.0037	-0.0049	0.0016	-0.0037	-0.0136	0.0105	-0.0168	-0.0358
-8	0.0019	0.0011	0.0010	-0.0020	-0.0061	-0.0039	0.0195	0.0256
-7	0.0174	0.0232	0.0103	0.0226	0.0144	0.0240	0.0602**	0.0249**
-6	-0.0021	-0.0070	-0.0028	-0.0020	0.0122	-0.0063	-0.0205	-0.0340
-5	-0.0036	0.0049	0.0043	0.0057	-0.0162	0.0067	-0.0260	-0.0025
-4	0.0150	0.0100	0.0214	0.0107	0.0059	-0.0014	-0.0043**	0.0244**
-3	-0.0043	-0.0154	0.0009	-0.0159	0.0030	-0.0111	-0.0431	-0.0193
-2	0.0002	0.0009	0.0074	0.0067	-0.0128	-0.0090	-0.0174	-0.0139

续表

窗口	非标准审计意见		带强调事项段的 无保留审计意见		保留意见		无法表示意见	
	A	B	A	B	A	B	A	B
−1	−0.0031	0.0034	−0.0035	−0.0037	−0.0207 **	0.0203 **	0.0266	0.0145
0	−0.0114	−0.0150	−0.0120	−0.0049	0.0031	−0.0288	−0.0306	−0.0469
1	−0.0028 ***	0.0227 ***	−0.0087	0.0097	0.0080	0.0351	0.0111 ***	0.0720 ***
2	0.0054 ***	−0.0251 ***	0.0040	−0.0119	0.0036	−0.0357	0.0159 ***	−0.0783 ***
3	0.0090	0.0033	0.0098	−0.0001	0.0011	0.0056	0.0177	0.0177
4	−0.0080	−0.0036	0.0049	−0.0078	−0.0073	0.0022	−0.0249 *	0.0093 *
5	0.0115	0.0126	0.0057	0.0155	0.0173	−0.0005	0.0328	0.0172
6	−0.0103	−0.0114	−0.0050	0.0001	−0.0151	−0.0250	−0.0307	−0.0510
7	−0.0003	−0.0059	0.0026	0.0041	0.0059	−0.0384	−0.0256	−0.0076
8	0.0004	−0.0030	−0.0050	−0.0080	−0.0032	0.0027	0.0344 *	0.0142 *
9	0.0115 **	−0.0046 **	0.0053	−0.0076	0.0263 **	−0.0015 **	0.0215	0.0061
10	0.0038	0.0026	−0.0035	−0.0007	0.0215	0.0125	0.0148	0.0042

注:(1) A 为研究样本;B 为控制样本。
    (2) * 为通过 10% 的显著水平检验;** 为通过 5% 的显著性水平;*** 为通过 1% 的显著性水平。

从表 4.6 可以看出,2008 年非标公司在 [−9,10] 窗口的超额日收益率均值,在 t=1、t=2、t=9 时与标准公司存在显著差异,非标公司的超额日收益率均值均大于标准公司。其他日的超额日收益率均值有差异,不显著。被出具带强调事项段无保留审计意见上市公司在此窗口有差异,不显著。被出具保留意见上市公司的超额日收益率的均值在 t=−1、t=9 时,与标准公司的差异显著,在 t=−1 显著反应为负,说明审计意见有一定的信息含量,在 t=9 时显著反应为正,说明公司投资者听到了一些利好的题材。被出具无法表示意见的上市公司在 t=−7、t=−4、t=1、t=2、t=4、t=8 时与被出具标准意见上市公司有显著差异,t=−4、t=1、t=4 时比被出具标准意见上市公司差,其余 3 日要好于被出具标准意见上市公司。这说明投资者不够重视审计意见。

(4) 2009 年样本 AR 的均值 T 检验

2009 年样本 AR 的均值 T 检验情况如表 4.7 所示。

表 4.7   **2009 年标准和非标准审计意见样本 AR 的均值 T 检验**

窗口	非标准审计意见		带强调事项段的 无保留审计意见		保留意见		无法表示意见	
	A	B	A	B	A	B	A	B
−9	−0.0007	−0.0005	0.0052	0.0013	−0.0164	0.0030	−0.0139	−0.0097
−8	0.0047	0.0088	0.0033	0.0073	0.0131	0.0097	0.0049	0.0141

续表

窗口	非标准审计意见		带强调事项段的无保留审计意见		保留意见		无法表示意见	
	A	B	A	B	A	B	A	B
−7	−0.0019	0.0049	0.0000	0.0074	−0.0160	−0.0164	−0.0006	0.0085
−6	−0.0011	0.0023	−0.0010	0.0034	0.0111	0.0038	−0.0088	−0.0031
−5	0.0034*	0.0110*	0.0019	0.0079	0.0034	0.0245	0.0092	0.0147
−4	0.0012	−0.0007	0.0000	−0.0011	0.0007	0.0028	0.0060	−0.0011
−3	0.0000	0.0032	−0.0003	0.0022	0.0084	−0.0040	−0.0041*	0.0116*
−2	0.0028	0.0041	0.0074	0.0037	−0.0095*	0.0169*	−0.0076	−0.0020
−1	−0.0050**	0.0046**	−0.0011	0.0033	−0.0129	0.0125	−0.0152*	0.0047*
0	−0.0036	−0.0017	−0.0020	0.0017	0.0145	−0.0118	−0.0209	−0.0066
1	−0.0018	−0.0088	0.0003	−0.0034	−0.0094	−0.0187	−0.0056	−0.0232
2	−0.0086***	0.0087***	−0.0110***	0.0133***	0.0124	−0.0026	−0.0121	−0.0019
3	−0.0026*	0.0057*	−0.0027**	0.0106**	−0.0026	−0.0079	−0.0019	−0.0046
4	0.0029	0.0052	0.0006*	0.0088*	0.0163	−0.0102	0.0036	0.0007
5	0.0114	0.0073	0.0045	0.0083	0.0343*	0.0060*	0.0240**	0.0046**
6	0.0039*	−0.0051*	−0.0003	−0.0089	0.0086	0.0088	0.0170	0.0012
7	0.0066	0.0036	0.0067	0.0054	0.0034	0.0035	0.0083	−0.0031
8	0.0003	−0.0019	0.0012	−0.0013	−0.0068	0.0079	0.0011	−0.0102
9	−0.0113*	−0.0023*	−0.0072	−0.0004	−0.0274	−0.0031	−0.0169	−0.0093
10	−0.0024	0.0029	−0.0017	0.0051	0.0004	−0.0042	−0.0071	−0.0014

注：（1）A 为研究样本；B 为控制样本。

（2）* 为通过 10% 的显著水平检验；** 为通过 5% 的显著性水平；*** 为通过 1% 的显著性水平。

从表 4.7 可以看出，2009 年非标公司在［−9，10］窗口的超额日收益率均值，在 t = −5、t = −1、t = 2、t = 6、t = 9 时与标准公司存在显著差异，非标公司的超额日收益率均值均小于标准公司，为负反应，其他日的差异不显著。被出具带强调事项段无保留审计意见上市公司在［−9，10］窗口有差异，在 t = 2、t = 3 时反应为负，差异显著，其他日差异不显著。被出具保留意见上市公司的超额日收益率的均值在 t = −2、t = 5 时与标准公司的差异显著，在 t = −2 时显著反应为负，说明审计意见有一定的信息含量，在 t = 5 时显著反应为正。被出具无法表示意见的上市公司，在 t = −3、t = −1、t = 6 时与被出具标准意见上市公司有显著差异，t = −3、t = −1 时比被出具标准意见上市公司差，在 t = 6 时反应要好于标准意见的上市公司。从市场反应看，本年度审计意见对股价的影响力有所提高。

（5）2010 年样本 AR 的均值 T 检验

2010 年样本 AR 的均值 T 检验情况如表 4.8 所示。

表 4.8　　　　　**2010 年标准和非标准审计意见样本 AR 的均值 T 检验**

窗口	非标准审计意见		带强调事项段的 无保留审计意见		保留意见		无法表示意见	
	A	B	A	B	A	B	A	B
−10	0.0079	0.0120	0.0048	0.0149	0.0252	0.0030	−0.0105	−0.0041
−9	0.0037	−0.0044	0.0018	−0.0071	0.0074	0.0062	0.0246	−0.0010
−8	0.0019	0.0042	0.0028	0.0044	0.0026	0.0015	−0.0171 *	0.0123 *
−7	0.0026	−0.0010	0.0034	0.0005	0.0018	−0.0073	−0.0078	−0.0026
−6	−0.0018	−0.0013	−0.0023	−0.0014	0.0034	0.0023	−0.0145	−0.0148
−5	−0.0015	0.0033	−0.0013	0.0050	−0.0038	−0.0031	0.0041	−0.0014
−4	−0.0013	−0.0008	0.0016	0.0001	−0.0171	−0.0062	0.0126	0.0042
−3	0.0031	−0.0033	0.0029	−0.0018	0.0032	−0.0050	0.0075	−0.0258
−2	−0.0085	−0.0017	−0.0063	0.0004	−0.0132	−0.0054	−0.0295	−0.0246
−1	0.0012	−0.0026	0.0025	−0.0039	−0.0024	0.0027	−0.0059	−0.0027
0	−0.0029	−0.0064	−0.0014	−0.0072	−0.0044	−0.0017	−0.0244	−0.0118
1	−0.0068	−0.0034	−0.0046	−0.0037	−0.0131	−0.0005	−0.0201	−0.0103
2	−0.0027	0.0010	−0.0033	0.0022	0.0025	0.0066	0.0078	0.0360
3	−0.0011	−0.0025	−0.0021	−0.0033	0.0044	−0.0008	−0.0062	0.0057
4	−0.0009	−0.0039	−0.0032	−0.0064	0.0116	0.0042	−0.0113	0.0089
5	0.0034	0.0074	0.0025	0.0068	0.0052	0.0064	0.0125	0.0226
6	0.0024	0.0014	1.0018 **	0.0021 **	0.9086 ***	−0.0036 ***	1.0025 ***	0.0090 ***
7	0.0054	0.0029	0.0047	0.0049	0.0061	−0.0034	0.0160	−0.0073
8	0.0033	0.0014	0.0033	0.0026	0.0031	−0.0006	0.0040 *	−0.0125 *
9	0.0061 *	−0.0019 *	0.0082 *	−0.0016 *	−0.0025	−0.0017	0.0051	−0.0085
10	0.0040	0.0022	0.0050	0.0019	0.0029	0.0030	−0.0106	0.0033

　　注：(1) A 为研究样本；B 为控制样本。
　　　　(2) * 为通过 10% 的显著水平检验；** 为通过 5% 的显著性水平；*** 为通过 1% 的显著性水平。

　　从表 4.8 可以看出，2010 年非标公司在 ［−10，10］窗口的超额日收益率均值在 t＝9 时与标准公司存在显著差异，且非标公司的超额日收益率均值大于标准公司，为正反应，其他日的差异不显著。被出具带强调事项段无保留审计意见上市公司在此窗口有差异，在 t＝6、t＝9 处差异显著，也是正反应，其他日差异不显著。被出具保留意见上市公司的超额日收益率的均值在 t＝6 时，与标准公司的差异显著，反应显著为正。被出具无法表示意见的上市公司在 t＝−8、t＝6、t＝8 处与被出具标准意见上市公司有显著差异，在 t＝−8 处比标准意见上市公司差，t＝6 处反应要好于标准意见公司。

　　(6) 小结

　　通过上述对不同审计意见类型上市公司的超额日收益率（AR）均值 T 检验

发现，在［-9，10］窗口大部分没有通过均值 T 检验，少数通过均值 T 检验的在不同年度的通过日也不同，也就是说，投资者对审计意见类型的反应不同，产生这种现象的原因是我国审计意见的信息含量还不足，投资者还没有完全认识到不同审计意见类型之间的区别。

2. 不同窗口的配对 T 检验

根据图形法和对不同审计意见类型上市公司的超额日收益率均值 T 检验，可以看出不同年度审计意见类型影响的窗口不同，很难找到反应比较集中的特定窗口。根据每个时间段审计意见影响的反应情况，选择大部分年度非标准审计意见反应为负的［-9，-6］和［-1，3］、2010 年不同意见类型差异较大的［7，10］和研究的整体时段［-10，10］等窗口，进行各组样本的 CAR 均值检验，以判别不同类别审计意见是否可以影响股价，非标准审计意见到底有无信息含量。

从表4.9可以看出，［-10，10］窗口内混合样本中不同类型非标准审计意见与其控制样本存在比较显著的差异，2009 年样本中非标准审计意见与其控制样本、带强调事项段的无保留意见与其控制样本存在显著差异，非标准审计意见的累计超额收益率均值低于标准审计意见，带强调事项段的无保留审计意见、保留意见的 CAR 都低于所对应的控制样本。2010 年不同类型的审计意见 P（T）均小于0.05，说明它们之间存在差异，从上述的超额日收益率的均值检验情况可以看出，不同类型非标准审计意见的累计超额收益率均大于其控制样本。2007 年、2008 年的累计超额收益率均值，研究样本小于控制样本但不显著。不同上市地点的累计超额收益率均值存在差异，不显著。这些结果支持图形法得出的结论。

表4.9　　　　　　　　［-10，10］窗口各组样本的 CAR 均值检验

	意见类型	均值	标准差	F	P(F)	T	P(T)
混合样本	非标准审计意见	0.00040	0.46271	687.999	0.000	9.834	0.000
	控制样本	0.29502	0.08210			9.853	0.000
	带强调事项段的无保留意见	0.02407	0.48506	354.461	0.000	8.019	0.000
	控制样本	0.32605	0.14141			8.019	0.000
	保留意见	-0.01502	0.49484	78.179	0.000	3.912	0.000
	控制样本	0.31032	0.13383			3.912	0.000
	无法表示意见	0.02407	0.48506	354.461	0.000	8.019	0.000
	控制样本	0.32605	0.14141			8.019	0.000
	带强调事项段的无保留意见	0.32605	0.48506	3.948	0.048	1.837	0.067
	其他非标意见	0.19996	0.45371			1.895	0.060
	沪市的非标准审计意见	0.00176	0.13077	2.704	0.101	-0.487	0.626
	深市的非标准审计意见	0.00984	0.11255			-0.509	0.612

续表

	意见类型	均值	标准差	F	P(F)	T	P(T)
2007年样本	非标准审计意见	-0.02210	0.16640	0.451	0.503	-0.718	0.475
	控制样本	0.001106	0.15001			-0.718	0.475
	带强调事项段的无保留意见	0.00020	0.16653	0.006	0.939	-0.232	0.817
	控制样本	0.00918	0.16522			-0.232	0.817
	保留意见	-0.07232	0.09029	0.578	0.465	-0.872	0.404
	控制样本	-0.03063	0.07451			-0.872	0.404
	无法表示意见	-0.12704	0.20838	1.229	0.300	1.039	0.329
	控制样本	-0.02056	0.09537			1.039	0.342
	带强调事项段的无保留意见	0.00220	0.16653	0.679	0.414	1.741	0.088*
	其他非标意见	-0.097195	0.14921			1.850	0.081*
	沪市的非标准审计意见	-0.03070	0.18049	0.869	0.356	-0.304	0.763
	深市的非标准审计意见	-0.01571	0.12563			-0.337	0.738
2008年样本	非标准审计意见	0.02656	0.11899	0.201	0.655	1.619	0.108
	控制样本	-0.01369	0.13283			1.619	0.108
	带强调事项段的无保留意见	0.02864	0.10449	1.278	0.262	0.804	0.424
	控制样本	0.00684	0.12754			0.804	0.424
	保留意见	0.02720	0.12892	0.127	0.725	1.170	0.256
	控制样本	-0.04698	0.16613			1.170	0.257
	无法表示意见	0.01455	0.18445	3.141	0.102	0.955	0.359
	控制样本	-0.05951	0.09020			0.955	0.366
	带强调事项段的无保留意见	0.02864	0.10449	2.204	0.144	0.184	0.854
	其他非标意见	0.02228	0.14773			0.164	0.871
	沪市的非标准审计意见	0.03657	0.11419	0.041	0.841	0.973	0.335
	深市的非标准审计意见	0.00219	0.13057			0.919	0.367
2009年样本	非标准审计意见	-0.00763	0.14358	0.006	0.939	-2.298	0.023
	控制样本	0.04620	0.13542			-2.298	0.023
	带强调事项段的无保留意见	0.00903	0.14010	0.01	0.921	-2.207	0.030
	控制样本	0.06900	0.13143			-2.207	0.030
	保留意见	-0.01455	0.20422	0.249	0.626	-0.378	0.711
	控制样本	0.02151	0.17629			-0.378	0.711
	无法表示意见	-0.06748	0.10352	0.417	0.525	-1.03	0.313
	控制样本	-0.02630	0.10026			-1.03	0.313
	深市的非标准审计意见	-0.02282	0.13725	0.048	0.827	-1.252	0.215
	沪市的非标准审计意见	0.02210	0.15388			-1.206	0.215

续表

	意见类型	均值	标准差	F	P(F)	T	P(T)
2010 年样本	非标准审计意见	1.00039	0.15195	0.109	0.742	42.755	0.000
	控制样本	0.00237	0.12706			42.755	0.000
	带强调事项段的无保留意见	1.02087	0.97900	0.979	0.325	45.631	0.000
	控制样本	0.00516	0.13647			45.631	0.000
	保留意见	0.92641	0.29186	1.966	0.174	10.883	0.000
	控制样本	-0.00326	0.09840			10.883	0.000
	无法表示意见	0.93863	0.06780	6.507	0.063*	23.401	0.000
	控制样本	-0.00728	0.01747			23.401	0.001
	沪市的非标准审计意见	0.01559	0.10717	5.783	0.019**	-0.259	0.796
	深市的非标准审计意见	0.02151	0.06540			-0.291	0.772

如表4.10所示，[-9，-6]窗口不同审计意见类型的累计超额收益率均值均有差异，大部分都是研究样本小于控制样本，符合正常情况，沪深两市非标准审计意见的累计超额收益率均值也存在差异，但两者的差异不显著。

表4.10　　　　　[-9，-6]窗口各组样本的CAR均值检验

	意见类型	均值	标准差	F	P(F)	T	P(T)
混合样本	非标准审计意见	-0.00039	0.10124	0.607	0.436	0.870	0.385
	控制样本	-0.00775	0.08563			0.870	0.385
	带强调事项段的无保留意见	0.00097	0.09715	0.015	0.901	0.742	0.458
	控制样本	-0.00625	0.08725			0.742	0.458
	保留意见	0.00280	0.08731	0.034	0.854	0.855	0.395
	控制样本	-0.01457	0.08983			0.855	0.395
	无法表示意见	-0.01269	0.13944	2.161	0.147	-0.117	0.908
	控制样本	-0.00923	0.07185			-0.117	0.908
	带强调事项段的无保留意见	0.00097	0.09715	1.216	0.271	0.326	0.745
	其他非标意见	-0.00377	0.11169			0.305	0.761
	沪市的非标准审计意见	-0.00485	0.10736	1.922	0.167	1.951	0.052
	深市的非标准审计意见	0.00024	0.08019			1.869	0.063
2007 年样本	非标准审计意见	-0.05288	0.19820	2.112	0.149	0.322	0.748
	控制样本	-0.06382	0.12749			0.322	0.749
	带强调事项段的无保留意见	-0.04040	0.18659	0.638	0.427	0.280	0.780
	控制样本	-0.05070	0.12352			0.280	0.780
	保留意见	-0.04251	0.19453	0.559	0.472	0.851	0.414
	控制样本	-0.12883	0.15439			0.851	0.415
	无法表示意见	-0.15760	0.29260	3.741	0.089*	-0.526	0.613

	意见类型	均值	标准差	F	P(F)	T	P(T)
2007 年 样 本	控制样本	− 0.08283	0.12443			− 0.526	0.620
	带强调事项段的无保留意见	− 0.04040	0.18659	1.976	0.167	0.796	0.430
	其他非标意见	− 0.09482	0.23828			0.697	0.498
	沪市的非标准审计意见	− 0.06038	0.21070	2.705	0.107	0.267	0.790
	深市的非标准审计意见	− 0.04380	0.13809			0.238	0.814
2008 年 样 本	非标准审计意见	0.01363	0.05512	4.41	0.038 **	− 0.647	0.519
	控制样本	0.02163	0.07331			− 0.647	0.519
	带强调事项段的无保留意见	0.01273	0.06004	0.821	0.368	− 0.746	0.458
	控制样本	0.02436	0.07344			− 0.746	0.458
	保留意见	0.00424	0.04869	8.176	0.010 **	− 0.457	0.652
	控制样本	0.01730	0.08124			− 0.457	0.653
	无法表示意见	0.03311	0.03397	1.819	0.202	0.654	0.526
	控制样本	0.01396	0.06971			0.654	0.530
	带强调事项段的无保留意见	0.01273	0.06004	1.653	0.204	− 0.171	0.865
	其他非标意见	0.01547	0.04485			− 0.189	0.851
	沪市的非标准审计意见	0.01492	0.06057	0.282	0.598	1.804	0.077
	深市的非标准审计意见	− 0.00240	0.05838			1.867	0.072
2009 年 样 本	非标准审计意见	0.00959	0.04307	0.287	0.593	0.061	0.951
	控制样本	0.00693	0.04101			0.061	0.951
	带强调事项段的无保留意见	0.01764	0.04123	0.390	0.472	2.098	0.038
	控制样本	0.00088	0.03863			2.098	0.038
	保留意见	0.01633	0.05965	5.399	0.036 **	0.951	0.358
	控制样本	− 0.00874	0.02982			1.117	0.283
	无法表示意见	0.01890	0.05941	2.289	0.143	0.688	0.498
	控制样本	0.00586	0.03375			0.688	0.500
	带强调事项段的无保留意见	0.01764	0.04123	5.061	0.028 **	0.029	0.977
	其他非标意见	0.01728	0.06036			0.025	0.980
	沪市的非标准审计意见	0.00315	0.03894	1.141	0.289	− 0.639	0.525
	深市的非标准审计意见	0.00938	0.04188			− 0.629	0.532
2010 年 样 本	非标准审计意见	0.00653	0.04828	0.458	0.500	0.821	0.413
	控制样本	− 0.00246	0.07940			0.821	0.413
	带强调事项段的无保留意见	0.00566	0.05032	0.855	0.357	0.669	0.505
	控制样本	− 0.00347	0.08897			0.669	0.505
	保留意见	0.01520	0.04401	1.287	0.268	0.842	0.408
	控制样本	0.00271	0.03034			0.842	0.409
	无法表示意见	− 0.01488	0.01712	0.180	0.694	− 0.587	0.589
	控制样本	− 0.00606	0.01963			− 0.587	0.589

续表

	意见类型	均值	标准差	F	P(F)	T	P(T)
2010年样本	带强调事项段的无保留意见	0.02575	0.05730	1.102	0.297	-1.270	0.208
	其他非标意见	0.00925	0.06216			-1.454	0.156
	沪市的非标准审计意见	0.00134	0.04760	0.012	0.914	-1.181	0.242
	深市的非标准审计意见	0.01518	0.04905			-1.172	0.246

人们一般认为，当不利的消息一传出，很快会通过股价反应出来，因此研究中选择了财务报告信息发布的前后 [-1, 3] 窗口。从表 4.11 可以看到，该窗口的大部分不同审计意见类型存在差异，非标准审计意见的市场反应为负，各组方差方程的 Levene 检验结果显示，2010 年除非标准审计意见、带强调事项段的无保留意见与其控制样本两组外，F（T）值均大于 0.05，2009 年除带强调事项段的无保留意见与其控制样本外，P（T）值均大于 0.05。因此各组累计超额收益率不存在显著差异。沪深两市非标准审计意见上市公司累计超额收益率均值有差异，不显著。

表 4.11   **[-1, 3] 窗口各组样本的 CAR 均值检验**

	意见类型	均值	标准差	F	P(F)	T	P(T)
混合样本	非标准审计意见	-0.00406	0.06337	5.385	0.021	0.093	0.926
	控制样本	-0.00470	0.08821			0.093	0.926
	带强调事项段的无保留意见	-0.00562	0.06422	6.377	0.012	-0.403	0.687
	控制样本	-0.00215	0.09621			-0.403	0.687
	保留意见	-0.00339	0.06068	0.053	0.819	0.128	0.899
	控制样本	-0.00514	0.05847			0.128	0.899
	无法表示意见	0.00509	0.06284	0.143	0.707	1.496	0.141
	控制样本	-0.02051	0.06526			1.496	0.141
	其他非标意见	0.00021	0.06127	0.010	0.921	0.638	0.524
	带强调事项段的无保留意见	-0.00562	0.06422			0.652	0.515
	沪市的非标准审计意见	0.00179	0.05936	1.922	0.167	1.951	0.052
	深市的非标准审计意见	-0.01456	0.06910			1.869	0.063
2007年样本	非标准审计意见	0.01044	0.08024	0.000	0.999	-0.161	0.872
	控制样本	0.01312	0.08287			-0.161	0.872
	带强调事项段的无保留意见	0.00719	0.07714	0.011	0.915	-0.088	0.930
	控制样本	0.00878	0.07720			-0.088	0.930
	保留意见	-0.02401	0.10102	1.769	0.213	-1.408	0.189
	控制样本	0.04813	0.07442			-1.408	0.192
	无法表示意见	0.07584	0.04603	1.318	0.284	1.144	0.286

续表

	意见类型	均值	标准差	F	P(F)	T	P(T)
2007年样本	控制样本	0.00326	0.13417			1.144	0.305
	其他非标意见	0.02138	0.09311	0.110	0.741	0.511	0.612
	带强调事项段的无保留意见	0.00719	0.07714			0.460	0.652
	沪市的非标准审计意见	0.01276	0.06769	2.705	0.107	0.267	0.790
	深市的非标准审计意见	0.00622	0.10145			0.238	0.814
2008年样本	非标准审计意见	0.00029	0.06895	1.288	0.259	1.212	0.228
	控制样本	−0.01415	0.05525			1.212	0.228
	带强调事项段的无保留意见	−0.00694	0.07544	1.184	0.280	0.018	0.986
	控制样本	−0.00722	0.05755			0.018	0.986
	保留意见	0.01582	0.04447	0.509	0.484	1.762	0.093
	控制样本	−0.02381	0.05989			1.762	0.095
	无法表示意见	0.01400	0.06600	2.021	0.181	1.865	0.087
	控制样本	−0.03600	0.02500			1.865	0.101
	其他非标意见	0.01517	0.05197	1.478	0.229	1.119	0.268
	带强调事项段的无保留意见	−0.00694	0.07544			1.269	0.211
	沪市的非标准审计意见	0.01082	0.06902	0.282	0.598	1.804	0.077
	深市的非标准审计意见	−0.02536	0.06370			1.867	0.072
2009年样本	非标准审计意见	−0.01007	0.05316	1.224	0.270	−2.171	0.032
	控制样本	0.01084	0.06132			−2.171	0.032
	带强调事项段的无保留意见	−0.01282	0.05249	1.352	0.248	−3.717	0.000
	控制样本	0.02921	0.06030			−3.717	0.000
	保留意见	0.01665	0.06046	7.315	0.017	2.340	0.035
	控制样本	−0.03946	0.03072			2.340	0.040
	无法表示意见	−0.01598	0.05059	1.475	0.236	0.711	0.484
	控制样本	−0.02888	0.04157			0.711	0.484
	其他非标意见	−0.00355	0.05549	0.520	0.473	0.668	0.506
	带强调事项段的无保留意见	−0.01282	0.05249			0.653	0.518
	沪市的非标准审计意见	−0.00249	0.04763	1.798	0.184	1.502	0.138
	深市的非标准审计意见	−0.02172	0.05972			1.432	0.158
2010年样本	非标准审计意见	−0.01111	0.05429	10.670	0.001	0.852	0.396
	控制样本	−0.02469	0.12388			0.852	0.397
	带强调事项段的无保留意见	−0.00679	0.05645	9.451	0.003	1.374	0.172
	控制样本	−0.03402	0.13707			1.374	0.174
	保留意见	−0.02247	0.04589	0.008	0.927	−1.668	0.108
	控制样本	0.00719	0.04480			−1.668	0.108
	无法表示意见	−0.04264	0.03925	0.544	0.502	−1.148	0.315
	控制样本	0.01127	0.07128			−1.148	0.332
	其他非标意见	−0.02625	0.04423	1.102	0.297	−1.270	0.208

续表

	意见类型	均值	标准差	F	P(F)	T	P(T)
2010年样本	带强调事项段的无保留意见	-0.00679	0.05645			-1.454	0.156
	沪市的非标准审计意见	-0.00949	0.05354	0.068	0.796	0.326	0.745
	深市的非标准审计意见	-0.01382	0.05645			0.322	0.749

从表4.12可以看出，在［7，10］窗口，不同类型非标准审计意见和其控制样本、其他非标准审计意见与带强调事项段的无保留意见之间的差异有正有负，负值多于正值，2008年全部非标准审计意见与其控制样本的P（T）值小于0.01，各组的F值（T）和P（T）值均大于0.05，因此，各组累计超额收益率不存在显著差异。

表4.12　　　　　　　　［7，10］窗口各组样本的CAR均值检验

	意见类型	均值	标准差	F	P(F)	T	P(T)
混合样本	非标准审计意见	0.00629	0.06427	1.135	0.287	0.974	0.330
	控制样本	0.00037	0.07049			0.974	0.330
	带强调事项段的无保留意见	0.00730	0.06028	1.276	0.259	0.637	0.525
	控制样本	0.00306	0.06586			0.637	0.525
	保留意见	0.00275	0.08446	0.006	0.938	0.426	0.671
	控制样本	-0.00581	0.09075			0.426	0.671
	无法表示意见	0.00461	0.05984	0.353	0.555	0.76	0.451
	控制样本	-0.00858	0.06967			0.76	0.451
	带强调事项段的无保留意见	0.00730	0.06028	1.987	0.160	0.406	0.685
	其他非标意见	0.00354	0.07449			0.368	0.713
2007年样本	非标准审计意见	0.01153	0.08024	0.007	0.935	-0.341	0.734
	控制样本	0.01708	0.07935			-0.341	0.734
	带强调事项段的无保留意见	0.01608	0.07783	0.006	0.938	-0.108	0.915
	控制样本	0.01809	0.08295			-0.108	0.915
	保留意见	-0.02718	0.11634	0.012	0.914	-0.631	0.542
	控制样本	0.00992	0.08499			-0.631	0.544
	无法表示意见	0.02430	0.03962	0.618	0.454	0.203	0.844
	控制样本	0.01821	0.05417			0.203	0.845
	带强调事项段的无保留意见	0.01608	0.07783	0.004	0.952	0.717	0.477
	其他非标意见	-0.00378	0.09010			0.661	0.519
2008年样本	非标准审计意见	0.01533	0.06226	0.344	0.558	1.908	0.059*
	控制样本	-0.01075	0.08004			1.908	0.059*
	带强调事项段的无保留意见	-0.00730	0.05249	0.311	0.579	0.904	0.369
	控制样本	-0.01218	0.05631			0.904	0.369

续表

	意见类型	均值	标准差	F	P(F)	T	P(T)
2008年样本	保留意见	0.05044	0.08413	0.498	0.489	1.460	0.16
	控制样本	− 0.02348	0.14536			1.460	0.164
	无法表示意见	0.04509	0.04093	0.114	0.741	1.487	0.161
	控制样本	0.01131	0.04631			1.500	0.158
	带强调事项段的无保留意见	− 0.00073	0.05249	0.485	0.489	− 2.930	0.005
	其他非标意见	0.04836	0.06901			− 2.666	0.013
2009年样本	非标准审计意见	− 0.01693	0.06485	2.240	0.137	− 0.882	0.379
	控制样本	− 0.00653	0.07533			− 0.882	0.379
	带强调事项段的无保留意见	− 0.00876	0.05910	3.542	0.063 *	− 0.504	0.615
	控制样本	− 0.00205	0.07324			− 0.504	0.615
	保留意见	− 0.03560	0.08582	0.002	0.961	− 0.641	0.532
	控制样本	− 0.00718	0.08590			− 0.641	0.535
	无法表示意见	− 0.02705	0.06640	0.255	0.618	0.056	0.956
	控制样本	− 0.02874	0.08543			0.056	0.956
	带强调事项段的无保留意见	− 0.00876	0.05910	3.111	0.082	1.657	0.102
	其他非标意见	− 0.03637	0.07481			1.505	0.142
2010年样本	非标准审计意见	0.01879	0.04600	0.163	0.687	1.852	0.066 *
	控制样本	0.00452	0.04647			1.852	0.066 *
	带强调事项段的无保留意见	0.02115	0.04921	0.011	0.918	1.441	0.152
	控制样本	0.00778	0.04903			1.441	0.152
	保留意见	0.00961	0.03522	0.032	0.860	0.921	0.366
	控制样本	− 0.00270	0.03287			0.921	0.366
	无法表示意见	0.01450	0.01890	4.556	0.100	1.381	0.239
	控制样本	− 0.02504	0.04584			1.381	0.272
	沪市的非标准审计意见	0.01756	0.04598	0.042	0.838	− 0.291	0.772
	深市的非标准审计意见	0.02084	0.04684			− 0.290	0.773

分析 [−10, 10]、[−9, −6]、[−1, 3]、[7, 10] 四个研究窗口内 CAR 均值检验，无论哪个窗口内都可以很直观地看出多数非标准审计意见的累计超额收益率低于标准审计意见，带强调事项段的无保留审计意见和保留意见的 CAR 都低于其所对应的控制样本。在四个研究窗口内沪市上市交易的均值小于深市上市交易的均值，但差异不大，这说明上市地点对公司的股价、交易量变动有微弱影响，这些结论都与图形法得出的结论基本一致。我们还看到，多数组的累计超额收益率不存在显著差异，有些组非标准审计意见累计超额收益率均值反应为正。在 [−9, 10] 窗口内股价变动的主要原因到底是审计意见还是各种信息，有待于进一步研究。

为了进一步考察非标准审计意见对股价是否具有负面影响，不同上市地的信息含量是否有显著差异，拟采用多元回归分析法进行分析。

三、多元回归分析

1. 相关系数分析

在窗口 [-1, 3]、[-9, -6] 和 [-10, 10] 内，各变量间的相关系数分析见表4.13。

由表4.13可知，从总体来看部分变量的相关系数通过了0.05显著性水平。CAR值在 [-1, 3] 窗口（CAR1）与变量OP、OP1负相关，与存在重大诉讼、仲裁（IMPORT）、暂停上市风险（ZTSS）和预亏（YK）等信息显著负相关，与预盈（YY）、上市公司规模（V）显著正相关，变量相关系数的符号与预期一致。

[-9, -6] 窗口（CAR2）与变量OP、年度分配股利（DIVID）在0.05水平下显著相关，相关系数的符号与预期一致。

[-10, 10] 窗口（CAR3）与变量预盈（YK）在0.05水平下显著正相关，相关系数的符号与预期一致。

这三个窗口股价的变动，受到了当时发生的不同"好消息"和"坏消息"的影响，说明所选变量是与股价相关的，这些信息对累计超额收益率（CAR）影响的大小，决定于投资者听到这些信息的时间。

在上述三个窗口中，[-1, 3] 窗口与审计意见类型等变量相关，具有一定的研究意义，因此，在后面的回归分析中对该窗口进行重点研究。

变量OP除与CAR1和CAR2显著负相关外，还与IMPORT、ZTSS、YY、YK等变量显著相关，说明被出具非标准审计意见的上市公司经营业绩较差，涉及的诉讼对外担保较多，更有可能面临暂停上市的风险。

为了证实非标准审计意见与标准意见、不同类型的非标准审计意见与标准审计意见、不同的非标准审计意见之间对股价的影响，以确定审计意见的信息含量，分别就这三种情况进行回归。

2. 多元回归分析

（1）非标准审计意见与标准意见的回归分析

对2007~2010年四年所有研究样本与控制样本的回归分析如表4.14所示。

表4.13

Pearson 相关性检验

指标	OP	OP1	OP2	OP3	ΔEPS	V公司	DIVID	DIST	IMPORT	ZTSS	YY	YK	REPEAT	PLACE
CAR1	-0.180*	-0.168*	0.069	-0.090	0.093	0.171*	0.125	-0.156	-0.179*	-0.167*	0.261**	-0.214*	-0.121	-0.087
CAR2	-0.173*	-0.080	-0.082	-0.103	0.016	0.066	0.203*	-0.160	-0.093	-0.035	0.046	-0.123	-0.049	0.040
CAR3	-0.148	-0.081	-0.021	-0.107	0.072	0.071	0.107	-0.101	-0.121	-0.028	0.164	-0.170*	-0.076	0.121
OP	1	0.737**	0.244**	0.317**	-0.193*	-0.017	-0.203*	0.670**	0.344**	0.440**	-0.462**	0.526**	0.462**	0.029
OP1	0.737**	1	-0.180*	-0.234**	-0.062	0.071	-0.118	0.463**	0.226**	0.276**	-0.310**	0.343**	0.395**	0.030
OP2	0.244**	-0.180*	1	-0.078	-0.012	0.034	-0.074	0.034	0.015	-0.025	-0.137	0.035	0.208*	-0.066
OP3	0.317**	-0.234**	-0.078	1	-0.222**	-0.173*	-0.096	0.368**	0.209*	0.324**	-0.178*	0.316**	-0.019	0.053
ΔEPS	-0.193*	-0.062	-0.012	-0.222**	1	0.128	0.191*	-0.116	-0.075	0.015	0.091	-0.229**	-0.137	0.030
V公司	-0.017	0.071	0.034	-0.173*	0.128	1	0.030	-0.268**	0.186*	-0.199**	0.191*	-0.186*	0.041	-0.031
DIVID	-0.203*	-0.118	-0.074	-0.096	0.191*	0.030	1	-0.094	-0.022	0.004	0.067	-0.110	-0.140	0.075
DIST	0.670**	0.463**	0.034	0.368**	-0.116	-0.268**	-0.094	1	0.265**	0.491**	-0.269**	0.526**	0.050	-0.023
IMPORT	0.344**	0.226**	0.015	0.209*	-0.075	0.186*	-0.022	0.265**	1	0.160	-0.193*	0.211*	0.082	0.014
ZTSS	0.440**	0.276**	-0.025	0.324**	0.015	-0.199**	0.004	0.491**	0.160	1	-0.112	0.275**	-0.053	0.089
YY	-0.462**	-0.310**	-0.137	-0.178*	0.091	0.191*	0.067	-0.269**	-0.193*	-0.112	1	-0.487**	-0.259**	-0.066
YK	0.526**	0.343**	0.035	0.316**	-0.229**	-0.186*	-0.110	0.526**	0.211*	0.275**	-0.487**	1	0.122	-0.094
REPEAT	0.462**	0.395**	0.208*	-0.019	-0.137	0.041	-0.140	0.050	0.082	-0.053	-0.259**	0.122	1	0.057
PLACE	0.029	0.030	-0.066	0.053	0.030	-0.031	0.075	-0.023	0.014	0.089	-0.066	-0.094	0.057	1

注：* 表示在 0.1 水平下显著；** 表示在 0.05 水平下显著。

表 4.14　研究样本与控制样本多元回归

变量	混合样本			2007 年样本			2008 年样本			2009 年样本			2010 年样本		
	B	Sig	VIF	B	Sig	VIF	B	Sig	VIF	B	Sig	VIF	B	Sig	VIF
常数项	0.099	0.315		-0.254	0.237		-0.075	0.703		0.095	0.614	4.042	0.362	0.333	
OP	-0.121	0.396	2.521	-0.338	0.345	3.078	-0.227	0.572	4.549	-0.189	0.555	1.140	-0.741**	0.034	4.365
ΔEPS	0.050	0.268	1.021	-0.036	0.741	1.127	-0.112	0.258	1.092	0.187**	0.030	1.388	0.040	0.646	1.078
V	-0.051	0.262	1.038	0.070	0.519	1.123	-0.171*	0.088	1.113	0.161*	0.089	1.091	-0.045	0.623	1.188
DIVID	0.168	0.127	1.264	0.271	0.230	1.212	0.043	0.856	1.369	0.501*	0.095	2.718	-0.447*	0.060	1.990
DIST	0.318	0.022**	2.014	0.101	0.784	2.234	0.608*	0.072	2.683	0.053	0.851	1.230	0.256	0.376	2.801
IMPORT	-0.108	0.399	1.431	0.127	0.724	2.805	-0.302	0.335	1.452	-0.570**	0.048	1.555	0.309	0.203	1.889
ZISS	-0.013	0.943	1.199	0.221	0.697	1.243	0.302	0.465	1.306	-0.285	0.291	1.612	0.031	0.948	1.310
YY	0.070	0.564	1.211	0.484*	0.083	1.131	-0.272	0.442	1.270	0.339	0.153	1.818	0.132	0.576	1.600
YK	-0.240	0.049**	1.487	0.116	0.734	1.559	-0.406	0.124	1.249	-0.263	0.225	1.640	-0.321	0.201	1.821
REPEAT	-0.099	0.341	1.172	0.661**	0.045	1.504	-0.011	0.975	2.459	-0.293	0.275	1.052	-0.153	0.624	3.269
PLACE	0.068	0.465	1.052	-0.254	0.237	3.078	0.295	0.156	1.196	-0.152	0.365	4.042	-0.065	0.736	1.349
VIO	—												-0.019	0.942	1.436
R方					0.118						0.176			0.193	

注：* 表示在 0.1 水平下显著；** 表示在 0.05 水平下显著。

表 4. 14 说明，在财务报告公告日前后的 ［－1，3］ 窗口，不同年度和指标对累计超额收益率 CAR 的影响不同。2007～2010 年非标准和标准审计意见与累计超额收益率 CAR 负相关，除 2010 年比较显著外，总体来说不够显著。每股收益变化率（ΔEPS）2009 年度与超额收益率显著正相关，说明公司收益越多，累计超额收益率（CAR）越高，其他年度不显著。企业资产规模（V）在 2008 和 2009 年与累计超额收益率显著正相关，其他年度不显著；股利分配方案（DIV-ID）与累计超额收益率（CAR）正相关，其中 2009～2010 年度显著正相关，其他年度不显著；是否 ST、*ST 与累计超额收益率（CAR）正相关，2008 年和混合样本的回归结果比较显著，这种情况与预测符号不相符。重大诉讼和仲裁指标（IMPORT）与累计超额收益率负相关，2008 年比较显著，总体不显著；是否发布预盈信息（YY）与累计超额收益率正相关，2008 年显著正相关，其他年度不显著；是否发布预亏信息（YK）与累计超额收益率负相关，总体混合样本比较显著；首次披露为非标准审计意见（REPEAT）与累计超额收益率 2007 年显著负相关，其他年度不显著；是否有暂停上市风险信息（ZISS）和上市公司上市交易所（PLACE）与累计超额收益率的关系不显著。通过这些分析，我们发现标准与非标准审计意见对股价有影响，但不显著。这一回归结果不能完全证实假设 1 和假设 2，能够证实假设 3，股价对不同上市地的非标准审计意见影响不显著，不能证实假设 5。

（2）不同类型的非标准审计意见与标准意见的回归分析

2007～2010 四年不同类型的非标准审计意见与标准意见的回归分析如表 4. 15 所示。

表 4. 15 说明，在财务报告公告日前后的 ［－1，3］ 窗口，不同年度和指标对累计超额收益率 CAR 的影响不同。2007～2010 年非标准和标准审计意见与累计超额收益率 CAR 负相关，其中 2008 和 2010 年强调事项段无保留意见与其控制样本较显著，总体不够显著；2007 年保留意见与其控制样本较显著；混合样本中，无法表示意见显著负相关。

每股收益变化率（ΔEPS）2007、2008 和 2009 年度与超额收益率负相关，2010 年和混合样本正相关，2008 年和 2009 年较显著，其他年度不显著。

企业资产规模（V）、股利分配方案（DIVID）、是否 ST（DIST）、重大诉讼和仲裁指标（IMPORT）、是否发布预盈信息（YY）、是否发布预亏信息（YK）、首次披露为非标准审计意见（REPEAT）、是否有暂停上市风险信息（ZISS）等指标在不同年度的反应不同，有些与预测符号完全相反。上市公司的上市交易所（PLACE）与累计超额收益率的关系不显著。这些现象告诉我们，有些投资者关心的是一些还没有公布的内幕消息，喜欢购买有债务重组、合并等题材的股票，而往往出现这些题材的公司财务状况和经营成果较差。

表4.15　不同类型的非标准审计意见与标准意见多元回归结果

项目 / 变量	混合样本			2007年样本			2008年样本			2009年样本			2010年样本		
	B	Sig.	VIF	B	Sig.	VIF	B	Sig.	VIF	B	Sig.	VIF	B	Sig.	VIF
常数项	0.099	0.535		-0.382	0.104		-0.017	0.928		0.081	0.669		0.620	0.098	
OP1	-0.223	0.129	2.515	-0.424	0.241	3.092	-0.679*	0.087	4.297	-0.086	0.795	3.936	-0.682*	0.055	4.345
OP2	-0.110	0.586	1.469	-0.997*	0.070	1.751	-0.597	0.210	2.523	-0.540	0.212	1.557	-0.313	0.478	2.351
OP3	-0.576**	0.020	1.585	0.469	0.392	1.486	-1.047	0.117	3.261	-0.175	0.693	2.569	-1.127	0.106	1.443
ΔEPS	0.043	0.342	1.032	-0.059	0.593	1.215	-0.214**	0.026	1.109	0.188**	0.032	1.175	0.059	0.494	1.083
V	-0.052	0.252	1.039	0.081	0.452	1.159	-0.113	0.237	1.115	0.167*	0.080	1.399	-0.002	0.979	1.201
DIVID	-0.223**	0.041	1.271	0.322	0.149	1.227	-0.188	0.420	1.412	0.506*	0.093	1.094	-0.688**	0.004	2.036
DIST	0.381*	0.006	2.062	0.006	0.987	2.263	0.302	0.361	2.829	0.087	0.762	2.764	-0.151	0.604	2.879
IMPORT	-0.191	0.134	1.438	0.337	0.353	2.968	-0.444	0.167	1.659	-0.560*	0.055	1.248	0.038	0.873	1.907
ZISS	0.262	0.147	1.228	0.332	0.556	1.280	-0.720*	0.078	1.376	-0.264	0.334	1.600	-0.141	0.771	1.382
YY	0.051	0.676	1.212	0.569**	0.045	1.204	-0.478	0.159	1.275	0.350	0.142	1.615	-0.022	0.925	1.612
YK	-0.147	0.228	1.501	0.129	0.703	1.598	-0.719**	0.010	1.501	-0.247	0.260	1.843	-0.002	0.994	1.830
REPEAT	0.118	0.253	1.176	0.616*	0.065	1.600	-0.416	0.202	2.478	-0.289	0.284	1.654	-0.326	0.301	3.371
PLACE	0.118	0.205	1.063	0.175	0.422	1.147	0.107	0.590	1.214	-0.137	0.420	1.064	0.417	0.689	1.378
VIO													0.365	0.178	1.590
R方		0.150			0.182			0.224			0.186			0.193	

注：*表示在0.1水平下显著；**表示在0.05水平下显著。

（3）不同的非标准审计意见的回归分析

表 4.16 是 2007～2010 年 246 家被出具不同类型非标准审计意见上市公司相关指标的回归结果。结果表明，对于这些公司来讲，不同的非标准审计意见类型对累计超额收益率没有什么影响，投资者更关注的是每股收益变化率（ΔEPS）、股利分配方案（DIVID）、是否发布预盈信息（YY）和一些内幕消息等。也就是说，在审计意见公开披露的较短时窗内，股价对带强调事项段无保留意见的市场反应程度要好于保留意见和无法表示意见的市场反应程度的假设 3，没有得到证实。

3. 小 结

通过相关系数和多元回归分析，得出以下结论：

（1）标准审计意见与非标准审计意见的信息含量不同，投资者对非标准审计意见有一定的关注度，与假设 1 基本相符；

（2）在审计意见公开披露的较短时窗内，股价对非标准审计意见具有负的反应，但不够显著，不完全支持假设 2；

（3）不同类型的非标准意见对累计超额收益的影响没有显著差异，假设 3 不成立；

（4）股价对不同年度的非标准审计意见做出的市场反应不同，与假设 4 相符；

（5）不同上市地的非标准审计意见的信息含量有差异但不显著，与假设 5 不完全相符。

另外，投资者开始关注年报以外的如预盈、暂停上市风险预警信息等其他信息。

第四节　相关结论与对策

一、相关结论

通过图形法的研究得出，在审计意见公开披露的较短时窗内，非标准审计意见与标准审计意见的信息含量不同；两种审计意见上市公司的超额日收益率存在差异；不同年度的差异不同；股价对非标准审计意见具有一定的显著负市场反应；股价对带强调事项段无保留意见的市场反应程度要好于保留意见和无法表示意见的市场反应程度；无法表示意见的 CAR 值波动要大；不同上市地非标准审

表 4.16 不同类型的非标准审计意见多元回归结果

项目 / 变量	混合样本			2007 年样本			2008 年样本			2009 年样本			2010 年样本		
	B	Sig.	VIF	B	Sig.	VIF	B	Sig.	VIF	B	Sig.	VIF	B	Sig.	VIF
常数项	0.007	0.973	—	-1.001	0.013		0.234	0.620		0.431	0.369		0.520	0.249	
OP1	0.074	0.681	1.670	—	—	—	-0.013	0.972	1.696	-0.076	0.822	1.849	—	—	—
OP2	—	—	—	-0.599	0.179	1.218	—	—	—	0.389	0.417	1.786	-0.280	0.475	1.526
OP3	0.304	0.919	1.773	1.029	0.036	1.218	0.495	0.406	2.274	—	—	—	-0.583	0.368	1.121
ΔEPS	0.165**	0.033	1.037	-0.042	0.780	1.253	0.295**	0.039	1.120	0.215*	0.078	1.124	0.029	0.831	1.245
V	0.000	0.816	1.061	0.121	0.440	1.386	0.143	0.339	1.273	0.294**	0.047	1.631	-0.022	0.893	1.689
DIVID	0.463**	0.004	1.109	0.833**	0.013	1.326	-0.504	0.246	1.606	1.150	0.128	1.202	0.426	0.329	1.389
DIST	-0.125	0.479	1.378	-0.053	0.881	1.778	-0.481	0.207	2.010	0.131	0.668	1.736	-0.368	0.322	1.958
IMPORT	-0.129	0.530	1.067	0.491	0.165	1.504	0.234	0.513	1.574	-0.770**	0.013	1.202	-0.276	0.318	1.177
ZISS	-0.108	0.445	1.135	0.429	0.423	1.245	-0.347	0.419	1.320	-0.127	0.668	1.508	0.700	0.198	1.494
YY	0.107	0.541	1.102	0.787*	0.094	1.336	-0.856	0.413	1.121	-0.685	0.323	1.509	0.189	0.717	1.798
YK	-0.004	0.645	1.279	0.230	0.479	1.348	-0.084	0.796	1.374	-0.085	0.779	1.540	-0.223	0.446	1.432
REPEAT	0.158	0.948	1.256	0.451	0.181	1.460	0.210	0.550	1.780	-0.265	0.337	1.353	-0.220	0.567	1.932
PLACE	-0.257	0.721	1.076	0.017	0.955	1.173	0.495	0.406	2.274	-0.380	0.135	1.182	0.022	0.940	1.286
VIO	—	—	—	—	—	—	—	—	—	—	—	—	0.053	0.857	1.333
R方		0.130			0.388			0.267			0.225			0.134	

注：* 表示在 0.1 水平下显著；** 表示在 0.05 水平下显著。

计意见的信息含量存在差异，差异较小。

通过对不同审计意见类型上市公司超额日收益率（AR）均值的 T 检验，在不同的年度投资者对审计意见类型的反应不同，产生这种现象的原因是我国审计意见的信息含量还不足，投资者还没有完全认识到不同审计意见类型之间的区别。

对 [-10, 10]、[7, 10]、[-9, -6] 和 [-1, 3] 四个研究窗口内累计超额收益率（CAR）均值进行检验，发现多数非标公司的累计超额收益率低于标准公司的累计超额收益率；年报被出具带强调事项段的无保留审计意见和保留意见上市公司的 CAR 都低于其所对应的控制样本。上市地点对公司的股价和交易量变动有微弱影响。

通过相关系数和多元回归分析，得出审计意见与超额收益率负相关，不同年度的显著性不同，每股收益变化率、企业资产规模（V）、股利分配方案（DIVID）、是否 ST（DIST）、重大诉讼和仲裁指标（IMPORT）、是否发布预盈信息（YY）、是否发布预亏信息（YK）、首次披露为非标准审计意见（REPEAT）和是否有暂停上市风险信息（ZISS）等指标，大部分年度与预测符号一致，不同年度的显著性不同。

通过本研究可以证实假设 4，部分证实假设 1 和假设 2，不能完全证实假设 5，假设 3 不成立。

二、相关假设不能完全证实的原因

实证结果表明，非标准审计意见的信息含量差别不是很显著，特别是不同类型的非标准审计意见对股价的影响不大，究其原因主要有如下几个方面：

1. 投资者意识淡薄

投资者对我国资本市场的认识不足，投资时只关注眼前利益，遵循"羊群效应"，盲目跟庄投资，对上市公司的信息不关注，认为上市公司年度报告披露的信息不真实，对审计报告的关注度不高。

2. 信息披露不完善

现阶段我国的资本市场尚不完善，上市公司在运用会计方法时享有一定的自由度，一些公司利用会计准则的弹性进行盈余管理，掩盖其不好的财务状况，使得股票的价格不能完全反映其价值。

3. 审计师缺乏应有的职业道德和专业胜任能力

近几年来，虽然不断地加强对注册会计师行业的监管，但是依旧会出现审计失败的情况。原因是由于有些注册会计师缺乏应有的职业道德和专业胜任能力，为了追求个人利益的最大化，出现了与上市公司"商量"并操控审计报表的情况。

三、对策

针对我国审计意见信息含量不高的主要原因，应当采取如下对策：

1. 提高投资者的认知水平，保护投资者的权益

只有让投资者掌握相关投资知识，树立根据企业内在价值进行决策的理念，才能产生对审计意见的内在需求。我国应当设立对投资者教育的专职机构，赋予专职机构法定的投资者教育义务，提高投资者对证券市场的各种金融产品或交易活动风险与收益的认识。投资者的教育机构要以保护投资者权益为教育理念，引导投资者根据企业内在价值做长线投资和理性投资，发挥对审计的监督约束作用，避免出现不同类型的非标准审计意见的市场反应无显著差异，甚至带强调事项无保留意见的负面市场反应大于保留意见的现象。

2. 强化资本市场的有效性，加强对上市公司的监管

资本市场的不完善，是形成非标准审计意见不同但市场反应无显著性差异的主要原因之一，为此，应采取一定措施，减少公司内幕交易，减少投资者与经营者之间的信息不对称，加强行业信息披露，发挥新闻媒体和社会舆论的监督功能，不断完善现行的"核准制"和市场退出机制。

3. 加强对审计机构的监管和惩罚力度

2010 年财政部发布了由中国注册会计师协会修订的《中国注册会计师审计准则第 1101 号——注册会计师的总体目标和审计工作的基本要求》等 38 项准则，需要注册会计师认真学习领会新准则的精髓，提高注册会计师的专业技能，使其能对会计信息的真实可靠性做出恰如其分的评价。应进一步加大注册会计师造假的成本，使其远远大于合谋成本。

第五章　会计师事务所变更与审计意见

第一节　相关概念的界定与会计师事务所变更的现状

一、相关概念的界定

审计师与审计客户之间关系的维护客观上是基于客户需求与审计师提供服务的最低成本契合（minimum cost match），因此，当客户或者审计师任何一方的特征发生了重大改变而另一方却无法或不愿适应这种变化时，审计师与审计客户之间的关系就可能破裂，审计师变更便随之发生。

审计师变更，译自 auditor changes、auditor switches 或者 auditor realignment，其中的 auditor 指主审会计师事务所，因此审计师变更即主审会计师事务所的变更。且审计师必须依托于会计师事务所才能从事审计业务，因此在研究过程中，不严格区分审计师和会计师事务所。在研究我国上市公司的审计师变更行为时，应注意以下几个方面：

1. 审计师变更的范围

证券市场中的独立审计包括审计师对上市公司的年度财务报表审计及股票发行审计两类。相应的审计师变更也应包括两种情况，即年报审计中审计师的变更和发行股票审计中审计师的变更。上市公司的股票发行包括首次发行和增资扩股，对于首次发行股票的新上市公司而言，只存在审计师的选择而不存在审计师的变更，只有在上市公司增资扩股时，才可能存在审计师的变更，但增资扩股在我国证券市场中并不是一种经常行为，故对发行审计中的审计师变更不作探讨，仅论述我国上市公司年报审计中的审计师变更行为。

2. 审计师变更的判断标准

在只针对上市公司年报审计的前提下，审计师变更仅指上市公司年度财务报告的审计师发生了变更。

当执行上市公司该年度的财务报告审计工作的会计师事务所不是执行该公司上一年度财务报告审计的会计师事务所时，就可以判断为审计师发生了变更。譬如 2004 年某上市公司的年度财务报告的审计师是 A，在 2005 年该上市公司的年度财务报告的审计师为 B，就可以判断审计师发生了变更，2005 年为变更年度，而变更前年度为 2004 年。

3. 审计师变更的分类

审计师变更过程包括上市公司与前任审计师关系的终止和上市公司与后任审计师关系的建立，但后者属于审计师选择的范畴，不宜据此划分审计师变更的类型，因此，按上市公司与前任审计师关系终止时发起方的不同分为以下两种情况：

(1) 解聘

以上市公司为发起方的审计师变更，称为"解聘"。在我国，上市公司的股东大会具有聘用、解聘审计师的权力，当上市公司认为与其具有聘用关系的审计师的行为特征不符合自身利益时，遂向审计师提出解聘，从而导致上市公司与所聘用的审计师关系的终止。在我国，上市公司变更会计师事务所主要指解聘。

(2) 辞聘

以审计师为发起方的审计师变更，称为"辞聘"。当审计师认为上市公司的行为特征不符合自己的利益时，向上市公司提出辞呈，从而导致审计师与所审上市公司之间审计关系的终止。

二、会计师事务所变更的现状

1. 会计师事务所变更数量统计分析

随着我国证券市场的发展，出现了上市公司变更会计师事务所的现象，上市公司数量不断增加，会计师事务所变更也呈现出不断增加的趋势。具体情况见表 5.1。

表 5.1　　　　沪深交易所 2000 ~ 2010 年会计师事务所变更情况表　　单位：家

年度	变更会计师事务所上市公司数量	出具审计意见的上市公司数量	变更比率（%）
2000	39	923	4.23
2001	68	1 060	6.42

续表

年度	变更会计师事务所上市公司数量	出具审计意见的上市公司数量	变更比率（%）
2002	128	1 243	10.30
2003	86	1 290	6.67
2004	104	1 376	7.56
2005	150	1 366	10.98
2006	153	1 456	10.51
2007	147	1 570	9.36
2008	136	1 625	8.37
2009	127	1 773	7.16
2010	121	2 129	5.68

注：（1）2009 年变更会计师事务所数已扣除 5 家重复计算和 427 家合并更名原因导致的变更；
　　（2）2010 年变更会计师事务所数已扣除 2 家重复计算和 39 家合并更名原因导致的变更。

从表 5.1 可以看出，我国会计师事务所变更的情况呈波浪形，其主要原因是近几年中国注册会计师协会、中国证券业监督协会不断完善了对于我国证券市场的监督体制，市场的规范引导作用逐年加强，同时对于违规的机构和上市公司的处罚力度也在逐年加大。近几年来，国务院国有资产监督管理委员会组织部分中央企业进行财务抽查审计工作，由国资委择优确定部分国有企业的会计师事务所承担相关审计业务，这表明我国证券市场进一步发展和完善。由于对违规机构和上市公司处罚力度的增强，则使上市公司在更换会计师事务所时更加谨慎，公司财务管理方面的违规和粉饰行为也在逐年减少。

相关研究表明，会计师事务所变更从两个方面影响着证券审计市场。一方面，如果事务所的变更是由于事务所担心潜在的审计风险（在西方主要表现为民事诉讼风险，在中国主要表现为行政处罚风险）过高而拒绝继续审计，则审计质量会得到提高，对证券市场来说是一种进步；另一方面，如果事务所的变更是由于事务所不同意客户的会计政策选择，出具"不清洁"审计意见而被客户解聘，则可能导致审计意见的收买行为，降低审计质量，阻碍审计市场的发展。

2. 会计师事务所变更上市公司的审计意见统计分析

（1）存在会计师事务所变更行为上市公司的审计意见情况

上市公司年报的审计意见类型在直观上会引导投资者对于该上市公司的投资意愿，不论是对于普通投资者还是公司的管理者们来说都是十分重要的。在对上市公司变更会计师事务所原因的研究中发现，许多上市公司存在着通过变更会计师事务所来换取标准审计意见的行为，也就是这些年我们常说的"炒注会"。由于我国证券市场的不健全，投资者们并不能准确地知道上市公司变更会计师事务所的原因，许多公司甚至对其变更会计师事务所的原因只字不提。

国内外许多学者频频研究会计师事务所变更与审计意见类型的关系，认为如果前任注册会计师出具了非标准无保留审计意见，上市公司就很有可能通过更换会计师事务所来改善其审计意见。是不是更换事务所之后，获得标准审计意见的可能性更大呢？2003~2010 年度我国变更会计师事务所的公司被出具审计意见的情况见表 5.2。

表 5.2　　　　　　2003~2010 年会计师事务所变更公司年报审计意见　　　单位：家

年度	变更会计师事务所上市公司数量			年报被出具非标准意见上市公司占年报已出具审计意见上市公司百分比（％）
	总计	标准意见（％）	非标准意见（％）	
2003	86	79.07	20.93	8.29
2004	104	77.78	22.22	10.76
2005	150	80.99	19.01	11.86
2006	153	84.96	15.04	10.23
2007	147	82.31	17.69	7.71
2008	136	84.56	15.44	6.83
2009	127	87.40	12.60	6.66
2010	121	87.60	12.40	5.54

注：（1）2009 年变更会计师事务所数已扣除 5 家重复计算和 427 家合并更名原因导致的变更；
　　（2）2010 年变更会计师事务所数已扣除 2 家重复计算和 39 家合并更名原因导致的变更。

从表 5.2 可以看出，变更会计师事务所后获取标准无保留意见的比例在 2003~2010 年度基本上呈现稳定上升趋势，远远高于非标准无保留意见所占的比例。说明更换会计师事务所后获取标准审计意见的可能性很大。审计意见的类型在一定时间内能决定上市公司在证券市场中的地位，反映为股价上升或下降，这也就能说明为什么"炒注会"之风会如此盛行。

从非标公司占年报已出具审计意见上市公司的比例来看，整个证券市场被出具非标准意见的平均比例在 6%~11% 之间，从 2006~2010 年是一个下降的趋势，而在变更事务所的上市公司中非标准意见所占比例明显偏高。2007~2010 年被出具非标意见审计报告的上市公司家数占事务所变更总数的比例，约是沪、深两市上市公司被出具非标意见审计报告数的 2 倍。这一现象从侧面表明，如果不考虑国家政策要求变更会计师事务所的因素，上市公司更换会计师事务所很可能在向信息使用者提供不利的信号，信息使用者可能会对其财务状况、经营业绩等持一定的怀疑态度。从这一点出发，上市公司也会在不得已的情况下考虑更换会计师事务所。

（2）会计师事务所变更前后审计意见的变动情况

许多学者曾怀疑审计师变更会对审计师的独立性造成负面影响，从而使得审计师变更后的审计意见类型有所缓和。各国的证券监管部门均对变更前被出具了非标准意见的上市公司变更会计师事务所的事件格外关注。上市公司是否会通过变更会计师事务所改善审计意见，这个问题值得进一步探讨。

通过考察上市公司会计师事务所变更前后审计意见的情况，可以在一定程度上观察我国证券市场中后任审计师的审计意见是否变得明显缓和或更为严厉，审计师变更是否会使审计质量或审计师的独立性有所下降。

上市公司 2008 年、2009 年和 2010 年更换会计师事务所前后审计意见的变动情况见表 5.3、表 5.4、表 5.5。

表 5.3　　　　　**2008 年变更事务所的上市公司审计意见变动情况**　　　单位：家

2008 年 ＼ 2007 年		标准	带强调事项段的无保留意见	保留意见	无法表示意见
标准意见	112	107	4	1	0
带强调事项段无保留意见	11	5	5	0	1
保留意见	6	4	0	1	1
无法表示意见	7	1	2	2	2
合计	136	117	11	4	4

由表 5.3 可知，在 2008 年被出具标准审计意见的 112 家上市公司中，2007 年被出具标准审计意见的有 107 家，即审计意见类型没变；带强调事项段的无保留意见有 4 家，即审计意见类型改善；保留意见的有 1 家，也属审计意见类型的改善；无法表示意见的为 0 家。

表 5.4　　　　　**2009 年变更事务所的上市公司审计意见变动情况**　　　单位：家

2009 年 ＼ 2008 年		标准	带强调事项段的无保留意见	保留意见	无法表示意见
标准意见	111	101	8	0	2
带强调事项段无保留意见	11	3	5	2	1
保留意见	2	1	0	1	0
无法表示意见	3	1	0	0	2
合计	127	106	13	3	5

由表 5.4 可知，在 2009 年被出具标准审计意见的 111 家上市公司中，2008 年被出具标准审计意见的是 101 家，即审计意见类型没变；带强调事项段的无保留意

见为 8 家，即审计意见类型改善；保留意见的为 0 家；无法表示意见的为 2 家，也属审计意见类型改善。

表5.5　　　　　　　**2010 年变更事务所的上市公司审计意见变动情况**　　　单位：家

2010 年 ＼ 2009 年	合计	标准	带强调事项段的无保留意见	保留意见	无法表示意见
标准意见	106	99	5	1	1
带强调事项段无保留意见	11	1	10	0	0
保留意见	3	1	2	0	0
无法表示意见	1	1	0	0	0
合计	121	102	17	1	1

由表 5.5 可知，在 2010 年被出具标准审计意见的 106 家上市公司中，2009 年被出具标准意见的是 99 家，即审计意见类型没变；带强调事项段的无保留意见为 5 家，保留意见的为 1 家，无法表示意见的为 1 家，即审计意见类型改善。

为了能够更清楚地反映变更会计师事务所的上市公司年报审计意见类型的变化情况，对 2007～2010 年审计师变更前后审计意见类型的变化进行了汇总，具体情况见表 5.6。

表5.6　　　　　　　**2007～2010 年审计师变更前后审计意见的变化**　　　数量单位：家

项目 ＼ 审计意见变化	2007 年		2008 年		2009 年		2010 年		四年合计	
	数量	比重（%）	数量	比重（%）	数量	比重（%）	数量	比重（%）	数量	比重（%）
审计意见类型改善	8	5.44	7	5.15	13	10.24	7	5.79	35	6.59
审计意见类型没变	127	86.40	115	84.56	109	85.83	109	90.08	460	86.63
审计意见类型恶化	12	8.16	14	10.29	5	3.93	5	4.13	36	6.78
合计	147	100	136	100	127	100	121	100	531	100

根据表 5.6 的数据可知，2007～2010 年变更事务所后上市公司年报被出具的审计意见类型会发生变化，2008～2010 审计意见类型不发生变化的比例逐年增高，审计意见类型恶化比例的降低速度大于审计意见改善比例的降低速度。

从表 5.6 还可以看出，上市公司变更会计师事务所后存在着改善审计意见的可能性，上市公司变更事务所后其年报被出具标准审计意见的可能性增大。

第二节　样本选择、指标设置以及研究假设的提出

一、样本选择

1. 会计师事务所变更公司的选择

在实证研究部分，主要选取了上海证券交易所、深圳证券交易所中 2009 年和 2010 年发生审计师变更的上市公司作为研究样本，实证审计师变更与审计意见类型的关系以及造成审计师变更的主要因素。

（1）2009 年研究样本的选择

2009 年样本选取的方法如下：

①中注协披露的在 2009 年度发生审计师变更的上市公司总数为 559 家。

②剔除由于合并、更名原因导致审计师变更的上市公司 427 家。事务所之间合并导致了事务所名称的改变，但是在实际审计过程中主审注册会计师并没有发生改变，因此不属于本书研究变更审计师的范畴，应予以剔除。

③剔除重复披露审计师发生变更的上市公司 5 家。中注协披露的审计师发生变更的上市公司中，有抚顺特钢、上海贝岭、祁连山、梅花伞、ST 松江五家被重复披露。

④剔除发行 B 股的上市公司 2 家。发行 B 股的上市公司经营环境与 A 股有较大差别，数据可比性差，故予以剔除。

⑤剔除报告年度当年年初以后上市的 2 家公司。探路者为创业板股票，于 2009 年下半年上市，泰尔重工则于 2010 年上市交易，为了保证能够得到上市公司连续两年的财务数据，将其予以剔除。

⑥剔除金融保险行业 2 家。发生审计师变更的公司中，西南证券和宁波银行为金融保险业，金融保险类上市公司与其他行业的上市公司有明显的差异，因此剔除这类上市公司以减小对研究结果的影响。

依据上述原则，共得到符合条件的 121 家上市公司作为研究样本。

（2）2010 年研究样本的选择

2010 年样本选取的方法如下：

①中注协披露的 2010 年度发生会计师事务所变更的上市公司总数为 162 家。

②剔除由于合并、更名原因导致会计师事务所变更的上市公司 39 家。事务所之间合并导致了事务所名称的改变，但是在实际审计过程中并未发生实质的会

计师事务所变更，故将发生该类变更的上市公司剔除。

③剔除重复披露会计师事务所发生变更的上市公司 2 家。其中陆家嘴、*ST 春晖两家被重复披露。

④剔除发行 B 股的上市公司 2 家。发行 B 股的上市公司经营环境和监管环境与 A 股具有较大差别，数据可比性较差，剔除了新城 B 股和 ST 大路 B 股上市公司。

⑤剔除金融保险行业 2 家。发生会计师事务所变更的公司中，南京银行、广发证券为金融保险业，金融保险类上市公司与其他行业的上市公司有明显的差异，另外金融保险行业变更会计师事务所的公司数量较少，不具有代表性，因此剔除这 2 家上市公司以减少对研究结果的影响。

经过以上步骤，共得到符合条件的 117 家 A 股上市公司作为研究样本。

2. 控制样本的选择

为了研究审计师变更对审计意见的影响，对比变更审计师公司与非变更审计师公司之间的情况，需要选取控制样本。

在选取控制样本时遵循了以下原则：

同行业：根据中国证监会发布的《上市公司行业分类指引》的分类规定，选取属于同一行业的企业为配对样本。

同规模：选取的变更审计师上市公司和与之相对应的非变更审计师的上市公司最近一个会计年度的年底资产总额规模相当。

同时期：选取的变更公司和非变更公司，非财务指标与财务指标在时间上具有一致性。

在上述原则的指引下，2009 年和 2010 年分别选取了 121 家和 117 家未变更会计师事务所的上市公司作为控制样本。

为了证实选取的未变更与变更公司的资产规模是否相当，对资产规模进行了独立样本 T 检验，检验的结果如表 5.7 所示：

表 5.7 独立样本 T 检验结果

		方差方程的 Levene 检验		均值方程的 t 检验				
		F	Sig.	t	df	Sig.（双侧）	均值差值	标准误差值
2009 年	假设方差相等	0.716	0.398	0.456	240	0.649	57 299.065	125 687.285
	假设方差不相等			0.456	227.578	0.649	57 299.065	125 687.285
2010 年	假设方差相等	0.241	0.624	0.971	232	0.333	0.187	0.193
	假设方差不相等			0.971	230.321	0.333	0.187	0.193

从表 5.7 中可以发现，方差方程的 Levene 检验结果显示，2009 年 F 值为 0.716，Sig. 值为 0.398，Sig. 值大于 0.05；2010 年 F 值为 0.241，Sig. 值为 0.624，Sig. 值大于 0.05，可以认定两样本两年的方差相等，控制样本的资产规模与研究样本的资产规模之间不存在显著差异，两样本的资产规模相当。

为了便于分析，以下将研究样本公司称为变更公司，将控制样本公司称为未变更公司。

二、变量的选择与设置以及研究假设的提出

综合国内外学者的研究资料，主要研究了审计师变更前一年度的审计意见类型、是否陷入财务困境、第一大股东是否变更、前一年是否发生亏损以及经营效率、营运能力、偿债能力指标对变更审计师的影响，得出影响审计师变更的主要因素有公司审计师变更前一年度的审计意见类型、是否陷入财务困境、第一大股东是否变更等。

参考国内外学者的研究成果，结合我国证券市场近年来的具体情况，根据近几年来上市公司关于审计师变更信息披露的实际情况，选取下列因素作为因变量和自变量，实证研究审计师变更对审计意见的影响。

1. 因变量的选择与设置

研究过程中选择审计师变更为因变量。

本书仅探讨年报审计中审计师的变更，不考虑上市公司增资扩股时发生的审计师变更。但是，由于会计师事务所的合并、分立或是政策监管导致的审计师变更除外。

界定：审计师发生了变更时赋值为 1；审计师未发生变更时赋值为 0。

2. 自变量选择与设置以及研究假设的提出

(1) 主要解释变量——变更前一年度审计意见类型

根据 2010 年修订的《中国注册会计师执业规范体系》要求，注册会计师在实施必要的审计程序后对上市公司的财务报告是否在所有重大方面按照适用的财务报告编制基础编制，并公允表达发表审计意见，其根本的目的在于提高报告信息的可靠性，增加投资者的决策相关性，以减少"信息不对称"所带来的交易成本，为提高财务报表的可信赖程度提供合理保证。《中国注册会计师审计准则第 1501 号——对财务报表形成审计意见和出具审计报告》规定：标准审计报告，是指不含有说明段、强调事项段、其他事项段或其他任何修饰性用语的无保留意见的审计报告。包含其他报告责任段，但不含有强调事项段或其他事项段的无保

留意见的审计报告也被视为标准审计报告。非标准审计报告，是指带强调事项段或其他事项段的无保留意见的审计报告和非无保留意见的审计报告。非无保留意见的审计报告包括保留意见的审计报告、否定意见的审计报告和无法表示意见的审计报告。在这里，采用一般研究的二元分类方法将审计意见定义为两种类型：标准无保留审计意见和非标准审计意见。带强调事项段的无保留意见和保留意见、否定意见、无法表示意见统称为非标准审计意见。

界定：变更前一年度被出具非标准无保留审计意见时赋值为 1，否则赋值为 0。

假设 1：上一年度被出具非标准审计意见的上市公司本年度更倾向于变更审计师，非标准审计意见与审计师变更正相关。

（2）控制变量

①财务困境（是否被 ST、*ST）

根据 2008 年 9 月修订的《深圳证券交易所股票上市规则》第十三章第一节规定，上市公司出现财务状况异常或其他状况异常，导致其股票存在终止上市风险，或者投资者难以判断公司前景、其投资权益可能受到损害时，本所对该公司股票交易实行特别处理。特别处理包括"退市风险警示"和其他特别处理。退市风险警示处理措施包括：一是在公司股票简称前冠以"*ST"字样，以区别于其他股票；二是股票价格的日跌幅限制为 5%。其他特别处理的措施包括：一是在公司股票简称前冠以"ST"字样，以区别于其他股票；二是股票价格的日涨跌幅限制为 5%。根据相关统计资料，因财务状况异常而被特别处理的上市公司绝大部分是由于连续两年亏损或一年巨额亏损造成的，用 ST、*ST 标识公司财务困境有很高的准确率。

界定：上市公司被冠以 ST、*ST 时赋值为 1，否则赋值为 0。

假设 2：处于财务困境之中的上市公司更倾向于变更审计师，存在财务困境与审计师变更正相关。

②第一大股东变更

依据国外学者的研究，企业之间的并购行为一般会导致管理层的变更，上市公司管理层发生变化时，审计师变更的概率加大。研究中还指出，当公司管理层发生变动时，新的管理层往往将自己原来的审计师重新聘请上任来评估公司的资产，以便公平、公正、真实地反映公司的实际情况。即使没有聘任原来自己的审计师，当新的控股股东接管新的公司后，总是希望隔绝与前任控股股东的任何关联，也会考虑重新聘任审计师。总之，不管新的控股股东基于哪种原因，总是倾向于更换原来的审计师。我国学者的研究表明，这种情况在我国的证券市场同样存在。在上市公司公开发布的年度财务审计报告中，上市公司是基于什么目的而变动现有的高管人员，单凭其披露的信息还不能得以证明，因此，将管理层的变更局限于控股股东的变更，引入控股股东是否发生变更这一变量，考察其对审计师变更的影响程度。控股股东的变更指的是第一大股东的变更。

界定：上市公司前一年度发生了第一大股东变更行为时赋值为 1，否则赋值为 0。

假设 3：发生第一大股东变更时更倾向于变更审计师，第一大股东变更与审计师变更正相关。

③变更审计师前一年度是否亏损

当上市公司出现亏损时，会向利益相关者传达该公司经营效率不好、经营管理不善、产品不适销对路等一系列负面信号，这些负面信号将会影响该公司的股价，影响该公司利用发行股票进行再融资的能力，影响债权者对该公司偿债能力的估计进而影响债务筹资的能力。若两年连续发生亏损，上市公司还将面临退市的风险。为了避免上述的威胁，在上市公司发生亏损的以后年度有可能变更审计师，从而在变更年度"扭亏为盈"，达到粉饰财务报表，进行盈余管理的目的。

界定：当上市公司在变更审计师前一年度发生亏损时赋值为 1，否则赋值为 0。

假设 4：变更审计师的前一年度亏损更易发生审计师变更，变更前一年度亏损与审计师变更正相关。

④变更前一年度的经营效率、营运能力、偿债能力、资本扩张能力以及现金流量

在以往的研究中，通常都是以上市公司是否被冠以 ST、*ST 来判断其是否处于财务困境之中的，对于变更公司某些财务指标的研究极少，在这里引入上市公司一些财务指标作为衡量上市公司经营效率、营运能力、偿债能力、资本扩张能力以及现金流量的指标，这些指标主要包括：衡量经营效率的指标主要有每股收益、资产收益率、净资产收益率；衡量营运能力的指标主要有总资产周转率、存货周转率、应收账款周转率；衡量偿债能力的指标主要有流动比率、速动比率、资产负债率、有形净值债务率；衡量资本扩张能力的指标主要有每股净资产；衡量现金流量的指标主要有现金流动负债比。

假设 5：经营效率高、营运能力强、偿债能力好、资本扩张能力强、现金流量用来偿债能力强的上市公司不易发生审计师变更。

在 2010 年的研究中，引入了变更前一年度的审计费用。由于我国对于审计费用的披露不十分完整，所以只对披露了审计费用的样本进行审计费用与会计师事务所变更的相关关系研究。贝汀菲尔和洛伯（Bedingfield and Loeb，1974）[20]向 1971 年 11 月～1973 年 4 月期间因会计师事务所变更而填写 8 - K 报告的 246 家公司发送了问卷调查，并得到 141 家公司的回复，结果发现高额审计收费是客户变更会计师事务所的最经常的原因。

假设 6：变更前一年度的审计费用与会计师事务所变更存在正相关的关系。

表 5.8 列示了所选取的自变量以及计算方法：

表 5.8　　　　　　　　　　　选取的自变量及计算方法

指标名称		指标界定与计算方法	相关
非财务指标	主要解释变量：		
	上期审计意见类型 X1	当上市公司被出具非标准无保留意见时，赋值为1；否则赋值为0	+
	控制变量：		
	是否处于财务困境 X2	当上市公司被冠以 ST、*ST 时，赋值为1；否则赋值为0	+
	第一大股东是否变更 X3	当第一大股东发生变更时，赋值为1；否则赋值为0	+
	是否发生亏损 X4	当发生亏损时，赋值为1；否则赋值为0	+
	审计费用　lnFee	审计费用金额的对数	+
财务指标	盈利能力指标：		
	每股收益 X5	每股收益 = 净利润/流通在外普通股的加权平均数	−
	资产收益率 X6	资产收益率 = 净利润/总资产	−
	净资产收益率 X7	净资产收益率 = 净利润/净资产	−
	营运能力指标：		
	总资产周转率 X8	总资产周转率 = 主营业务收入/[（期初总资产 + 期末总资产）/2]	−
	存货周转率 X9	存货周转率 = 主营业务成本/[（期初存货 + 期末存货）/2]	−
	应收账款周转率 X10	应收账款周转率 = 主营业务收入/[（期初应收账款 + 期末应收账款）/2]	−
	偿债能力指标：		
	流动比率 X11	流动比率 = 流动资产/流动负债	−
	速动比率 X12	速动比率 = 速动资产/流动负债	−
	资产负债率 X13	资产负债率 = 负债/资产	+
	有形净值债务率 X14	有形净值债务率 = 负债/（所有者权益 − 无形资产）	+
	现金流动负债比 X15	现金流动负债比 = 经营活动净现金流量/流动负债	−
	股本扩张能力指标：		
	每股净资产 X16	每股净资产 = 期末所有者权益/期末总股数	
	描述性统计加入指标：		
	审计意见是否改善	当变更后审计意见改善时，被赋值为 −1；审计意见不变时，被赋值为0；当审计意见恶化时，被赋值为1	

第三节 实 证 分 析

一、描 述 性 统 计

1. 2009 年描述性统计分析

（1）审计师变更公司与未变更公司的描述性统计

表 5.9 反映了所选择的影响审计师变更各因素的一般统计指标，通过对比变更与未发生审计师变更的上市公司各指标，意在发现所选取的指标是否真正为审计师发生变更的动因。表中变更表示变更年报审计师的上市公司，未变更表示没有变更年报审计师的上市公司。

表 5.9（1） 　　　　　　　　**2009 年变更与未变更公司的描述性统计**

指标　＼　项目	最小值		最大值		中位数	
	变更	未变更	变更	未变更	变更	未变更
上期审计意见类型	0.000	0.000	1.000	1.000	0.000	0.000
审计意见是否改善	−1.000	−1.000	1.000	1.000	0.000	0.000
是否 ST	0.000	0.000	1.000	1.000	0.000	0.000
第一大股东是否变更	0.000	0.000	1.000	1.000	0.000	0.000
是否亏损	0.000	0.000	1.000	1.000	0.000	0.000
每股收益	−21.860	−2.720	1.800	2.320	0.118	0.192
资产收益率	−2 054.820	−139.420	39.430	260.270	1.440	2.540
净资产收益率	−748.330	−227.350	67.000	33.170	3.910	5.370
净利润	−288 511.720	−624 541.200	518 857.200	280 837.570	2 748.910	3 764.210
总资产周转率	0.000	0.020	2.670	4.880	0.600	0.700
存货周转率	0.000	0.000	2 175.910	64.640	3.660	3.880
应收账款周转率	0.000	0.000	2 509.680	1 071.100	7.480	11.740
流动比率	0.010	0.020	6.670	37.930	1.060	1.210
速动比率	0.000	0.020	5.840	32.350	0.660	0.750
资产负债率	4.230	1.830	2 024.670	714.400	59.690	54.200
有形净值债务率	0.000	0.000	5 639.740	1 020.350	126.910	109.260
每股净资产	−21.180	−8.210	8.890	9.600	2.530	2.260
现金流动负债比	−139.360	−148.460	156.140	401.460	8.740	8.380

表 5.9（2）　　　　　　　　**2009 年变更与未变更公司的描述性统计**

指标＼项目	均值		标准差		方差	
	变更	未变更	变更	未变更	变更	未变更
上期审计意见类型	0.220	0.120	0.357	0.276	0.128	0.076
审计意见是否改善	0.150	0.080	0.340	0.204	0.116	0.042
是否 ST	−0.030	0.000	0.418	0.321	0.175	0.103
第一大股东是否变更	0.050	0.020	0.218	0.128	0.048	0.016
是否亏损	0.260	0.210	0.438	0.407	0.192	0.165
每股收益	−0.054	0.170	2.064	0.542	4.260	0.294
资产收益率	−16.954	2.478	187.252	28.504	35 063.137	812.468
净资产收益率	−4.463	0.544	71.508	29.289	5 113.440	857.852
净利润	5 386.521	7 040.576	63 809.954	70 376.409	4.072E+09	4.953E+09
总资产周转率	0.704	0.880	0.514	0.694	0.265	0.481
存货周转率	27.537	6.660	199.548	9.936	39 819.284	98.718
应收账款周转率	42.318	33.619	233.911	102.743	54 714.181	10 556.198
流动比率	1.392	1.976	1.210	3.908	1.465	15.271
速动比率	0.921	1.518	0.986	3.561	0.973	12.683
资产负债率	81.119	67.395	187.585	87.225	35 188.230	7 608.262
有形净值债务率	256.282	158.429	633.280	178.491	401 043.011	31 858.956
每股净资产	2.143	2.460	2.878	2.444	8.283	5.974
现金流动负债比	11.136	14.805	29.095	52.194	846.538	2 724.228

通过表 5.9 可以看出：

①上期审计意见类型。变更公司的均值大于配对公司的均值，表明被出具非无保留意见的公司更容易发生审计师变更。

②审计意见是否改善。变更公司的均值小于未变更公司的均值，表明通过变更审计师，达到了改善审计意见的目的。

③是否 ST。变更公司的均值大于配对公司的均值，表明处于财务困境的公司容易发生审计师变更。

④第一大股东是否变更。变更公司的均值大于配对公司，表明发生第一大股东变更的公司更容易发生审计师变更。

⑤是否亏损。变更公司的均值大于配对公司的均值，表明发生亏损的公司更容易发生审计师变更。

⑥企业盈利能力、偿债能力、扩张能力等方面的财务指标。从其均值和中位数来看，未变更公司均优于变更公司，表明经营效率高、营运能力强、偿债能力好、资本扩张能力强、现金流量用来偿债能力强的上市公司不易发生审计师

变更。

⑦存货周转率，应收账款周转率。从均值来看，变更公司要优于未变更公司，从中位数来看，未变更公司要优于变更公司。这两项财务指标中，均存在最大值异常大的情况，从而影响了均值的计算，这种情况从标准差和方差中也可以体现出来。应收账款周转率和存货周转率异常大的情况并不能说明应收账款和存货的管理效率好，在整理数据时发现，异常大的情况往往发生在处于财务困境的公司中，由于经营管理不善导致的应收账款、存货异常小，造成了上述两项指标异常大，从而影响了均值的计算。因此认为这两项指标的中位数更能反映实际情况。

综合考虑财务指标，发现未变更公司的财务指标优于变更公司，表明经营效率高、营运能力强、偿债能力好、资本扩张能力强、现金流量用来偿债能力强的上市公司，其年报审计意见一般是标准审计意见，其审计师不易发生变更。

(2) 变更审计师的上市公司变更前后年度的比较

表 5.10 列示了上市公司变更审计师前后两个年度的财务指标，意在发现上市公司通过变更审计师，其经营能力、财务状况与经营成果是否会发生改善，是否存在粉饰财务报表、进行盈余管理的情况。

表 5.10 (1)　　　　　　2009 年变更公司变更前后年度财务指标的比较

项目\指标	最小值		最大值		中位数	
	2009 年	2008 年	2009 年	2008 年	2009 年	2008 年
每股收益	−4.210	−21.860	1.760	1.800	0.131	0.118
资产收益率	−333.940	−2 054.820	21.370	39.430	2.110	1.440
净资产收益率	−287.650	−748.330	125.500	67.000	5.560	3.910
净利润	−126 092.660	−288 511.720	162 903.120	518 857.200	5 050.750	2 748.910
是否亏损	0.000	0.000	1.000	1.000	0.000	0.000
总资产周转率	0.000	0.000	3.960	2.670	0.530	0.600
存货周转率	0.000	0.000	469.730	2 175.910	3.090	3.660
应收账款周转率	0.000	0.000	33 861.190	2 509.680	8.210	7.480
流动比率	0.000	0.010	53.450	6.670	1.210	1.060
速动比率	0.000	0.000	359.420	5.840	0.770	0.660
资产负债率	1.450	4.230	2 791.990	2 024.670	59.280	59.690
有形净值债务率	0.000	0.000	1 110.520	5 639.740	142.700	126.910
每股净资产	−24.180	−21.180	9.130	8.890	2.585	2.530
现金流动负债比	−321.590	−139.360	122.660	156.140	7.580	8.740

表 5.10（2）　　2009 年变更公司变更前后年度财务指标的比较

项目 指标	均值		标准差		方差	
	2009 年	2008 年	2009 年	2008 年	2009 年	2008 年
每股收益	0.120	-0.054	0.758	2.064	0.574	4.260
资产收益率	-2.007	-16.954	32.632	187.252	1 064.843	35 063.137
净资产收益率	4.498	-4.463	31.783	71.508	1 010.136	5 113.440
净利润	12 268.681	5 386.521	40 703.639	63 809.954	1.657E+09	4.072E+09
是否亏损	0.170	0.260	0.373	0.438	0.139	0.192
总资产周转率	0.683	0.704	0.599	0.514	0.358	0.265
存货周转率	13.196	27.537	51.994	199.548	2 703.393	39 819.284
应收账款周转率	314.331	42.318	3 076.977	233.911	9.468E+06	54 714.181
流动比率	1.904	1.392	4.870	1.210	23.720	1.465
速动比率	3.924	0.921	32.600	0.986	1 062.767	0.973
资产负债率	84.057	81.119	252.277	187.585	63 643.439	35 188.230
有形净值债务率	196.302	256.282	209.788	633.280	44 010.871	401 043.011
每股净资产	2.467	2.143	3.249	2.878	10.557	8.283
现金流动负债比	11.511	11.136	43.434	29.095	1 886.531	846.538

　　表 5.10 表明，2009 年上市公司变更审计师前后两个年度的财务指标，除了总资产周转率、存货周转率、资产负债率以及有形净值债务率外，其他的财务指标均有所改善。表明变更审计师的行为，具有"改善"经营成果、营运能力、偿债能力的效用，可能隐藏着通过变更审计师达到粉饰财务报表、进行盈余管理的意图，从而改善审计意见。

2. 2010 年描述性统计分析

（1）变更和未变更会计师事务所上市公司的比较

变更和未变更会计师事务所上市公司的描述性统计见表 5.11。

表 5.11（1）　　　　2010 年变更和未变更公司的描述性统计

项目 指标	最小值		最大值		中位数	
	变更	未变更	变更	未变更	变更	未变更
上期审计意见类型	0.000	0.000	1.000	1.000	0.000	0.000
审计意见是否改善	1.000	0.000	-1.000	-1.000	0.000	0.317
是否 ST	0.000	0.000	1.000	1.000	0.000	0.000
第一大股东是否变更	0.000	0.000	1.000	1.000	0.000	0.000
是否亏损	0.000	0.000	1.000	1.000	0.000	0.000

续表

项目 指标	最小值		最大值		中位数	
	变更	未变更	变更	未变更	变更	未变更
每股收益	-3.290	-2.150	1.440	4.090	0.101	0.250
资产收益率	-333.943	-274.627	87.177	22.68	2.077	4.238
净资产收益率	-2 820.460	-1 092.550	52.710	76.460	3.592	9.030
总资产周转率	0.000	0.060	4.930	3.200	0.620	0.590
存货周转率	0.000	0.000	174.980	131.050	3.790	3.490
应收账款周转率	0.000	1.150	1 686.000	292 762.770	6.300	7.800
流动比率	0.000	0.030	8.860	26.750	1.270	1.240
速动比率	0.000	0.010	8.720	26.040	0.860	0.920
资产负债率	0.870	3.420	5 541.000	501.450	55.490	46.730
有形净值债务率	-30 785.205	-699.521	5 818.237	1 788.900	103.595	100.967
每股净资产	-15.130	-1.470	30.720	14.110	2.270	2.890
现金流动负债比	-72.184	-36.270	797.585	193.708	9.917	15.944
lnFee	2.890	2.710	7.310	8.100	3.807	3.818

表 5.11（2）　　　　2010 年变更和未变更公司的描述性统计

项目 指标	均值		标准差		方差	
	变更	未变更	变更	未变更	变更	未变更
上期审计意见类型	0.200	0.060	0.399	0.238	0.159	0.057
审计意见是否改善	-0.050	-0.020	0.317	0.130	0.101	0.017
是否 ST	0.210	0.050	0.406	0.222	0.164	0.049
第一大股东是否变更	0.170	0.060	0.378	0.238	0.143	0.057
是否亏损	0.260	0.090	0.439	0.293	0.192	0.086
每股收益	0.107	0.296	0.669	0.615	0.448	0.378
资产收益率	-.535	1.475	35.988	27.065	1 295.113	732.500
净资产收益率	-43.973	-1.023	295.922	104.258	87 570.091	10 869.815
总资产周转率	0.714	0.703	0.595	0.503	0.354	0.253
存货周转率	10.192	7.202	24.608	16.046	605.566	257.462
应收账款周转率	46.643	2 600.887	198.797	27 067.139	39 520.101	7.326E8
流动比率	1.547	1.897	1.396	2.773	1.949	7.691
速动比率	1.173	1.452	1.330	2.658	1.768	7.062
资产负债率	130.264	51.340	565.509	46.248	319 800.191	2 138.840
有形净值债务率	-100.033	156.544	2.9922E	246.775	8 953 149.160	60 898.123
每股净资产	2.669	3.239	3.709	2.186	13.756	4.778
现金流动负债比	27.861	25.240	82.131	35.485	6 745.509	1 259.211
lnFee	3.919	0.833	0.666	0.694	0.444	423.000

注：变更公司披露审计费用的上市公司共 94 家，未变更公司披露审计费用的上市公司共 98 家。

表 5.11 表明：

①上期审计意见类型。当上市公司被出具非标准无保留意见时，研究样本的均值 0.20 大于控制样本的均值 0.06，表明被出具非标审计意见的公司更容易变更会计师事务所，与假设 1 相符。

②审计意见是否改善。变更会计师事务所的公司的均值小于配对公司的均值，表明通过变更审计师，达到了改善审计意见的目的。

③是否 ST。当上市公司处于财务困境，变更公司的均值 0.21 大于未变更公司的均值 0.05，表明当上市公司处于财务困境更容易发生会计师事务所变更，与假设 3 相符。

④第一大股东是否变更。上市公司若发生第一大股东变更，变更公司的均值 0.17 大于未变更公司的均值 0.06，表明第一大股东发生变更的公司更容易发生会计师事务所变更，与假设 3 相符。

⑤是否亏损。变更公司的均值 0.26 大于未变更公司的均值 0.09，表明若上市公司发生亏损更容易发生会计师事务所变更，与假设 4 相符。

⑥每股收益、资产收益率和净资产收益率。变更公司的均值和中位数均小于未变更公司的均值和中位数，但变更公司的方差大于未变更公司的方差，即未变更公司的盈利能力优于变更公司，说明盈利能力强的公司不容易发生事务所变更，基本与假设 5 相符。

⑦总资产周转率、存货周转率。从均值和中位数分析来看，变更公司要优于未变更公司，但方差较大，总资产周转率以及存货周转率异常大的情况并不能说明资产、存货的管理效率好，在整理数据时发现，异常大的情况往往发生在处于财务困境的公司中，由于经营不善、管理不善导致的资产、存货异常小而导致上述两项指标异常大，从而影响了均值的计算。

⑧偿债能力指标。通过对速动比率、流动比率、资产负债率、有形净值债务率和现金流动负债比等偿债能力指标的分析，发现未变更公司的偿债能力明显优于变更公司，说明偿债能力强的公司不易变更会计师事务所，与假设 5 相符。

⑨审计费用。由于一些上市公司在年报中未披露审计费用，只研究了已披露审计费用的上市公司。审计费用从均值看，变更公司高于未变更公司，这其中存在着变更公司首次接受委托审计花费的时间多或上市公司进行审计意见购买等影响因素。

（2）2010 年变更事务所公司变更前后年度的比较

表 5.12 列示了变更会计师事务所的上市公司变更前后两个年度的财务指标，意在发现 2010 年变更会计师事务所上市公司的盈利能力、营运能力、财务状况与经营成果是否会发生改善，是否存在通过会计师事务所变更达到粉饰财务报表和进行盈余管理的意图。

表 5.12 （1）　　　　　　2010 年变更公司变更前后年度财务指标的比较

项目\指标	最小值		最大值		中位数	
	2009 年	2010 年	2009 年	2010 年	2009 年	2010 年
上期审计意见类型	0.000	0.000	1.000	1.000	0.000	0.000
是否 ST	0.000	0.000	1.000	1.000	0.000	0.000
第一大股东是否变更	0.000	0.000	1.000	1.000	0.000	0.000
是否亏损	0.000	0.000	1.000	1.000	0.000	0.000
每股收益	−3.290	−2.484	1.440	2.050	0.101	0.150
资产收益率	−333.943	−73.849	87.177	144.877	2.077	3.362
净资产收益率	−2 820.460	−179.870	52.710	69.820	3.592	6.432
总资产周转率	0.000	0.000	4.930	5.750	0.620	0.660
存货周转率	0.000	0.000	174.980	2 196.000	3.790	4.610
应收账款周转率	0.000	0.000	1 686.000	1 156.000	6.300	6.690
流动比率	0.000	0.000	8.860	54.360	1.270	1.270
速动比率	0.000	0.000	8.720	51.790	0.860	0.850
资产负债率	0.870	1.480	5 541.000	1 893.984	55.490	52.300
有形净值债务率	−30 785.205	−5 654.368	5 818.237	8 691.159	103.595	92.561
每股净资产	−15.130	−14.520	30.720	24.840	2.270	2.700
现金流动负债比	−72.184	−1 412.292	797.585	571.858	9.916	8.103
lnFee	2.890	2.890	7.310	8.110	3.807	3.807

表 5.12 （2）　　　　　　2010 年变更公司变更前后年度财务指标的比较

项目\指标	均值		标准差		方差	
	2009 年	2010 年	2009 年	2010 年	2009 年	2010 年
上期审计意见类型	0.200	0.140	0.399	0.345	0.159	0.119
是否 ST	0.210	0.220	0.406	0.418	0.164	0.174
第一大股东是否变更	0.170	0.170	0.378	0.378	0.143	0.143
是否亏损	0.260	0.120	0.439	0.326	0.192	0.106
每股收益	0.107	0.274	0.669	0.601	0.448	0.362
资产收益率	−0.535	3.186	35.988	17.886	1 295.113	319.905
净资产收益率	−43.973	1.860	295.922	28.515	87 570.091	813.108
总资产周转率	0.714	0.720	0.595	0.653	0.354	0.427
存货周转率	10.192	29.753	24.608	204.267	605.566	41 724.781
应收账款周转率	46.643	34.008	198.797	124.967	39 520.101	15 616.773
流动比率	1.547	2.601	1.396	5.800	1.949	33.644
速动比率	1.173	2.182	1.330	5.603	1.768	31.391

续表

项目 指标	均值		标准差		方差	
	2009 年	2010 年	2009 年	2010 年	2009 年	2010 年
资产负债率	130.264	81.343	565.509	190.649	319 800.190	36 346.963
有形净值债务率	-100.033	147.766	2.992	1.023	8 953 149.160	1 045 891.740
每股净资产	2.669	3.437	3.709	4.117	13.756	16.949
现金流动负债比	27.861	8.144	82.131	151.282	6 745.509	22 886.312
lnFee	3.919	3.964	0.667	0.737	0.444	0.543

注：研究样本 2009 年披露审计费用的上市公司共 94 家，2010 年披露审计费用的上市公司共 95 家。

表 5.12 表明，除了是否处于财务困境、应收账款周转率、资产负债率以及现金流动负债比外，其他的财务指标均有所改善。这表明通过变更会计师事务所，有"改善"盈利能力、营运能力、偿债能力的效用，这其中可能隐藏着上市公司通过变更会计师事务所来达到粉饰财务报表、进行盈余管理的意图。从变更事务所前后的审计费用可以看出，变更后事务所收费有所增加，上市公司可能有通过变更会计师事务所达到购买审计意见的意图，因此利益相关者在对上市公司进行财务报表分析时，应充分关注会计师事务所变更行为。

综上所述，2010 年的描述性统计结果与 2009 年的描述性统计结果基本相同，会计师事务所变更与审计意见类型相关。

二、实证研究的思路、方法及工具

1. 实证研究的思路

结合国内外相关的文献研究成果与上市公司会计师事务所变更现状，适当地选择自变量，通过对所选样本的单个样本 K - S 检验、样本显著性检验、各自变量之间的 Pearson 相关性检验、混合样本的 Logistic 回归结果分析，重点考察会计师事务所变更与审计意见的关系，并与上一年度会计师事务所变更情况作比较，分析近年来会计师事务所变更的影响因素以及变化趋势。

2. 研究方法及研究工具

采取 Logistic 回归方法，实证研究上市公司会计师事务所变更与审计意见的关系。当会计师事务所变更时 Auditichg = 1；会计师事务所未发生变更时 Auditichg = 0，相应的概率分别为 P(Auditichg = 1) = P 和 P(Auditichg = 0) = 1 - P，则相应的 Logistic 回归模型为：$\ln(p/(1-P)) = \beta_0 + \sum \beta_i X_i + \varepsilon$。

对于选定的上市公司的各项指标，首先进行单样本 K – S 检验（one sample Kolmogorov – Smimov test），检验其是否服从正态分布；然后再进行独立样本的检验：若符合正态分布则进行独立样本 T 检验，否则进行运用非参数检验的两个独立样本 Mann – Whitney U 检验。目的是考察会计师事务所变更（Auditichg = 1）和会计师事务所未发生变更（Auditichg = 0）在各个自变量特征上有无显著性差异；其次，对各自变量之间的相关性作检验，分析各个自变量之间的相关程度；最后，运用 Logistic 回归模型，对样本分别进行回归分析，以验证上述假设。

3. 模型建立

$$\ln(p/(1-p)) = \beta_0 + \beta_1 X_1 + \beta_2 X_2 + \beta_3 X_3 + \beta_4 X_4 + \beta_5 X_5 + \beta_6 X_6 + \beta_7 X_7 + \beta_8 X_8 + \beta_9 X_9 + \beta_{10} X_{10} + \beta_{11} X_{11} + \beta_{12} X_{12} + \beta_{13} X_{13} + \beta_{14} X_{14} + \beta_{15} X_{15} + \beta_{16} X_{16} + \varepsilon \qquad ①$$

为了研究审计费用对会计师事务所变更是否有影响，采用以下模型：

$$\ln(p/(1-p)) = \beta_0 + \beta_1 X_1 + \beta_2 X_2 + \beta_3 X_3 + \beta_4 X_4 + \beta_5 X_5 + \beta_6 X_6 + \beta_7 X_7 + \beta_8 X_8 + \beta_9 X_9 + \beta_{10} X_{10} + \beta_{11} X_{11} + \beta_{12} X_{12} + \beta_{13} X_{13} + \beta_{14} X_{14} + \beta_{15} X_{15} + \beta_{16} X_{16} + \beta_{17} \ln Fee + \varepsilon \qquad ②$$

三、指标显著性检验

在统计学中，两个独立样本做比较时，首先要对备选的自变量进行正态性检验。如果符合正态分布且样本量、统计意义相同，则采取独立样本 T 检验；如果不符合正态分布，两个独立样本则要用非参数检验的两个独立样本 u 检验。

1. 正态性检验

采用单样本 K – S 检验（One sample Kolmogorov – Smimov test），以确定其是否服从正态分布。根据 K – S 检验原则，当显著性水平 > 0.05（5%）时，判定被检验比率符合正态性分布。

2009 年、2010 年正态性检验结果如表 5.13 所示。

表 5.13　　　　　　　　2009 ~ 2010 年 K – S 检验结果

项目　　　指标	2009 年				2010 年			
	N	Kolmogorov-Smirnov Z	渐近显著性（双侧）	是否符合正态分布	N	Kolmogorov-Smirnov Z	渐近显著性（双侧）	是否符合正态分布
上期审计意见类型	242	8.171	0.000	否	234	7.967	0.000	否
审计意见是否改善	242	7.464	0.000	否	234	7.665	0.000	否

续表

项目 指标	2009 年				2010 年			
	N	Kolmogorov-Smirnov Z	渐近显著性 （双侧）	是否符合正态分布	N	Kolmogorov-Smirnov Z	渐近显著性 （双侧）	是否符合正态分布
是否 ST	242	7.848	0.000	否	234	7.943	0.000	否
第一大股东是否变更	242	8.403	0.000	否	234	8.036	0.000	否
是否亏损	242	7.414	0.000	否	234	7.679	0.000	否
每股收益	242	4.726	0.000	否	234	2.937	0.000	否
资产收益率	242	6.620	0.000	否	234	4.891	0.000	否
净资产收益率	242	5.044	0.000	否	234	6.073	0.000	否
总资产周转率	242	5.337	0.000	否	234	2.102	0.000	否
存货周转率	242	7.018	0.000	否	234	5.177	0.000	否
应收账款周转率	242	6.981	0.000	否	234	7.571	0.000	否
流动比率	242	4.724	0.000	否	234	3.776	0.000	否
速动比率	242	5.292	0.000	否	234	4.237	0.000	否
资产负债率	242	5.753	0.000	否	234	6.889	0.000	否
有形净值债务率	242	5.110	0.000	否	234	6.532	0.000	否
每股净资产	242	2.297	0.000	否	234	2.328	0.000	否
现金流动负债比	242	2.923	0.000	否	234	3.294	0.000	否

从表 5.13 可知，2009 年和 2010 年选取的影响会计师事务所变更的各项指标，双尾检验的显著性水平均为 0.000，小于 0.05，可见总体样本不符合正态分布。

2. 均值差异检验

运用非参数检验的两个独立样本 Mann – Whitney U 检验，检验发生审计师变更（Auditchg = 1）和未发生审计师变更（Auditchg = 0）的上市公司是否存在变更前一年度审计意见、财务困境、第一大股东是否变更、变更前一年是否亏损以及变更前一年经营效率、运营能力、偿债能力、资本扩张能力以及现金流量等指标的显著性差异。

（1）2009 年均值差异检验

2009 年均值差异检验见表 5.14。

表 5.14   2009 年 Mann – Whitney U 检验结果

项目 指标	Mann – Whitney U	Wilcoxon W	Z	渐近显著性 （双侧）
上期审计意见类型	6 836.500	14 217.500	−1.604	0.109
审计意见是否改善	7 140.500	14 521.500	−0.709	0.478

续表

项目 指标	Mann – Whitney U	Wilcoxon W	Z	渐近显著性 （双侧）
是否 ST	6 534.000	13 915.000	− 2.223	0.026 **
第一大股东是否变更	7 078.500	14 459.500	− 1.435	0.151
是否亏损	6 957.500	14 338.500	− 0.913	0.361
每股收益	6 886.000	14 267.000	− 0.798	0.425
资产收益率	6 351.000	13 732.000	− 1.781	0.075 *
净资产收益率	6 667.000	14 048.000	− 1.200	0.230
总资产周转率	6 263.500	13 644.500	− 1.941	0.052 *
存货周转率	7 261.500	14 642.500	− 0.108	0.914
应收账款周转率	5 970.000	13 351.000	− 2.480	0.013 **
流动比率	6 484.500	13 865.500	− 1.535	0.125
速动比率	6 469.500	13 850.500	− 1.563	0.118
资产负债率	6 738.000	14 119.000	− 1.070	0.285
有形净值债务率	6 850.500	14 231.500	− 0.864	0.388
每股净资产	7 110.500	14 491.500	− 0.386	0.700
现金流动负债比	7 276.500	14 657.500	− 0.081	0.936

注：** 为在 0.05 水平下显著；* 为在 0.1 水平下显著。

从表 5.14 可知，发生与未发生审计师变更的上市公司是否存在财务困境（是否 ST）和应收账款周转率这两个自变量上对应的 Z 值分别为 − 2.223 和 − 2.480，其对应的双尾显著性分别为 0.026 和 0.013，可以认定变更与未变更事务所的上市公司在是否存在财务困境和应收账款周转率两个自变量上存在十分显著差异，在资产收益率和总资产周转率两个变量上对应的双尾显著性分别为 0.075 和 0.052，可以认定变更公司与未变更公司在资产收益率和总资产周转率两个变量上存在显著差异，上期审计意见类型和审计意见是否改善等其他自变量不存在显著性差异。

（2）2010 年均值差异检验

2010 年均值差异的检验见表 5.15。

表 5.15　　　　　　　　　　　**Mann – Whitney U 检验结果**

项目 指标	Mann – Whitney U	Wilcoxon W	Z	渐近显著性 （双侧）
上期审计意见类型	5 908.500	12 811.500	− 3.122	0.002 **
是否 ST	5 850.000	12 753.000	− 3.271	0.001 **
第一大股东是否变更	6 084.000	12 987.000	− 2.654	0.008 **

续表

项目 指标	Mann－Whitney U	Wilcoxon W	Z	渐近显著性 （双侧）
是否亏损	5 733.000	12 636.000	－3.260	0.001 **
每股收益	5 622.500	12 525.500	－2.360	0.018 **
资产收益率	5 787.000	12 690.000	－2.042	0.041 **
净资产收益率	5 082.500	11 985.500	－3.403	0.001 **
总资产周转率	6 824.000	13 727.000	－0.040	0.968
存货周转率	6 325.500	13 228.500	－1.002	0.316
应收账款周转率	6 018.000	12 921.000	－1.596	0.110
流动比率	6 518.500	13 421.500	－0.630	0.529
速动比率	6 563.500	13 466.500	－0.543	0.587
资产负债率	5 494.000	12 397.000	－2.608	0.009 **
有形净值债务率	6 842.000	13 745.000	－0.005	0.996
每股净资产	5 538.000	12 441.000	－2.523	0.012 **
现金流动负债比	6 093.000	12 996.000	－1.451	0.147

注：** 为在 0.05 水平下显著；* 为在 0.1 水平下显著。

分析表 5.15 的检验结果，可以得出以下结论：

①发生与未发生会计师事务所变更的上市公司在变更前一年度的审计意见类型的 Z 值为 －3.122，其对应的双尾显著性为 0.002，可以认定变更公司与未变更公司在变更前一年度的审计意见类型自变量上存在显著差异。

②发生与未发生会计师事务所变更的上市公司是否存在财务困境（是否 ST）的 Z 值为 －3.271，其对应的双尾显著性为 0.001；第一大股东是否变更的 Z 值为 －2.654，其对应的双尾显著性为 0.008；变更前一年度是否亏损的 Z 值为 －3.260，其对应的双尾显著性为 0.001；可以认定变更与未变更公司是否存在财务困境、第一大股东是否变更和变更前一年度是否亏损的指标上存在显著差异。

③盈利能力方面，每股收益、资产收益率和净资产收益率的 Z 值分别为 －2.360、－2.042、－3.403，其对应的双尾显著性分别为 0.018、0.041、0.001，说明变更公司与未变更公司在盈利能力方面存在着显著差异。

④偿债能力方面，资产负债率的 Z 值为 －2.608，其对应的双尾显著性为 0.009，可以认定变更公司与未变更公司在偿债能力方面存在十分显著差异。

⑤股本扩张能力方面，每股净资产的 Z 值为 －2.523，其对应的双尾显著性为 0.012，可以认定变更公司与未变更公司在股本扩张能力方面存在十分显著差异。

除以上指标外，发生与未发生会计师事务所变更的上市公司在其他指标上不存在显著差异。

3. 相关性检验

(1) 2009 年相关性检验

2009 年相关性检验见表 5.16。

从表 5.16 可以得到以下结论：

①上市公司审计意见类型与是否处于财务困境、是否亏损、资产负债率显著正相关，与每股收益、资产收益率、净资产收益率、每股净资产显著负相关。

②上市公司是否处于财务困境与上期审计意见类型、是否亏损、资产负债率显著正相关，与每股收益、净资产收益率、每股净资产显著负相关。

③上市公司是否亏损与是否处于财务困境、上期审计意见类型、资产负债率显著正相关，与每股收益、资产收益率、净资产收益率、每股净资产显著负相关。

④上市公司每股收益与是否处于财务困境、上期审计意见类型、是否亏损、资产负债率显著负相关，与资产收益率、每股净资产显著正相关。

(2) 2010 年相关性检验

检验的结果表 5.17 所示。

从表 5.17 可以得到以下结论：

①上市公司是否变更会计师事务所与变更前一年度审计意见类型、是否处于财务困境、第一大股东是否变更、是否亏损在 0.01 水平下显著正相关，与每股收益在 0.05 水平下显著负相关。

②上市公司变更前一年度审计意见类型与是否变更会计师事务所、是否处于财务困境、第一大股东是否变更、是否亏损、资产负债率在 0.01 水平下显著正相关，与每股收益、资产收益率、净资产收益率、流动比率、每股净资产在 0.01 水平下显著负相关，与速动比率、有形净值债务率、现金流动负债比在 0.05 水平下显著负相关。

③上市公司是否处于财务困境与是否变更会计师事务所、变更前一年度审计意见类型、第一大股东是否变更、是否亏损、资产负债率在 0.01 水平下显著正相关，与每股收益、总资产周转率、每股净资产在 0.01 水平下显著负相关，与资产收益率在 0.05 水平下显著负相关。

④上市公司变更前一年度是否亏损与是否变更会计师事务所、是否处于财务困境、变更前一年度审计意见类型在 0.01 水平下显著正相关，与每股收益、资产收益率、净资产收益率、总资产周转率、每股净资产在 0.01 水平上显著负相关，与流动比率在 0.05 水平下显著负相关。

⑤上市公司每股收益与变更前一年度是否变更会计师事务所、上期审计意见类型、是否处于财务困境、是否亏损、资产负债率在 0.01 水平下显著负相关，

表 5.16

2009 年 Pearson 相关性检验

指标	是否ST	上期审计意见类型	审计意见是否改善	第一大股东是否变更	是否亏损	每股收益	资产收益率	净资产收益率	总资产周转率	存货周转率	应收账款周转率	流动比率	速动比率	资产负债率	有形净值债务率	每股净资产	现金流动负债比
是否ST	1																
上期审计意见类型	0.629**	1															
审计意见是否改善	-0.321**	-0.528**	1														
第一大股东是否变更	0.163*	0.005	-0.069	1													
是否亏损	0.405**	0.353**	-0.100	0.118	1												
每股收益	-0.219**	-0.253**	0.026	-0.017	-0.326**	1											
资产收益率	-0.163*	-0.200**	-0.010	0.004	-0.181**	0.958**	1										
净资产收益率	-0.301**	-0.266**	0.226**	-0.106	-0.379**	0.121	0.040	1									
总资产周转率	-0.094	-0.069	0.003	-0.037	-0.080	0.057	0.042	0.106	1								
存货周转率	-0.039	-0.027	0.044	-0.017	-0.025	0.005	0.006	0.015	0.004	1							
应收账款周转率	-0.045	0.022	0.009	-0.019	-0.008	0.029	0.023	0.082	0.926**	0.020	1						
流动比率	-0.036	-0.069	0.053	-0.006	-0.157*	0.064	0.047	0.048	0.075	-0.022	0.008	1					
速动比率	-0.020	-0.043	0.039	-0.011	-0.152*	0.054	0.039	0.049	0.083	-0.008	0.016	0.948**	1				
资产负债率	0.347**	0.428**	-0.115	-0.010	0.218**	-0.845**	-0.877**	-0.026	-0.037	-0.006	-0.022	-0.068	-0.040	1			
有形净值债务率	0.067	-0.078	0.015	0.087	0.061	0.010	0.020	-0.141*	-0.027	0.004	-0.018	-0.098	-0.101	-0.014	1		
每股净资产	-0.530**	-0.548**	0.208**	-0.051	-0.344**	0.667**	0.587**	0.133*	0.010	0.002	-0.025	0.051	0.019	-0.734**	-0.011	1	
现金流动负债比	-0.130*	-0.034	-0.003	-0.059	-0.130*	0.090	0.041	0.074	0.034	0.021	0.026	0.395**	0.431**	-0.079	-0.051	0.121	1

注：** 表示在 0.01 水平（双侧）上显著相关；* 表示在 0.05 水平（双侧）上显著相关。

表 5.17

2010 年 Pearson 相关性检验

指标	是否变更	是否ST	上期审计意见类型	第一大股东是否变更	是否亏损	每股收益	资产收益率	净资产收益率	总资产周转率	存货周转率	应收账款周转率	流动比率	速动比率	资产负债率	有形净值债务率	每股净资产	现金流动负债比
是否变更	1																
是否ST	0.214**	1															
上期审计意见类型	0.205**	0.453**	1														
第一大股东是否变更	0.174**	0.411**	0.182**	1													
是否亏损	0.214**	0.284**	0.395**	0.080	1												
每股收益	-0.146*	-0.217**	-0.372**	-0.012	-0.624**	1											
资产收益率	-0.032	-0.138*	-0.261**	-0.137*	-0.456**	0.613**	1										
净资产收益率	-0.097	-0.020	-0.343**	-0.006	-0.326**	0.257**	0.245**	1									
总资产周转率	0.010	-0.177**	-0.128	-0.055	-0.213**	0.274**	0.137*	0.098	1								
存货周转率	0.072	0.044	0.066	0.037	0.041	-0.140*	-0.331**	0.026	0.026	1							
应收账款周转率	-0.067	-0.027	-0.026	-0.024	-0.031	0.040	0.008	0.011	-0.007	0.006	1						
流动比率	-0.080	-0.011	-0.175**	-0.010	-0.138*	0.207**	0.096	0.095	-0.086	-0.123	0.060	1					
速动比率	-0.066	0.005	-0.143*	-0.005	-0.108	0.191**	0.079	0.078	-0.090	-0.076	0.066	0.981**	1				
资产负债率	0.098	0.249**	0.272**	0.061	0.051	-0.176**	-0.190**	-0.007	-0.111	0.185**	-0.009	-0.102	-0.085	1			
有形净值债务率	-0.061	0.012	-0.146*	0.085	-0.123	0.069	0.027	0.396**	-0.007	0.026	0.001	0.021	0.020	-0.011	1		
每股净资产	-0.094	-0.259**	-0.343**	0.062	-0.343**	0.520**	0.351**	0.141*	0.120	-0.221**	0.058	0.256**	0.242**	-0.283**	0.047	1	
现金流动负债比	0.021	0.011	-0.144*	-0.038	-0.142*	0.152*	0.042	0.039	-0.045	0.017	0.025	0.375**	0.408**	-0.072	0.015	0.101	1

注：** 表示在 0.01 水平（双侧）上显著相关；* 表示在 0.05 水平（双侧）上显著相关。

与第一大股东是否变更在 0.05 水平下显著负相关，与资产收益率、净资产收益率、总资产周转率、流动比率、速动比率、每股净资产显著正相关，与现金流动负债比在 0.05 水平下显著正相关。

四、Logistic 回归结果分析

1. 强制条件下 Logistic 回归

分别对 2009、2010 年和两年混合样本进行强制条件下的 Logistic 回归，回归结果见表 5.18。

表 5.18 　　　　　　　　　　Logistic 回归结果（强制进入）

项目 / 变量	2009 年			2010 年			两年混合		
	B	Sig.	VIF	B	Sig.	VIF	B	Sig.	VIF
常量	0.979	0.762		−1.933	0.660		−1.224	0.179	
上期审计意见类型	10.087	0.170	20.001	0.574	0.367	10.640	0.554	0.341	10.787
是否 ST	0.536	0.368	20.043	0.516	0.423	10.759	0.823	0.164	10.832
第一大股东是否变更	0.829	0.356	10.085	10.161	0.047	10.322	0.547	0.325	10.231
是否亏损	−0.736	0.121	1.632	1.575	0.011	2.162	1.184	0.037	2.167
每股收益	−0.450	0.127	7.568	−0.304	0.588	3.310	−0.122	0.812	3.281
资产收益率	—	—	—	0.028	0.125	2.291	0.023	0.150	2.091
净资产收益率	—	—	—	−0.003	0.488	1.470	−0.002	0.491	1.432
总资产周转率	−0.304	0.287	1.316	0.544	0.112	1.114	0.361	0.253	1.118
存货周转率	0.012	0.406	1.011	0.008	0.330	1.256	0.004	0.588	1.020
应收账款周转率	0.000	0.771	1.133	0.000	0.899	1.114	0.000	0.656	1.093
流动比率	−0.113	0.256	1.392	0.048	0.703	1.317	0.035	0.765	1.285
资产负债率	−0.003	0.365	8.440	0.003	0.161	1.251	0.003	0.200	1.207
有形净值债务率	0.001	0.164	1.094	0.000	0.865	1.221	0.000	0.947	1.205
每股净资产	0.095	0.322	3.163	0.113	0.253	1.568	0.070	0.386	1.626
现金流动负债比	0.001	0.761	1.254	0.001	0.914	1.139	0.000	0.996	1.132
lnFee	−0.193	0.461	1.170	0.070	0.747	1.142	0.100	0.594	1.132
Nagelkerke R 方	0.119			0.126			0.150		
Chi-square	18.720	0.176		33.946	0.006		27.679	0.035	
平均准确率	—	—	58.5%	—	—	64.5%	—	—	63.0%

从表 5.18 可以得出，会计师事务所变更与上期审计意见类型正相关，年报

被出具非标准审计意见的上市公司更有可能变更会计师事务所，但不显著，与假设 1 不符。具体分析如下：

（1）2009 年上市公司变更会计师事务所与变更前一年度审计意见类型、是否处于财务困境、第一大股东是否变更、存货周转率、有形净值债务率、每股净资产及现金流动负债比存在着正相关关系，与变更前一年度是否亏损、每股收益、总资产周转率、流动比率、资产负债率及变更前一年度审计费用负相关。

（2）2010 年上市公司变更会计师事务所与变更前一年度审计意见类型、是否处于财务困境、第一大股东是否变更、变更前一年度是否亏损、资产收益率、总资产周转率、存货周转率、流动比率、资产负债率、每股净资产、现金流动负债比及变更前一年度审计费用存在着正相关关系，其中与第一大股东是否变更、变更前一年度是否亏损存在着显著的相关关系，与每股收益及净资产收益率负相关。

（3）综合分析 2009、2010 年会计师事务所变更的影响因素，发现上市公司变更会计师事务所与变更前一年度审计意见类型、是否处于财务困境、第一大股东是否变更、变更前一年度是否亏损、资产收益率、总资产周转率、存货周转率、流动比率、资产负债率、每股净资产、现金流动负债比及变更前一年度审计费用存在着正相关关系，其中与变更前一年度是否亏损存在着显著的相关关系，与每股收益及净资产收益率负相关。

2. 进一步 Logistic 回归分析

（1）模型①下 2009 年的回归

对影响 2009 年会计师事务所变更的因素，选用向后逐步进入方式回归分析的方法检验，进一步对研究假设进行验证。2009 年 Logistic 回归结果如表 5.19 所示。

表 5.19　　　　　　　　　　2009 年 Logistic 回归结果

变量＼项目	B	S. E.	Wals	df	Sig.	Exp（B）
是否 ST	1.089	0.426	6.546	1	0.011	2.972
资产收益率	-0.007	0.007	1.047	1	0.306	0.993
速动比率	-0.143	0.095	2.246	1	0.134	0.867
资产负债率	-0.004	0.002	2.608	1	0.106	0.996
存货周转率	0.011	0.009	1.248	1	0.264	1.011
常量	0.156	0.239	0.430	1	0.512	1.169
模型检验数	0.006	-2 对数似然值	319.219[b]	Cox & Snell R 方	0.065	—

从表 5.19 可以得出：

①是否处于财务困境与会计师事务所变更之间存在正相关关系，且十分显著，表明处于财务困境的公司更倾向于变更审计师，与假设 2 相符。

②资产收益率高、经营效率好的公司不易发生会计师事务所变更，资产收益率与会计师事务所变更负相关但不显著，不能完全证实假设 5。

③速动比率高、短期偿债能力强的公司不易发生会计师事务所变更，速动比率与会计师事务所变更负相关但不显著，不能完全证实假设 5。

④资产负债率高、长期偿债能力差的公司不易发生会计师事务所变更，资产负债率与会计师事务所变更之间存在负相关关系，与假设 5 不符，回归结果与假设不符的原因有待进一步查明。

⑤存货周转率高、存货管理效率高的公司易发生会计师事务所变更，存货周转率与会计师事务所变更之间存在正相关，与假设 5 不符。存货周转率高并不能完全反映出存货管理效率高，存货周转率异常高的情况往往出现在财务困境的公司中，由于产品预期销路不畅、资金周转等原因，储备的存货很少，在存货发生大额减值损失、计提大额跌价准备时会影响存货账面价值的计算，使得存货账面价值降低，导致存货周转率增大，这时的存货周转率高并不能反映存货管理好，说明自变量存货周转率并不能很好地解释会计师事务所变更的动因。

（2）模型①下 2010 年的回归

对影响 2010 年会计师事务所变更的因素，选用向后逐步进入方式回归分析的方法检验，进一步对研究假设进行验证。2010 年 Logistic 回归结果如表 5.20 所示。

表 5.20　　　　　　　　　　2010 年 Logistic 回归结果

变量	B	S. E.	Wals	df	Sig.	Exp(B)
第一大股东是否变更	1.126	0.476	5.590	1	0.018	3.082
变更前一年度是否亏损	1.685	0.521	10.478	1	0.001	5.392
资产收益率	0.020	0.013	2.205	1	0.138	1.020
资产负债率	0.003	0.003	1.372	1	0.241	1.003
常量	−0.633	0.239	7.025	1	0.008	0.531
模型检验数	Nagelkerke R 方	0.135	卡方	24.91 ***	−2 对数似然值	299.482^c

从表 5.20 可以得出：

①第一大股东是否变更与会计师事务所变更显著正相关，表明第一大股东变更的公司更倾向于变更会计师事务所，与假设 3 相符。

②变更前一年度是否亏损与会计师事务所变更显著正相关，表明变更前一年度亏损的公司更倾向于变更会计师事务所，与假设 4 相符。

③资产收益率高、经营效率好的公司易发生会计师事务所变更，资产收益率与会计师事务所变更正相关但不显著，与假设5不符。

④资产负债率与会计师事务所变更之间正相关，但不显著，表明资产负债率高、长期偿债能力差的公司易发生会计师事务所变更，与假设5不完全相符。

(3) 模型②下2010年样本回归

加入审计费用指标，对2010年会计师事务所变更的影响因素采用向后逐步进入方式回归分析，回归分析结果见表5.21。

表5.21 2010年变更会计师事务所影响因素回归分析结果

变量	B	S. E.	Wals	df	Sig.	Exp(B)
上期审计意见类型	0.951	0.516	3.392	1	0.066	2.589
第一大股东是否变更	1.400	0.516	7.351	1	0.007	4.055
是否亏损	1.230	0.466	6.952	1	0.008	3.421
资产收益率	0.008	0.005	2.810	1	0.094	1.008
常量	0.560	0.185	9.136	1	0.003	0.571
模型检验数	Nagelkerke R 方	0.158	卡方	24.289 ***	-2 对数似然值	241.797ᶜ

表5.21表明：

①变更前一年度审计意见类型与会计师事务所变更显著正相关，表明变更前一年度收到非标审计意见更倾向于变更会计师事务所，与假设1相符。

②第一大股东是否变更与会计师事务所变更之间显著正相关，表明第一大股东变更的公司更倾向于变更会计师事务所，与假设3相符。

③变更前一年度是否亏损与会计师事务所变更之间显著正相关，表明变更前一年度亏损的公司更倾向于变更会计师事务所，与假设4相符。

④资产收益率与会计师事务所变更之间存在正相关关系，表明资产收益率高、经营效率好的公司易发生会计师事务所变更，与假设5不符。由于其显著性水平大于0.94，这种正相关关系不显著，回归结果与假设不符的原因有待进一步查明。

进一步回归的结果表明，在模型①的情况下，上期审计意见类型不是导致会计师事务所变更的主要原因；在模型②的情况下，上期审计意见类型与会计师事务所变更有着重要的联系。

五、相关问题的讨论

会计师事务所变更对审计意见的影响有两方面：一方面通过变更事务所能够合理保证财务报表披露的信息更加值得信赖；另一方面通过变更审计师实现审计

意见购买，显著改善财务报表。早期的一些研究认为，上市公司通过变更审计师并没有达到审计意见购买的目的，然而在 2000 年伦诺克斯（Lennox）设计了一个审计意见估计模型，通过此模型来估计上市公司在不变更审计师时可能收到的审计意见，并与变更审计师后的审计意见进行比较，发现英国的上市公司成功地实现了审计意见购买。国内的研究者如李爽和吴溪、杨鹤和徐鹏、吴联生和谭力等，借鉴了这一研究方法对我国的证券市场进行研究，结果表明上市公司变更审计师对审计师的独立性具有一定的影响，但在统计意义上并不显著。

从以上研究可以看出，目前关于审计师变更与审计意见购买的研究结论不尽一致，有必要对我国上市公司变更审计师前后财务指标变化情况作进一步讨论。

1. 相关指标的设定

通过对审计意见改善情况的讨论，发现相对于未变更审计师的上市公司而言，变更公司的审计意见得到了改善，在一定程度上达到了审计意见的购买。在此，主要研究变更会计师事务所前后财务指标的变化情况，研究上市公司通过变更事务所是否达到了改善财务状况、经营成果的目的，是否有粉饰财务报表、进行盈余管理的意图。

研究中应用的主要指标是各财务指标的增长比率，其增长率的计算方法为（变更年度指标值 – 变更前一年度指标值）／｜变更前一年度指标值｜。增长率指标包括每股收益增长率、资产收益率增长率、净资产收益率增长率、总资产周转率增长率、存货周转率增长率、应收账款周转率增长率、流动比率增长率、速动比率增长率、资产负债率增长率、有形净值债务率增长率、每股净资产增长率和现金流动负债比增长率等。

2. 描述性统计分析

（1）2009 年描述性统计分析

2009 年各指标增长率的一般描述性统计结果见表 5.22。

表 5.22（1）　　　　2009 年财务指标增长率的描述性统计

指标	最小值		最大值		均值	
	变更	未变更	变更	未变更	变更	未变更
每股收益增长率	− 28.00	− 40.00	82.33	12.60	1.115	− 0.608
资产收益率增长率	− 104.61	− 43.29	18.86	9.39	− 0.846	− 0.850
净资产收益率增长率	− 178.47	− 51.75	41.67	11.68	− 1.570	− 1.145
总资产周转率增长率	− 1.00	− 0.77	65.00	1.39	0.564	− 0.004
存货周转率增长率	− 1.00	− 0.81	93.89	2.13	1.391	0.046

续表

指标	最小值		最大值		均值	
	变更	未变更	变更	未变更	变更	未变更
应收账款周转率增长率	−1.00	−0.85	3 386 118.00	10.02	27 985.493	0.160
流动比率增长率	−1.00	−0.91	9.03	3.82	0.320	0.164
速动比率增长率	−0.87	−0.92	66.43	7.78	0.802	0.283
资产负债率增长率	−0.72	−0.57	0.90	9.70	0.021	0.105
有形净值债务率增长率	−1.00	−0.79	4.41	63.94	0.139	1.197
每股净资产增长率	−1.58	−0.75	18.00	4.46	0.478	0.152
现金流动负债比增长率	−207.32	−5.92	35.42	43.49	−0.810	1.233

表 5.22 （2）　　　　　　　　　　**2009 年财务指标增长率的描述性统计**

指标	标准差		方差	
	变更	未变更	变更	未变更
每股收益增长率	9.20364	5.95525	84.707	35.465
资产收益率增长率	10.58805	6.08992	112.107	37.087
净资产收益率增长率	18.06347	7.06509	326.289	49.916
总资产周转率增长率	5.93722	0.36255	35.251	0.131
存货周转率增长率	10.74190	0.43292	115.388	0.187
应收账款周转率增长率	307 828.81319	1.06331	9.476E + 10	1.131
流动比率增长率	1.09353	0.55188	1.196	0.305
速动比率增长率	6.06636	0.96700	36.801	0.935
资产负债率增长率	0.29610	0.91741	0.088	0.842
有形净值债务率增长率	0.79265	7.85886	0.628	61.762
每股净资产增长率	2.24370	0.51593	5.034	0.266
现金流动负债比增长率	20.44025	4.94986	417.804	24.501

从表 5.22 可以得到以下结论：

①变更公司的每股收益增长率大于未变更公司，资产收益率虽然处于下滑趋势，但下滑的幅度小于未变更公司，可以认定变更公司的经营效率有所提高。

②变更公司的总资产周转率增长率、存货周转率增长率以及应收账款周转率增长率均大于未变更公司，表明变更公司的营运能力增强。

③变更公司流动比率增长率、速动比率增长率大于未变更公司，资产负债率增长率、有形净值债务率增长率小于未变更公司，表明变更公司的偿债能力增强。

④变更公司的每股净资产增长率高于未变更公司，表明变更公司的资本扩张能力增强。

（2）2010 年描述性统计分析

2010 年各指标增长率的一般描述性统计结果见表 5.23。

表 5.23（1）　　　　　　　　**2010 年财务指标增长率的描述性统计**

指标	最小值		最大值		均值	
	变更	未变更	变更	未变更	变更	未变更
每股收益增长率	− 22 350.00	− 1 894.64	1 487.50	2 730.00	− 172.168	17.7924
资产收益率增长率	− 333.94	− 2.7463	87.18	2.2684E	− 0.5347	1.4748
净资产收益率增长率	− 30 143.15	− 2 012.00	1 414.19	2 452.73	− 258.987	8.3932
总资产周转率增长率	0.00	0.06	4.93	3.20	0.7137	0.7027
存货周转率增长率	− 100.00	− 567.48	12 072.62	174 227.27	125.7509	1 559.9947
应收账款周转率增长率	0.00	1.15	1 686.00	292 762.77	460.6428	2 600.8867
流动比率增长率	− 72.41	− 84.98	2 476.30	1 504.04	70.6375	30.0224
速动比率增长率	− 86.36	− 87.62	3 116.77	1 966.22	73.4555	40.1361
资产负债率增长率	− 96.32	− 87.65	9 247.95	1 256.54	72.7185	10.6526
有形净值债务率增长率	− 125.31	− 92.71	544.23	5 508.43	8.4622	52.7932
每股净资产增长率	− 12 450.00	− 580.00	1 338.64	439.64	− 65.6066	20.8259
现金流动负债比增长率	− 91 390.01	− 1 598.79	8 750.88	12 612.30	− 777.8587	167.5822

表 5.23（2）　　　　　　　　**2010 年财务指标增长率的描述性统计**

指标	标准差		方差	
	变更	未变更	变更	未变更
每股收益增长率	2 093.90671	357.05300	4 384 445.30	127 486.847
资产收益率增长率	35.98768	27.0647	1 295.113	732.500
净资产收益率增长率	2 805.99942	330.26341	7 873 632.74	109 073.917
总资产周转率增长率	0.59537	0.50344	0.354	0.253
存货周转率增长率	1 121.0907	16 110.0937	1 256 844.47	2.595E8
应收账款周转率增长率	198.79663	27 067.1388	39 520.101	7.326E8
流动比率增长率	284.81444	150.10888	81 119.266	22 532.675
速动比率增长率	323.07425	204.21692	104 376.973	41 704.551
资产负债率增长率	856.18650	119.88286	733 055.32	14 371.901
有形净值债务率增长率	100.38577	513.78375	10 077.304	263 973.74
每股净资产增长率	1 168.1841	93.74483	1 364 654.18	8 788.093
现金流动负债比增长率	8 708.2651	1 274.73056	7.583E7	1 624 938.01

由表 5.23 可以看出：

变更会计师事务所的上市公司流动比率增长率、速动比率增长率大于未变更公司，说明通过变更会计师事务所上市公司的短期偿债能力增强；变更会计师事务所上市公司的有形净值债务率增长率低于未变更会计师事务所的公司；其他指标增长率没有得以改善，原因是变更会计师事务所的上市公司更容易引起利益相关者的关注，后任注册会计师对被审计单位的盈利能力、营运能力和资本扩张能力会进行更为谨慎的审计。

综上所述，变更公司的经营效率、营运能力、偿债能力、资本扩张能力均有所增强，变更事务所在一定程度上有改善财务报表的效用，但这种改善结果不是十分明显。

第四节　相关结论与对策

一、相关结论

通过对所选取的可能影响审计师变更的因素进行实证研究，可以得到以下结论：

（1）会计师事务所变更前一年度的审计意见类型与会计师事务所变更之间存在相关关系，但这种关系不是十分显著，部分证实了假设 1。

（2）处于财务困境的公司更容易变更会计师事务所，存在财务困境的公司与审计师变更显著正相关，与假设 2 相符。

（3）第一大股东发生变更的公司更容易发生会计师事务所变更，第一大股东发生变更与会计师事务所变更之间存在十分显著的正相关关系，与假设 3 相符。

（4）会计师事务所变更前一年度的亏损情况与会计师事务所变更之间存在显著的正相关关系，与假设 4 相符。

（5）经营效率好、营运能力强、偿债能力好、资本扩张能力强的公司不倾向于变更会计师事务所，统计结果不显著。不能完全证实假设 5。

另外，研究还发现通过变更会计师事务所，能够改善上市公司的审计意见类型。

二、对策

1. 进一步规范信息披露的模式

应进一步规范上市公司信息披露的模式，信息披露的内容中应当包括会计师事务所变更的性质、变更的发起方、变更的真实原因、会计师事务所变更前后审计费用的变化等内容，要求上市公司按照规范模式披露，使财务报表使用者得到最基本、最全面的信息，杜绝审计意见购买行为的发生。

2. 改变聘用会计师事务所的方式

上市公司在聘用会计师事务所时，应当采取"公平招标"方式，遵循"择优"的原则，公正平等地评价"竞标"会计师事务所的人力资源水平、专业胜任能力、独立性、审计费用等因素。会计师事务所在"投标"时，应当按照自己的能力范围去承接审计业务，保证自己的独立性和审计质量。证券监督管理部门作为双方的公证人，应实事求是地主持会计师事务所选聘的相关事宜，保证整个过程能够公开、公平、公正。

3. 完善上市公司的治理结构

应当完善上市公司的治理结构，改变上市公司中股权结构不合理的现状。第一大股东变更与会计师事务所变更存在着显著正相关关系，企业之间的并购、资产重组等行为一般会导致管理层发生变更，新的控股股东及其代理人（管理层）为了从心理上隔离与原控股股东的任何关联，更愿意聘任自己原来的审计机构，更换原控股股东聘任的会计师事务所。

4. 强化会计师事务所的质量管理

加强会计师事务所的内部质量评价体系，把质量管理作为会计师事务所内部管理的主要工作来抓。通过会计师事务所质量控制的有效运转，确保每一个注册会计师在执行每一项业务时都能遵守专业标准的要求，提高事务所的整体质量水平。加强队伍建设，提高审计人员的思想素质和业务水平，并以规范性的文件加以确认，以便审计责任的履行和考核。证券监管部门还要重点监督具有证券业许可证等特殊资格的会计师事务所和注册会计师，要跟踪会计师事务所出具的审计报告，实现对会计师事务所的实时监控和分析。

第六章 盈余管理与审计意见

第一节 相关概念的界定与研究假设

一、盈余管理的界定

盈余管理的研究已有 20 多年的历史了，但究竟什么是盈余管理，不同的学者有着不同的理解，理论界尚未达成一致意见。归纳起来，中外学者对盈余管理的定义主要有信息观和经济收益观。本书在阐述国内外学者对盈余管理概念看法的基础上，提出了适合我国国情的盈余管理概念。

（一）信息观

信息观认为盈余仅仅是用于决策和判断的一个信号，信息观下的人们注重的是会计盈余的"信息含量"，而并不需要真实价值的盈余概念，这样一来，与真实收益有关的计量基准就不存在了，会计数据的真实性不再是重要的属性。按照这种看法，盈余管理不仅包括对损益表中盈余数据的控制，还包括对资产负债表以及财务报告中其他辅助信息的控制。美国著名会计学者施奇帕（Katherine Schipper，1989）[101] 在《盈余管理的评论》中指出，盈余管理是公司管理人员为了获得某种私人利益（而并非仅仅为了中立的处理经营活动），从而有目的地干预对外财务报告过程的一种管理行为，称为"披露管理"。她还指出，这个定义再延伸一下，真实的盈余管理可通过择时投资或财务决定来改变报告盈利或其中一项来完成。该定义的盈余管理概念是"信息观"的典型体现。英国学者希利和瓦伦（Healy and Wahlen，1999）[102] 又进一步指出，盈余管理是指公司管理层为了误导其他会计信息使用者对公司经营业绩的理解，或影响那些基于会计数据的契约结果，运用职业判断，在编制财务报告和通过规范交易以变更财务报告时，做出判断和会计选择的过程。

（二）经济收益观

经济收益观认为盈余管理在传统上是一个与经济收益有关的概念。公司在一定时期的经济收益是指在期初和期末公司资本没有变化的情况下，公司本期可以用于消费或分配的最大金额。经济收益计量的是公司的真实收益，而不是名义收益，真实收益与信息使用者的经济决策更为相关，但实际上真实收益是很难计量的。会计收益之所以歪曲了真实收益，主要因为两个影响因素：一是应计制会计和公认会计原则，二是盈余管理（会计政策的选择权）。美国会计学者斯科特（William R. Scott，2003）[103]在其所著的《财务会计理论》（*Financial Accounting Theory*）中指出，管理者对会计政策选择非常感兴趣，只要管理者能从一套公认会计原则（GAAP）中进行选择，很自然可以预测到他们选择的会计政策能扩大他们的效用或公司的市场价值，这就是所谓的盈余管理。在这个定义中，作者从"经济收益观"的角度，强调公司管理者对会计盈余或利润的控制，盈余管理的最终目的是得到令管理者满意的财务会计结果，会计盈余是决定财务成果满意与否的重要参数。

各国学者对盈余管理的合法性基本上达成了共识，但对这种合法不合理现象的评价是"好"还是"坏"，并没有达成一致看法。秦荣生教授（2001）[104]认为，盈余管理不同于会计造假，会计造假是管理当局蓄意的欺诈行为，而盈余管理则是一种合法的行为，正因为如此，盈余管理表现出强大的生命力，成为世界大公司财务经理必须掌握的一项基本技能。

就我国目前情况而言，资本市场尚处在初步发展阶段，很不完善，经常发生财务造假丑闻，使投资者对会计信息的质量极为担忧。因此，在我国现阶段盈余管理的负面作用远远大于正面作用，如果不加以限制，就会同财务欺诈遥相呼应，甚至超出合法界限向利润操纵方向变化，实际上过度的盈余管理就是变相的利润操纵。我们也应看到在市场经济环境下，盈余管理的存在是客观的，完全消除它是不可能的，我们要做的就是要将它控制在一定的范围之内，不能让它放任自流。从本质上讲，盈余管理是有害的，因为它有悖于会计信息的中立性，会导致会计信息的失真。

综上所述，我们将盈余管理定义为：公司管理当局为了误导会计信息使用者对公司业绩的理解，通过会计政策的选择、会计估计和"构造"交易事项等方式，蓄意地对财务报告盈余及其辅助信息进行加工、控制的行为，其最终目的是为了获得局部或全部的个人利益。

二、盈余管理的动机和手段

（一）盈余管理的动机

上市公司盈余管理的动机可归纳为以下几个方面：

1. 一级市场股票的发行与上市

由于股票上市能给公司带来丰厚的回报，拟上市的公司往往会通过合法的盈余管理行为，甚至违反制度粉饰财务报表，美化其公开市场形象，以达到上市目的。

2. 树立公司股票形象，进行二级市场交易

在二级市场上，有些机构投资者与上市公司联手操作公司股票。为了配合机构投资者建仓，公司先披露一些绩差消息压低股价，再披露绩优消息配合机构投资者出货。另外，上市公司还可以通过盈余管理，向市场传递绩优信息，达到改善公众形象的目的。

3. 维持公司上市资格

我国境内的上市公司如果连续一年亏损，会被进行特别处理（即 ST 处理）；如果连续两年亏损，或者每股净资产低于面值，或者财务状况异常时，也会被进行特别处理（即 *ST 处理）；如果继续亏损时，将暂停上市资格，即停牌。对于被进行特别处理的上市公司，如果继续经营不力，将会退出股票市场。因此，对 *ST、ST 公司进行盈余管理甚至利润操纵，就会成为常见的手段。

4. 管理层的业绩考核

当公司投资者与内部管理人签订奖金计划时，一方面公司的业绩好坏影响到内部管理人的利益；另一方面内部管理人作为公司经营的代理人，拥有各种操纵盈余的权力。这两方面结合的唯一结果是内部管理人有很强的动机去修饰公司的业绩指标，以尽可能地获取更多的奖金。无论上市公司还是非上市公司的管理人员都有这种盈余管理的动机。

5. 债务契约

金融机构在向公司贷款时一般要与公司签订贷款协议，协议中包括各种要求遵循的条款，如流动比率、资产负债率、净资产收益率等指标的变动范围，一旦公司超出这些条款所允许的变动范围，就会相应地提出一些惩罚措施。因此，当公司注意到本年度的一些财务指标有偏离债务条款的趋势或已经偏离时，就会有很强的动机进行盈余管理，通过盈余管理方法改变流动比率、资产负债率、净资产收益率等财务指标。

6. 其他动机

除了以上原因外，还有一些因素也会影响内部管理人的行为。如上市公司为了降低应纳税收，减少现金支出，就会采取盈余管理的手段降低当期利润和应纳

税所得额，达到减少或推迟纳税的目的；又如公用事业公司为了树立为公众服务的良好形象，采取盈余管理的手段降低其利润率；再如公司之间的交易往往建立在信用基础上，为了在客户中建立良好的信用，公司就有动机粉饰财务报表等。

（二）盈余管理的手段

盈余管理的实施手段分为两类：披露管理和真实盈余管理，前者是通过会计手段实现的，后者是通过安排真实交易实现的。

1. 实现盈余管理的会计手段

实现盈余管理的会计手段主要是利用会计政策和会计估计进行的，这类手段通常只影响不涉及现金流量的应计项目，不影响各期实际的现金流量，只影响会计盈余在各期的分布，不影响各期的会计盈余总额。

（1）利用会计政策进行盈余管理

由于各公司经济业务的复杂性和多样化，企业会计准则规定某些经济业务有多种会计处理方法，企业可根据自身实际情况合理选择其中一种，并且规定公司会计政策选择应遵循可比性原则，一经选定，不得随意变更。

（2）利用会计估计进行盈余管理

会计人员在对某些不确定性交易或事项进行账务处理时，需要根据职业判断进行会计估计，由于会计估计具有主观性，人们很难对会计估计的合理性进行准确评判。会计估计的结果会直接影响当期盈余，因此根据需要在不同时期作出不同的会计估计，如对固定资产折旧、无形资产研发与摊销、非货币性资产交换、资产计提减值准备等进行盈余管理，就成为公司进行盈余管理的重要手段之一。按照我国企业会计准则规定，公司应根据谨慎性原则，在资产负债表日判断其短期投资、应收款项、存货、委托贷款、长期投资、固定资产、在建工程和无形资产是否发生减值，并对发生减值的资产相应提取资产减值准备。由于计提多少资产减值准备需要根据判断和估计来确定，具有很强的主观性，这就为公司进行盈余管理留下了很大空间。

2. 安排真实交易进行盈余管理

安排真实交易进行盈余管理是指公司管理者通过构造具体交易并控制交易发生时间所进行的盈余管理，这类盈余管理手段通常既影响各期盈余，也影响各期实际的现金流量，不会增加公司价值，反而还会损害公司价值。

三、盈余管理与非标准审计意见的关系

上市公司财务报告的信息质量与报表使用者的经济利益和投资决策密切相

关，大量研究表明，企业进行盈余管理是比较普遍的现象，它与注册会计师的审计意见之间存在着相应的内在联系。如果某上市公司有利用实际操纵关联交易或债务重组等较大程度的盈余管理行为时，其内在的风险将会增加，从风险导向型审计来看，注册会计师就不应当出具标准无保留意见的审计报告，而应当视公司进行盈余管理的程度出具非标准审计意见。也就是说，盈余管理与审计意见之间存在着关系，即在注册会计师执业质量较好的前提下，上市公司如果存在盈余管理的行为，注册会计师就应当发现其盈余管理行为，查明其动机并判断影响程度，出具非标准审计意见，为广大投资者的决策提供更加相关可靠的信息。

本书针对目前我国上市公司存在盈余管理现象的普遍性，通过实证研究方法验证盈余管理与审计意见之间的关系，检验注册会计师的审计质量，为市场投资者对审计报告的使用提供一定的参考建议。

四、研究假设

财务报告的盈余信息是投资者的决策重要依据，盈余管理程度较高无疑会误导投资者的决策。因此，盈余管理会增加注册会计师的风险，对财务报告提供鉴证服务的注册会计师应当能够鉴别并披露盈余管理，盈余管理与审计意见之间存在相关性。刘继红（2009）[41]、王爱国等（2010）[42]研究发现公司盈余管理程度越严重，越容易被出具非标准意见。这些表明审计师能够鉴别上市公司的盈余管理行为，并对盈余管理程度高的上市公司发表非标准意见，因此，投资者可以依赖审计师的审计意见来识别上市公司的盈余管理并进行投资决策。因此提出假设如下：

假设1： 审计意见在一定程度上能够反映上市公司的盈余管理，即审计意见与盈余管理之间具有正相关性。

非经常性损益是指公司发生的与主营业务和其他经营业务无直接关系，以及虽与主营业务和其他经营业务相关，但由于该交易或事项的性质、金额和发生频率，影响了正常反映公司经营、盈利能力的各项交易、事项而产生的损益。非经常性损益的操纵一般是通过操控一次性的非经营活动来实现的，利用其来进行盈余管理应该更容易被注册会计师发现，并且采用这种手段的盈余管理对会计报表使用者决策的负面影响更大。杨秀艳、郑少锋（2007）[105]采用可以反映上市公司盈余管理的非经常性收益占总利润的比例指标建立 Logistic 回归模型，研究了我国 2001～2004 年 A 股上市公司审计意见对盈余管理的识别状况，从而证明了审计意见与盈余管理之间存在着相关关系，并且随着盈余管理程度的增高，审计意见会有相应的变化的假说。因此提出第二个假设。

假设2：以非经常性损益为手段的盈余管理程度越高，公司越有可能被出具非标准审计意见。

应计利润按照其可控程度分为可控应计利润和非可控应计利润两部分。国内外研究者发现管理当局通过调节可控应计利润来进行盈余管理。可控应计利润的大小代表了企业盈余管理的绝对数，考虑企业的规模，衡量企业盈余管理程度的大小就转化为可控应计利润率的大小。可控应计利润率越大企业盈余管理的程度越深，出具非标准审计意见的可能性越大。因此，提出第三个假设。

假设3：可控应计利润率的绝对值与审计意见存在显著的正相关关系。

第二节　研究设计

一、样本的选择

1. 研究样本的选取

从表1.1可以知道2008年上市公司年报被出具非标准审计意见的有111家，2009年和2010年上市公司年报被出具非标准审计意见的均为118家。实际选取的研究样本为2008年111家、2009年剔除没有相关资料的S*ST鑫安后为117家、2010年剔除无相关资料的S*ST鑫安和*ST得亨2家后为116家，共计344家。选取的研究样本中净资产收益率情况如图6.1所示。

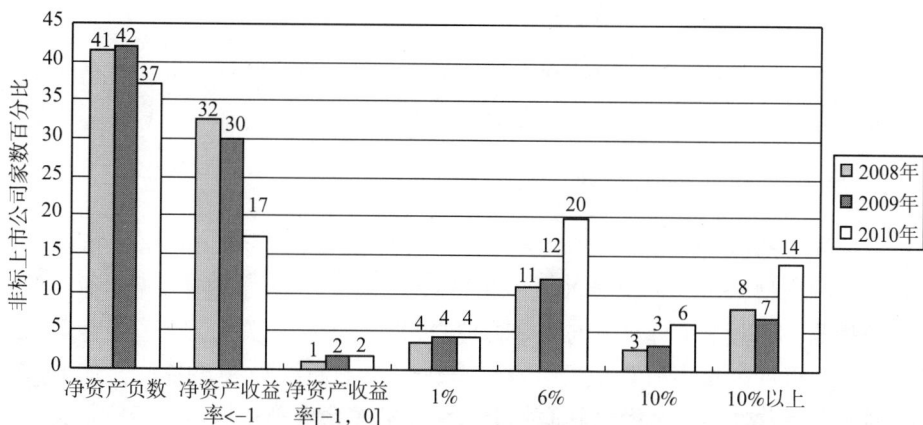

图6.1　非标公司净资产收益率分布

从图 6.1 可知 2008～2010 年净资产为负数的上市公司为 138 家，分别占年被出具非标准审计意见的 41%、42% 和 37%。净资产收益率为负数的公司 2008～2010 年分别为 32%、30% 和 17%，其中净资产收益率在 -1%～0 区间的 1 家、2 家、2 家，分别占非标准意见总数的 1%、2% 和 2%；净资产收益率在 10% 以上不多。净资产收益率在 -1 和 0 区间的上市公司很少，而在此区间外的上市公司较多，告诉我们非标准审计意见公司存在盈余管理现象。

2. 控制样本的选取

在研究过程中为了能够对比分析选取了相应年度被出具标准意见审计报告上市公司作为控制样本（简称标准样本）。选择标准样本的标准：一是标准样本与非标样本上市公司的资产规模接近；二是标准样本与非标样本上市公司的行业相同（行业以中国证监会发布的行业分类为标准）。

二、变量的选择

（一）因变量的设定

因变量设定为审计意见。审计意见是一个虚拟变量，将审计意见划分为"非标准意见"和"标准意见"两种，在模型中，当上市公司被出具"非标准意见"时取 1，反之取 0。

（二）自变量的选择

1. 可控应计利润（DA）

国内外的研究发现，公司管理层往往会通过调节可控应计利润来进行盈余管理，可控应计利润越大，企业盈余管理的程度越深。

2. 非经常性损益比利润（EM）

杨秀艳、郑少锋（2007）[105] 采用非经常性收益占总利润的比例指标建立 Logistic 回归模型，研究了我国 2001～2004 年 A 股上市公司审计意见对盈余管理的识别状况，证明了审计意见与盈余管理之间存在着相关关系，随着盈余管理程度的增高，审计意见会有相应的变化。李维安、王新汉等（2004）[106] 的研究表明，通过非经营性活动来操纵利润是上市公司的盈余管理手段，非经常性损益的操纵一般是通过操控一次性的非经营活动来实现的，采用这种手段的盈余管理更容易被注册会计师发现，对会计报表使用者决策的负面影响较大。

3. 盈利能力和资产管理效率

盈利能力和资产管理效率主要有每股收益（EPS）、净资产收益率（ROE）和总资产周转率（TAR）等。一些研究［如马惠媚、袁春力（2009）[107]等］表明，企业经营绩效越好，被出具非标准无保留意见的可能性越小。章永奎、刘峰（2002）[38]的研究显示，每股收益指标与审计意见类型之间存在显著的相关性，公司的盈利状况影响公司审计报告的审计意见类型，亏损的公司被出具非标准意见审计报告的可能性比盈利公司要大得多，所以那些介于亏损与盈利之间的公司往往通过盈余管理使其由原本的亏损变成盈利。比多和希拉里（Biddle and Hilary，2006）[108]的研究表明，陷入财务困境的公司由于违约风险高，被出具非标准审计意见的概率更高。总资产周转率是营业收入与总资产的比值，能够综合反映资产的使用效率，与审计意见类型之间存在相关性。2008～2010 年年报被出具非标准审计意见类型的上市公司，净资产为负数的分别有 46 家、50 家和 45 家，占非标准审计意见类型总数比例分别为 41%、42% 和 38%。剔除 3 家信息不全的上市公司后分别为 46 家、49 家和 43 家（见图 6.1），为此设置了虚拟变量 R，当净资产为负数时 R 为 -1，净资产收益率为负数时 R 为 0，净资产收益率为正数时 R 为 1。

4. 偿债能力

偿债能力主要有流动比率（CR）和资产负债率（DR）。夏立军和杨海斌（2002）[109]、贝尔和塔伯（Bell and Tabor，1991）[110]以及马彻勒（Mutchler，1985）[80]的研究显示，流动比率指标与审计意见类型之间存在显著的相关性。资产负债率既反映了公司的长期偿债能力又反映了公司资本结构的稳定性，资产负债率和审计意见类型之间也存在显著的相关性。

5. 其他变量

上期审计意见类型（PREOP）。王媛（2008）[111]等学者的研究表明，公司上年度的审计意见类型与本年度的审计意见类型显著正相关，公司上年度被出具非标准审计意见后，本年度就会引起注册会计师的关注，被出具非标准审计意见的可能性增大。

本年度是否更换会计师事务所（SWITCH）。杜兴强和郭剑花（2008）[112]以2003～2005 年全部上市公司作为样本，通过 x2 和伦诺克斯（Lennox，2000）审计意见估计模型的检验，对证监会 2001 年底、中注协 2002 年颁布新的监管措施之后上市公司是否仍存在通过审计师变更来购买审计意见的动机及其动机是否实现的情况进行分析，结果表明在 2004、2005 年实现了审计意见购买动机。刘伟和刘星（2007）[113]研究表明，审计师对管理当局当期盈余管理行为表示反对甚至出具非标审计意见时，审计师与管理当局之间的意见分歧就产生了。作为意见分歧的直接后果，管理当局可能解聘现任审计师以寻求与其意见更加一致的审计师。中国的审计市场环境以买方为主导，注册会计师若不能真正独立规范地执业，就会使上市公司和审计师都有动机避免非标准审计意见，上市公司更换会计师事务所后对年报审计意见类型会有一定的影响。

上市年限（AGE）。夏立军、杨海斌（2002）[109]的研究表明，上市年限越长积累的问题越多，上市年限的长短影响公司的审计意见类型。公司上市的年限越长，越有可能通过盈余管理手段来掩饰问题。

上述变量的具体定义见表 6.1。

表6.1 变量定义

变　　量	含义或计算方法
因变量：	
审计意见 OP	标准意见设"0"，非标准意见设"1"
自变量：	
可控应计利润 DA	t 年可控应计利润/t−1 年总资产
非经常性损益比利润 EM	非经常性损益/净利润，如果净利润为正，非经常性损益≤0，则设其为0；如果非经常性损益和净利润同为正或负，则等于两者比例；如果非经常损益为正，净利润≤0，则设其等于1
每股收益 EPS	属于普通股的当期净利润/普通股加权平均数
调整项目 R	ROE≥0，设其为1；ROE<0，设其为0；股东权益为负数时设其为−1
资产周转率 TAR	营业收入/总资产
流动比率 CR	流动资产/流动负债
资产负债率 LEV	负债总额 ∗ 100/资产总额
上期审计意见类型 PREOP	标准无保留审计意见取"0"值，否则取"1"值
是否变更事务所 SWITCH	本年度是否变更会计师事务所，本年事务所变更取"0"值，否则取"1"值
上市年限 AGE	截止财务报告年度的年限

三、模型设定

1. 修正的扩展琼斯模型

目前可控应计利润的计量方法有多种形式，大多数研究者采用琼斯模型，本研究采用修正的扩展琼斯模型，具体模型如下：

以总资产衡量的 t 年的可控应计利润率：

$$\frac{DA_t}{A_{t-1}} = \frac{TA_t}{A_{t-1}} - \frac{NDA_t}{A_{t-1}} \tag{1}$$

其中：DA_t 为 t 年的可控应计利润，TA_t 为 t 年的总应计利润（净利润与经营活动现金净流量差额），A_{t-1} 为 t – 1 年的总资产，NDA_t 为 t 年的非可控应计利润。

$$\frac{NDA_t}{A_{t-1}} = \alpha_1\left(\frac{1}{A_{t-1}}\right) + \alpha_2\left[\frac{\Delta REV_t - \Delta REC_t}{A_{t-1}}\right] + \alpha_3\left(\frac{PPE_t}{A_t}\right) + \alpha_4\left(\frac{LA_t}{A_{t-1}}\right) \tag{2}$$

其中：ΔREV_t 表示 t 年与 t – 1 年的主营业务收入的差额，ΔREC_t 表示 t 年与 t – 1 年的应收账款的差额，PPE_t 表示 t 年的固定资产价值，LA_t 表示 t 年的无形资产价值，α_1、α_2、α_3、α_4 为总体特征参数。

使用 2008 ~ 2010 年沪深两市上市的 1 623 家、1 730 家和 1 950 家上市公司的有关数据，由以下模型回归取得总体特征参数。

$$\frac{TA_t}{A_{t-1}} = \alpha_1\left(\frac{1}{A_{t-1}}\right) + \alpha_2\left[\frac{\Delta REV_t - \Delta REC_t}{A_{t-1}}\right] + \alpha_3\left(\frac{PPE_t}{A_{t-1}}\right) + \alpha_4\left(\frac{LA_t}{A_{t-1}}\right) + \varepsilon \tag{3}$$

其中：ε 是残差，代表以总资产衡量的 t 年的可控应计利润率。

2. Logistic 回归模型

采用 Binary Logistic 分析盈余管理与非标准审计意见之间的相关性，建立模型如下：

$$\ln\frac{P(OP = 1)}{1 - P(OP = 1)} = \beta_0 + \beta_1 DA + \beta_2 EM + \beta_3 EPS + \beta_4 R + \beta_5 TAR + \beta_6 CR +$$

$$\beta_7 LEV + \beta_8 PREOP + \beta_9 SWITCH + \beta_{10} AGE + \varepsilon \tag{4}$$

其中：P 表示根据 Logistic 模型估计出来的上市公司收到非标准意见的概率，OP 为因变量（"非标"或"标准"审计意见），DA 表示可控应计利润的绝对值，EM 表示非经常性损益比利润，EPS 表示每股收益，R 表示调整项目，TAR 表示资产周转率，CR 表示流动比率，LEV 表示资产负债率，PREOP 表示上期审计意见类型，SWITCH 表示本年度是否更换会计师事务所，AGE 表示上市年限。

第三节　实证分析

一、描述性统计

（一）2008 年描述性统计

2008 年非标公司和标准公司财务指标的描述性统计，如表 6.2 所示。

表 6. 2 　　　　　　　　　2008 年非标公司和标准公司各指标的描述性统计

指标	均值		中位数		标准差		最大值		最小值	
	标准	非标	标准	非标	标准	非标	标准	非标	标准	非标
DA	0. 536	0. 888	0. 549	0. 787	0. 344	0. 624	1. 687	4. 194	0. 008	0. 025
EM	0. 692	3. 173	0. 110	1	1. 80	7. 299	15. 547	48. 047	0	0
EPS	0. 251	- 0. 403	0. 220	- 0. 094	0. 350	2. 202	1. 52	2. 91	- 0. 78	- 21. 86
R	0. 847	- 0. 162	1. 000	0. 000	0. 386	0. 804	1	1	- 1	- 1
TAR	0. 716	0. 519	0. 607	0. 315	0. 643	0. 567	5. 712	2. 967	0	0
CR	2. 541	0. 771	1. 561	0. 46	4. 278	1. 068	42. 25	8. 64	0. 33	0. 002
LEV	42. 03	396. 28	40. 82	86. 92	21. 83	1 639. 32	137. 29	14 271. 78	2. 1	4. 09
PREOP	0. 919	0. 865	1	1	0. 274	0. 343	1	1	0	0
SWITCH	0. 036	0. 649	0	1	0. 187	0. 480	1	1	0	0
AGE	8. 306	11. 739	9	12	0. 095	3. 424	18	19	1	2

表 6.2 的结果表明：可控应计利润和非经常性损益比利润方面，所有样本公司的可控应计利润均大于零，说明这些公司均存在不同程度的盈余管理行为。标准样本的可控应计利润和非经常性损益比利润的均值、中位数、标准差和最大值均小于非标样本，说明非标准审计意见公司盈余管理程度更高。

盈利能力和资产管理能力方面，标准样本的每股收益和 R 的均值、中位数都大于非标样本，标准差小于非标样本；资产周转率的均值、中位数都大于非标样本。表明收到标准意见上市公司的盈利能力和资产管理能力强。

偿债能力方面，标准样本的流动比率的均值、中位数、最大值和最小值大于非标样本；资产负债率的均值、中位数、标准差、最大值和最小值都小于非标样本。表明收到非标准意见上市公司的偿债能力较差。

其他变量方面，标准样本的事务所是否变更指标的均值大于非标样本，标准差小于非标样本，表明收到非标准意见审计报告的上市公司本期变更会计师事务所的现象较多。标准样本的上期审计意见类型的均值和标准差都小于非标样本，表明上期收到非标准意见审计报告的上市公司，在本期收到非标准意见审计报告的几率高。标准样本的上市年限的均值、中位数和标准差都小于非标样本，表明上市年限越长的公司积累的问题越多，越容易收到非标准意见的审计报告。

（二）2009 年描述性统计

2009 年非标公司和标准公司财务指标的描述性统计，如表 6.3 所示。

表 6.3　　　　　　　　　2009 年非标公司和标准公司各指标的描述性统计

指标	均值		中位数		标准差		最大值		最小值	
	标准	非标	标准	非标	标准	非标	标准	非标	标准	非标
DA	0.0827	0.219	0.051	0.127	0.118	0.318	0.786	2.554	0.0004	0.002
EM	0.677	2.883	0.081	1	2.174	7.976	18.657	56.370	0	0
EPS	0.376	-0.293	0.221	-0.03	0.461	0.853	2.250	2.390	-0.710	-4.210
R	0.906	-0.154	1.00	0.000	0.321	0.816	1	1	-1	-1
TAR	0.674	0.429	0.623	0.303	0.417	0.461	2.893	2.251	0.002	0
CR	3.071	0.749	1.774	0.422	5.539	1.055	53.450	8.548	0.275	0
LEV	40.29	364.99	37.46	89.63	22.21	1 434.44	141.07	13 837.8	1.446	0.173
PREOP	0.786	0.564	1	1	0.412	0.498	1	1	0	0
SWITCH	0.026	0.727	0	1	0.159	0.448	1	1	0	0
AGE	7	12.692	6	13	6.192	3.766	17	20	1	2

表 6.3 的结果表明，2009 年的标准样本与非标样本的各项指标差异方向同 2008 年基本一致。

（三）2010 年描述性统计

2010 年非标公司和标准公司财务指标的描述性统计，如表 6.4 所示。

表 6.4　　　　　　　　　2010 年非标公司和标准公司各指标的描述性统计

指标	均值		中位数		标准差		最大值		最小值	
	标准	非标	标准	非标	标准	非标	标准	非标	标准	非标
DA	0.071	0.618	0.052	0.093	0.064	3.190	0.392	25.518	0.000	0.000
EM	0.949	2.618	0.103	1.000	2.098	3.800	15.980	17.690	0.000	-0.002
EPS	0.195	0.054	0.139	0.020	0.358	0.648	2.700	3.693	-0.932	-2.480
R	0.915	0.052	1.000	0.000	0.309	0.903	1	1	-1	-1
TAR	0.753	0.571	0.636	0.358	0.568	0.814	4.306	6.747	0.036	0.000
CR	3.412	1.437	1.557	0.613	8.786	4.090	88.727	36.802	0.307	0.002
LEV	43.089	189.040	43.051	78.408	43.089	189.040	100.835	2 969.7	1.083	2.159
PREOP	0.008	0.776	0.000	1.000	0.092	0.419	1	1	0	0
SWITCH	0.941	0.845	1.000	1.000	0.237	0.364	1	1	0	0
AGE	11.763	13.457	13.000	14.000	4.631	3.988	19.000	21.000	1.000	1.000

表 6.4 的结果表明，2010 年的标准样本与非标样本的各项指标差异方向同 2008 年和 2009 年基本一致。

（四）小结

从三年的描述性统计指标来看，与标准样本相比，非标公司的财务状况和经营成果差，不少公司连续亏损，约40%的公司资不抵债，持续经营能力存在重大疑虑，正在寻求债务重组等方法以改变目前的状况；有些公司连年亏损，处于停产或半停产状态，企业利润的变化依赖于非经常性损益的变动，其盈余管理程度较高；这些公司上期年报审计意见多为非标，易于变更会计师事务所，上市年限较长。这些情况说明上市公司财务状况经营业绩越不好，盈余管理程度越高，年报被出具非标准审计意见的可能性越大，与假设1相符。

二、Mann – Whitney U 检验

（一）正态性检验

为了检验标准和非标样本公司的上述各项指标之间是否存在显著差异，首先对2008、2009及2010年和混合样本公司的各项指标进行了 K – S 检验，检验结果见表6.5和表6.6。

表6.5　　　　　　　　　　　**2008 年和 2009 年 K – S 检验结果**

指标	2008 年				2009 年			
	N	Kolmogorov – Smirnov Z	渐近显著性（双侧）	是否符合正态分布	N	Kolmogorov – Smirnov Z	渐近显著性（双侧）	是否符合正态分布
DA	222	0.532	0.04	否	234	4.175	0.00	否
EM	222	5.448	0.00	否	234	5.846	0.00	否
EPS	222	1.608	0.00	否	234	2.880	0.00	否
R	222	0.807	0.00	否	234	5.624	0.00	否
TAR	222	0.612	0.00	否	234	1.728	0.01	否
CR	222	3.235	0.00	否	234	4.933	0.00	否
LEV	222	1 170.19	0.00	否	234	6.451	0.00	否
PREOP	222	0.476	0.00	否	234	6.190	0.00	否
SWITCH	222	0.311	0.00	否	234	6.589	0.00	否
AGE	222	4.623	0.00	否	234	2.677	0.00	否

表 6. 6   **2010 年和混合样本 K – S 检验结果**

指标	2010 年				混合样本			
	N	Kolmogorov-Smirnov Z	渐近显著性（双侧）	是否符合正态分布	N	Kolmogorov-Smirnov Z	渐近显著性（双侧）	是否符合正态分布
DA	232	6. 727	0. 00	否	690	10. 171	0. 00	否
EM	232	4. 502	0. 00	否	690	9. 372	0. 00	否
EPS	232	3. 210	0. 00	否	690	6. 301	0. 00	否
R	232	6. 412	0. 00	否	690	9. 943	0. 00	否
TAR	232	2. 808	0. 01	否	690	4. 063	0. 01	否
CR	232	5. 551	0. 00	否	690	9. 089	0. 00	否
LEV	232	5. 516	0. 00	否	690	11. 090	0. 00	否
PREOP	232	6. 090	0. 00	否	690	10. 717	0. 00	否
SWITCH	232	8. 079	0. 00	否	690	13. 150	0. 00	否
AGE	232	2. 430	0. 00	否	690	3. 722	0. 00	否

从以上检验可以得出，选取的各项指标在不同年度，双尾检验的显著性水平均小于 0. 05，可见总体样本不符合正态分布。

（二）均值差异检验（Mann – Whitney U 检验）

根据单样本 K – S 检验结果得知，总体样本不符合正态分布，因此可以运用非参数检验的两个独立样本 Mann – Whitney U 检验来检验非标公司（OP = 1）和标准公司（OP = 0）的可控应计利润、非经常性损益比利润、上期审计意见类型、事务所变更与否、上市时间以及获利能力、资产管理能力和偿债能力等财务和非财务指标是否存在显著性差异。Mann – Whitney 检验如表 6. 7 和表 6. 8 所示。

表 6. 7   **2008 年和 2009 年 Mann – Whitney U 检验结果**

指 标	2008 年		2009 年	
	Z	渐近显著性（双侧）	Z	渐近显著性（双侧）
DA	− 4. 981	0. 000	− 4. 893	0. 000
EM	− 6. 085	0. 000	− 6. 616	0. 000
EPS	− 7. 324	0. 000	− 8. 662	0. 000
R	− 9. 407	0. 000	− 10. 181	0. 000
TAR	− 6. 402	0. 000	− 5. 602	0. 000
CR	− 9. 112	0. 000	− 9. 878	0. 000
LEV	− 9. 144	0. 000	− 9. 243	0. 000
PREOP	− 9. 597	0. 000	− 11. 043	0. 000
SWITCH	− 2. 294	0. 026	− 3. 622	0. 000
AGE	− 5. 042	0. 000	− 6. 611	0. 000

表6.8　　　　　　　　**2010 年和混合样本 Mann – Whitney U 检验结果**

指 标	2010 年		混合样本	
	Z	渐近显著性（双侧）	Z	渐近显著性（双侧）
DA	− 4.338	0.000	− 6.219	0.000
EM	− 5.584	0.000	− 10.593	0.000
EPS	− 5.469	0.000	− 12.422	0.000
R	− 8.302	0.000	− 16.124	0.000
TAR	− 4.466	0.000	− 8.325	0.000
CR	− 7.907	0.000	− 15.575	0.000
LEV	− 7.355	0.000	− 14.865	0.000
PREOP	− 12.014	0.000	− 18.947	0.000
SWITCH	− 2.368	0.018	− 4.246	0.000
AGE	− 2.764	0.006	− 8.094	0.000

根据表6.7 和表6.8 可以得出 2008 ~ 2010 年 Mann – Whitney U 检验结果以下结论：

非标公司与标准公司的可控应计利润和非经常性损益比利润等盈余管理指标、盈利能力和资产管理能力、偿债能力等指标以及上期审计意见类型、上市年限、事务所是否变更等其他变量，显著性水平远小于0.05，各项指标之间存在显著差异。

三、Logistic 回归分析

采用 Logistic 模型对各自变量与审计意见类型进行回归分析，能够判断各自变量对审计意见类型的影响程度和方向。由于 Logistic 模型对多重共线性敏感，需要通过剔除变量以消除多重共线性。在进行回归前，首先对各变量的共线性进行检验，2008、2009 和 2010 年以及三年混合样本的方差膨胀因子 VIF 值均小于10，说明这些变量之间不存在多重共线性，可以全部进入回归模型分析。

采用 SPSS17.0 提供的 Enter 的方法，对各变量与审计意见类型进行回归，确定各变量影响非标审计意见的程度和方向。Logistic 模型回归结果见表6.9。

表6.9　　　　　　　　**Logistic 模型回归结果（Enter）**

变量	2008 年		2009 年		2010 年		混合数据	
	估计值	VIF	估计值	VIF	估计值	VIF	估计值	VIF
DA	1.097 *	1.261	1.143	1.225	4.583	1.868	0.707 **	1.055
EM	0.104	1.059	0.105 *	1.076	0.215 **	1.100	0.120 ***	1.041

续表

变量	2008 年		2009 年		2010 年		混合数据	
	估计值	VIF	估计值	VIF	估计值	VIF	估计值	VIF
EPS	− 1.954 ***	1.134	− 1.575 **	1.461	0.745	2.018	− 1.417 ***	1.152
R	− 0.839 *	1.740	− 0.921 *	2.145	− 1.619 **	1.769	− 1.028 ***	1.677
TAR	− 0.623	1.085	− 1.324 *	1.160	− 0.511	1.198	− 0.253	1.053
CR	− 0.058	1.199	− 0.222	1.137	0.028	1.111	− 0.006	1.072
LEV	0.018	1.158	0.009	1.113	0.021 *	1.302	0.013 **	1.078
PREOP	2.985 ***	1.729	3.304 ***	1.851	6.097 ***	1.406	3.995 ***	1.589
SWITCH	− 1.190	1.096	− 0.671	1.098	− 0.001	1.094	− 0.582	1.046
AGE	0.026	1.274	0.072	1.447	− 0.047	1.135	0.028	1.177
Constant	− 1.076		− 0.592		− 1.551		− 1.283	
Model Chi-square	184.212 ***	0.000	2180.175 ***	0.000	220.829 ***	0.000	593.208 ***	0.000
Nagelkerke R^2	0.752		0.809		0.814		0.769	

注：*、**、*** 分别表示统计显著水平为 0.1、0.05、0.01。

表6.9回归结果表明，非经常性损益比利润与非标准审计意见正相关；2008年可控应计利润、2009年和2010年非经常性损益比利润与非标准审计意见分别在0.1和0.05水平下显著正相关；三年混合数据的可控应计利润和非经常性损益比利润与非标准审计意见在0.05和0.01水平下显著正相关；说明这两个指标越高，被出具非标审计意见的可能性越大，基本证实了假设2和假设3，审计意见类型能够在一定程度上反映盈余管理，盈余管理的程度与非标准审计意见正相关，也证实了假设1。2008年、2009年和三年混合数据的每股收益与非标准审计意见显著负相关，即每股收益越小，收到非标准意见审计报告可能性越大；调整净资产收益率（R）2008年、2009年在0.1水平下负相关，2010年和三年混合数据在0.05和0.01显著水平下负相关，说明公司经营情况越好，盈利能力越强，收到非标准审计意见的可能性越小。从2010年和混合数据看，资产负债率与非标审计意见显著正相关，说明公司资产负债率越大，偿债能力越弱，收到非标准审计意见的可能性越大。资产周转率、流动比率和事务所是否变更与非标准审计意见负相关，但不显著；上市年限与非标准意见正相关，不显著；上期审计意见类型与被出具非标准意见显著正相关，即上期是非标准意见的上市公司本期被出具非标准意见的可能性大。从表6.9还可以看出，2008年非经常性损益比利润和2009年、2010年的可控应计利润不显著。

第四节　相关结论与对策

一、相关结论

实证研究表明，被出具非标准审计意见的上市公司的可控应计利润和非经常性损益比利润较高，与非标准审计意见正相关，不同年度的显著性不同，说明非标准审计意见在一定程度上能够反映盈余管理程度。盈利能力和资产管理效率以及偿债能力等比较差的公司，更容易被出具非标准审计意见。在 2008 ~ 2010 年被出具非标准审计意见的 347 家上市公司中，有 141 家上市公司的净资产为负数，占非标审计意见的 41%，这些公司已资不抵债，净资产收益率毫无意义，也可以看出，审计师在出具审计意见时，更为关注公司的盈利能力、偿债能力等与持续经营能力有关的指标。

二、对策

提高会计信息披露和审计质量，降低盈余管理的程度，应当从制度建设、上市公司和注册会计师行业等方面着手：

1. 制度建设方面

会计准则留有较多的选择性和真空地带，是企业粉饰财务报表的重要原因。要防范财务报表的粉饰，就应当不断规范和完善会计准则和会计制度，尽可能地减少可供企业选择的余地，企业会计准则和会计制度应当随着经济发展的变化而变化，增加信息披露的明细项目，通过表外披露在财务报告中提供更多相关的信息，尽量减少真空地带，为投资者提供更为详细的决策依据。

2. 上市公司方面

加强对经营者的职业道德教育，让他们从思想上认识盈余管理的弊端；不断健全或完善公司治理结构，形成内部制约和监控机制，抑制盈余管理事件的发生。推行股票期权计划和民事赔偿制度，建立和健全有效的激励约束制度。

3. 注册会计师行业方面

充分发挥注册会计师行业的监管作用，降低信息不对称的程度，维护证券市场的健康和有序发展，要求注册会计师行业提供诚信、客观、公正的专业服务。注册会计师行业的公正、诚信主要靠自我约束来实现，这就需要加强行业管理与自律机制的建设。具体来说，要强化注册会计师的审计独立性，不断完善注册会计师行业的法规建设，加强对注册会计师审计的监管，强化注册会计师的风险意识，提高注册会计师的职业道德水平。

第七章 公司治理与审计意见

第一节 相关理论分析与研究假设

一、理论分析

1. 公司治理理论

(1) 公司治理的概念

公司治理又称为公司治理结构或法人治理结构。公司治理所要解决的问题是现代企业所有权和经营权分离所产生的委托代理问题。对公司治理的内涵研究已有上百年历史，由于国内外学者在进行相关研究时采取的角度不同，到目前为止还没有一个统一的定义。公司治理有狭义和广义之分，狭义的公司治理是指有关董事会的功能、董事会的结构、股东的权力等方面的制度安排；广义的公司治理是指有关公司控制权或剩余权分配的一整套法律、文化和制度安排。

(2) 公司治理的组成

现代企业是利益相关者之间组成的一组契约，利益相关者共同拥有着企业的剩余索取权与控制权。他们通过剩余索取权的分配来实现自己的利益，通过控制权的分配来相互制约。公司治理的相关利益主体包括内部利益相关者和外部利益相关者两个方面，主要有股东、经理、债权人、社会公众、政府等，因此公司治理结构包括内部治理结构和外部治理结构两部分。

①内部治理结构

公司的内部治理结构是指公司的出资者为保障投资收益，就控制权在由出资者、董事会和高级经理人员组成的内部结构之间进行分配所达成的制度安排，也就是说，公司治理结构是直接通过股东大会、董事会和经理层等公司内部的决策和执行机制发挥作用的。内部治理结构主要包括股东大会、董事会、执行机构

（由高层经理人员组成）和监事会。这些要素之间相互制约，来解决所有权和经营权分离的情况下产生的代理问题。

②外部治理结构

外部治理结构是指公司的出资者通过市场机制对经营者进行控制，以确保出资者的投资收益，即公司治理结构是通过公司外部的市场机制发挥作用的。外部治理结构包括产品市场、资本市场、经理市场、兼并市场等。这些市场之间存在激烈的竞争，从而给经理人员以很大的压力。公司若经营不善，在产品市场上的份额会下滑，在资本市场上公司股价会下跌，公司筹资会发生困难，在兼并市场上可能被其他公司接管兼并，在经理市场上提供了一个成本较低廉的对经营者的惩罚机制。本章所研究的公司治理是内部公司治理。

2. 内部公司治理对会计信息披露的影响

会计信息披露质量的高低，决定了审计意见的类型，公司治理对会计信息披露的质量起着至关重要的作用。

内部公司治理是公司治理的主体，一方面利用企业管理层披露的会计信息对企业管理者进行约束和激励，将股东会从形式性控制转变为实质性控制，形成股东会监控董事会，董事会监控经理层的格局，提高决策效率和监控能力；另一方面，因为内部监控机制的特殊地位，有义务保证企业的会计信息系统向股东会、董事会、监事会及外界披露充分、及时、准确的会计信息。以下将从股权结构和董事会特征方面探讨内部公司治理对会计信息披露的影响。

（1）董事、管理层的持股比例对会计信息披露质量的影响

管理层的决策会影响拥有一定股权董事的财富，对于董事而言，股权是较好的激励动力，会促使他们去主动监督管理层，提高会计信息披露质量。比斯利（Beasley，1996）[48]发现财务报告虚假事件与董事会非执行董事所持股权负相关。从对管理层的激励角度来看，管理层入股可以在一定程度上减小委托人与代理人之间的目标函数差异，减弱管理层利用信息强势地位进行盈余操纵的动机。沃菲尔德艾等（Warfield et al.，1995）[114]发现当管理人员入股或机构所占股权增加时会降低代理人的成本，因此也减少了经理人员操纵盈利数字的可能性。我国上市公司的大部分董事为国有股权的代表，管理层是由行政任命的，两者持股的比例较少，难以形成产权的激励。允许董事与管理层持有较高股权比例，调整经理层的利益目标函数可以缓解外部股东与经理层的利益冲突，降低经理层操纵利润的动机，提高会计信息披露质量。

（2）股权集中度对会计信息披露的影响

在同一资本市场内，不同的股权集中度会产生不同质量的会计信息。我国上市公司股权的最大特点就是国有控股，社会流通股权比例较小且过于分散，机构

投资者所占比重少。资本市场发展不完善，外部的监督力量有限，普遍存在控股股东侵害外部中小股东利益的行为。因此，上市公司股权的相对分散可能更有利于引进监督力量，提高会计信息披露质量。

（3）独立董事制度对会计信息披露质量的影响

独立董事制度的执行对上市公司会计信息披露的质量有很大的影响，这些影响很大程度上取决于独立董事的独立性。独立董事的独立性强，对公司会计信息披露行为的监督就会客观公正，保障信息披露的质量，有利于保护利益相关者的利益；反之，独立董事一旦丧失独立性，被内部人所控制，就失去了对信息披露的监督作用，就有可能损害到投资者尤其是中小股东的利益。

独立董事制度对会计信息披露质量的影响，体现在以下几点：

①有权向董事会提议聘用或解聘会计师事务所，保证财务报告的质量。证监会颁布的《关于在上市公司建立独立董事制度的意见》规定，独立董事除了应当具有公司法和其他相关法律、法规赋予董事的职权外，还具有向董事会提议聘用和解聘会计师事务所的特别职权。独立董事还可以检查注册会计师在审计过程中发现的问题以及公司管理部门对这些问题的反应，如果问题没有得到纠正，应当向公司董事会提出。也就是说，独立董事对会计师事务所的聘用、解聘和对所发现问题的解决、落实起着重要的作用，能够保证会计信息披露的质量。

②指导内部审计，保证公司内部的会计信息质量。独立董事能够检查内部审计的职责说明、目标及政策，检查年度审计计划，检查内部审计有无完成审计计划的经验和资源，加强对内部审计业务的指导，详细了解公司内部控制程序的执行情况。独立董事对内部审计工作的督导，无疑是保证会计信息披露质量的重要因素。

③审查公司重大关联交易，防范利润操纵。《关于在上市公司建立独立董事制度的意见》中规定上市公司重大关联交易应由独立董事确认后，提交董事会讨论。独立董事被赋予了审查重大关联交易的特权，能够约束"内部人"利用关联交易虚增利润或隐瞒资产的行为，从上市公司内部避免利用关联交易肆意操纵利润，从而提供比较真实客观的会计信息。

④在公司董事、高级职员的任免以及薪金制定等方面有权利发表独立意见并予以披露，给公司内部的董事会及管理层的组成增加了约束力量。

3. 公司治理与审计意见的关系

公司治理是保证会计信息披露质量的制度保障。在良好的内部公司治理环境下，公司的各项规章制度能够得以有效实施，内部控制制度能够得以有效运行，从而能够合理地保证公司财务报告的可靠性、公司经营的效率和效果以及公司对法律法规的遵守。财务报告审计是对会计信息披露质量的鉴证，财务报告的审计意见是注册会计师对被审计单位的财务报表是否在所有重大方面按照适用的财务报告编制基础编制，公允反映了被审计单位的财务状况、经营成果和现金流量，实施审计后所形成的意见。公司治理的完善程度关系到会计信息披露的质量，不同的审计意见类型可以反映出会计信息披露质量的高低。

二、研究假设

根据以上论述得知，会计信息质量越高，其财务报告被出具非标准审计意见的可能性越小；公司治理做得越好，其会计信息质量越高。因此，提出如下假设：

假设1：公司治理状况越好，其年度财务报告被出具非标准审计意见的可能性越小。

假设2：股权结构影响公司治理，影响会计信息披露的质量和审计意见的类型。

假设3：董事会特征、监事会规模、管理层持股比例和高管是否变更，影响公司治理的质量，进而影响审计意见的类型。

假设4：公司治理会影响企业的财务指标，进而影响审计意见类型。

财务指标是经营绩效的基础，公司治理做得越好，公司的绩效越好，越不容易出现持续经营方面的问题。因此，财务指标影响审计意见的类型。

第二节　研究设计

一、样本选取

2009年和2010年的年度财务报告被出具非标准审计意见的上市公司均为118家，剔除了B股、资产总额为零和数据不全的上市公司后，实际选取2009年101家和2010年97家年报被出具非标准审计意见的上市公司作为研究样本（以下简称为非标公司），以相应年度被出具标准审计意见的上市公司作为控制样本（以下简称为标准公司），进行对比分析。

选择控制样本的标准是：

（1）标准公司与非标公司的资产规模相近；

（2）标准公司与非标公司的行业相同（行业以中国证监会发布的行业分类为准）。

所选取的非标公司年度财务报告的审计意见类型分布情况见表7.1。

表7.1   2009年和2010年非标公司年度财务报告审计意见类型分布情况

审计意见类型	年 度				合 计	
	2009年		2010年			
	企业数	比率（%）	企业数	比率（%）	企业数	比率（%）
带强调事项段的无保留意见	72	71.29	71	73.20	143	72.22
保留意见	12	11.88	20	20.62	32	16.16
否定意见	0	0.00	0	0	0	0.00
无法表示意见	17	16.83	6	6.19	23	11.62
合计	101	100.00	97	100.00	198	100.00

从表7.1可以看出，非标公司年度财务报告的审计意见类型主要是带强调事项段的无保留意见，这些强调事项段主要是因非标公司存在的重大不确定性事项和导致注册会计师对其持续经营能力存在疑虑的事项而增加的说明段，以提醒财务报告使用者关注。实际上，财务报告的审计意见类型不仅决定于其披露质量，还取决于公司有无需要增加强调事项段的重大不确定性事项和企业的持续经营能力。

二、变量的设定

1. 因变量的设定

在研究中采用Logistic回归模型，设定审计意见类型（OP）为因变量。上市公司年报被出具标准审计意见时取值为0，被出具非标准审计意见时取值为1。

2. 自变量的设定

研究中设定股权结构、董事会、监事会和管理层以及财务等方面的指标为自变量。

（1）股权结构方面

股权结构包括股权性质和股权的数量。股权结构的合理与否，直接影响公司治理的效果和会计信息披露的质量。

①第一大股东性质。根据上市公司年报中对第一大股东性质的表述，第一大股东主要有国家、国有法人、境内非国有法人、境内自然人和境外法人等。肖作平（2006）[56]研究发现第一大股东的性质为国家股的公司，其审计质量显著低于第一大股东为其他性质的公司。本书在研究中将第一大股东为国家和国有法人的

统称为国有股。

②流通股比率。对于流通股的股东而言，公开发布的财务报告和审计报告是其了解公司信息和做出投资决策的重要信息来源。流通股的比例越高，审计报告的外部使用者就越多，注册会计师承担的社会责任和诉讼风险就越大，注册会计师审计得就越谨慎、越认真，就越有利于制约管理层的舞弊行为，促进财务报告质量的提高。

③大股东持股比例。李平、曲岩（2010）[115]的研究表明第一大股东的绝对控股会影响审计意见的类型，第一大股东持股比例较大使得上市公司被出具非标准审计意见的可能性很小。胡卉芳（2010）[116]的研究表明第二至第十大股东持股比例越高，上市公司就越有可能被出具非标准审计意见。蔡玉龙（2005）[117]通过分析收入与成本模型，认为机构投资者持有的股份具有一定规模是机构投资者对上市公司进行监控的原动力。林斌和饶静（2009）[118]根据信号传递理论，得出高质量公司的管理层有动机将公司高品质的信号及时传递给投资者的结论。因此，选择第一大股东持股比例、第二至十大股东持股比例、前十大股东中机构持股比例作为自变量。

④股权均衡度。股权均衡度指标可以用来表示股权集中度，其计算公式为：股权均衡度 = 前五大股东持股总数/第一大股东持股数。该指标可以衡量第二大到第五大股东相对第一大股东的势力强弱，其数值介于 1~5，该值越接近于 5，股权越分散，股东之间越能相互制衡；股权均衡度越接近于 1，说明股权较集中，股东之间不能相互制衡。

（2）董事会、监事会和管理层方面

董事会负有对财务报告编制过程的监督责任；监事会是在公司内部、董事会之外设置的一个制衡机构，具有检查公司财务的职能；管理层负责财务报告的编制。董事会、监事会和管理层能够影响财务报告披露的质量，进而影响审计意见的类型。

①董事会规模。董事会规模是指构成董事会的董事人数总和。对于董事会规模问题，学术界有两种观点：一种观点认为规模相对较小的董事会有利于提高治理效率，如蔡宁、梁丽珍等（2003）[119]认为，上市公司董事会规模越大，进行财务舞弊的可能性越大。另一种观点认为，规模相对较大的董事会更有助于治理效率的提高。如王宗军、王山慧和田原（2010）[120]的研究发现，国外一些学者比较赞同大规模董事会的作用，认为大规模董事会提供了更深层次的和更广泛的决策咨询，帮助董事会实现决策的科学化，帮助企业获得必要的资源，减少了信息的不对称，有助于建立企业良好的外在形象，降低了 CEO 控制董事会的可能性，从而能有效减少企业的交易成本。

②独立董事比例。独立董事比例代表董事会的独立性。例如，比斯利（Beasley, 1996)[48]、刘立国和杜莹（2003）[51]等认为，独立董事占董事会的比例越大，公司越不容易发生财务报告舞弊。

③两职合一。董事长、副董事长或董事与总经理由同一人担任是国内公司普遍存在的现象。根据代理理论，两职合一使董事会的独立性受损，削弱董事会的控制作用，导致总经理的权力膨胀，总经理为了利用审计意见传递自己良好经营业绩的信息，有强烈获取标准审计意见的动机和能力。在研究中将两职合一分为两职完全合一、两职部分合一和完全分离三种，即董事长和总经理为同一人时界定为两职完全合一，总经理和副董事长或董事为同一人时界定为两职部分合一，总经理在董事会不担任任何职务时界定为完全分离。

④董事会会议次数。董事会会议次数对审计意见的影响，学术界存在两种观点。一种观点认为，足够的工作时间是董事履行监督职能的基本条件之一，董事会会议次数多，董事们的沟通联系就多，董事会职责履行得就好，经理层报表粉饰的可能性就会减小，能够提高会计信息披露的质量，降低被出具非标准审计意见的可能性。另一种观点认为，董事会会议往往不是公司的事前反应，而是常常在危机时频繁发生，是董事会对公司遇到困境时的一种被动的反应。

⑤监事会规模。我国《公司法》赋予了监事会内部监控职能，监事会人数的多少对会计信息披露质量的高低有一定影响，也影响审计意见的类型。

⑥管理层持股比例。管理层持股比例的大小会影响他们与公司利益的一致性程度，管理层持有本公司的股权，有利于管理水平的提高。当管理层持股比例增加时，管理层在采取偏离上市公司股东财富最大化行为的同时，会使自身在股票市场上的收益受到影响，会提高其违规行为的成本。同时，要保持自己的股票价值就要保持公司良好的业绩与发展前景，当管理者修饰财务报告的劳动付出远小于努力经营的付出时，就会粉饰财务报告，虚假的财务报告会被出具非标准审计意见。

⑦高管是否变更。刘晶（2003）[121]和张涛（2005）[122]对 ST 公司高管更换的影响因素进行了研究，考虑了审计意见对 CEO 变更的影响，认为高管（包括董事长、总经理）变更与审计意见不相关。蒋荣等人（2007）[123]的研究表明，上市公司高管变更与非标准审计意见显著相关。

（3）财务指标方面

在研究公司治理与审计意见的关系时，应尽可能多地考虑其他影响因素，以避免估计结果的偏离，掩盖公司治理与审计意见之间的真实关系。陈祖英、刘银国和朱龙（2010）[124]的研究表明，公司治理水平与企业价值、公司绩效存在着显著相关性。因此，研究中选取了每股收益、每股净资产、总资产周转率、流动资产周转率、现金流量债比、流动比率和资产负债率等反映上市公司获利能力、资产管理能力和偿债能力的财务指标作为控制变量。各变量的定义见表 7.2。

表7.2　　　　　　　　　　　　　　　　变量定义

	变量名称	变量符号	变量说明
因变量	审计意见类型	OP	非标准审计意见为1，标准审计意见为0
自变量	流通股比例	X_1	非限售股份/总股份数
	第一大股东性质	X_2	国有为1，境内非国有法人为2，境内自然人为3，境外法人为4
	第一大股东持股比例	X_3	第一大股东持股/总股份数 * 100%
	第二至十大股东持股比例	X_4	第二至十大股东持股总数/股份总数 * 100%
	前十大股东中机构持股比例	X_5	前十大股东中机构持股数/股份总数 * 100%
	股权均衡度	X_6	前五大股东持股总数/第一大股东持股数
	董事会规模	X_7	董事会的总人数
	独立董事比例	X_8	独立董事/董事会总人数
	监事会规模	X_9	监事会总人数
	年内召开董事会的次数	X_{10}	召开董事会的总次数
	两职合一	X_{11}	两职完全合一为2，两职部分合一为1，完全分离为0
	管理层持股比例	X_{12}	管理层持股/总股份数 * 100%
	高管是否变更	X_{13}	变更为1，不变更为0
	每股收益	X_{14}	净利润/发行在外的普通股流通数
	每股净资产	X_{15}	净资产/普通股股数
	总资产周转率	X_{16}	销售收入/平均总资产 * 100%
	现金流量债务比	X_{17}	经营活动现金净流量/负债
	流动比率	X_{18}	流动资产/流动负债
	资产负债率	X_{19}	负债/总资产 * 100%

三、检验模型

为了实证公司治理与审计意见的关系，采用 Logistic 模型进行回归分析，将审计意见类型（OP）的概率记为 P。构建的 2 个模型分别为：

$$\ln\left(\frac{P}{1-P}\right) = \beta_{01} + \beta_1 X_1 + \beta_2 X_2 + \beta_3 X_3 + \beta_4 X_4 + \beta_5 X_5 + \beta_6 X_6 + \beta_7 X_7 + \beta_8 X_8 +$$

$$\beta_9 X_9 + \beta_{10} X_{10} + \beta_{11} X_{11} + \beta_{12} X_{12} + \beta_{13} X_{13} + \varepsilon_{01} \quad (1)$$

$$\ln\left(\frac{P}{1-P}\right) = \beta_{02} + \beta_1 X_1 + \beta_2 X_2 + \beta_3 X_3 + \beta_4 X_4 + \beta_5 X_5 + \beta_6 X_6 + \beta_7 X_7 + \beta_8 X_8 +$$

$$\beta_9 X_9 + \beta_{10} X_{10} + \beta_{11} X_{11} + \beta_{12} X_{12} + \beta_{13} X_{13} + \beta_{14} X_{14} + \beta_{15} X_{15} +$$

$$\beta_{16} X_{16} + \beta_{17} X_{17} + \beta_{18} X_{18} + \beta_{19} X_{19} + \varepsilon_{02} \quad (2)$$

第三节　实 证 分 析

由于不同年度和不同上市公司所处的环境不同，致使非标公司和标准公司的同一指标数值和差异也不同，以下分别对 2009 年、2010 年以及两年的混合数据进行描述性分析和回归分析，以实证这两类公司的上述指标对审计意见的影响。

一、描述性统计分析

1. 公司治理指标描述性统计分析

公司治理指标描述性统计结果见表 7.3。由表 7.3 可以看出，在 2009 年和 2010 年的同一指标中，标准公司与非标公司的均值、中位数、标准差、最大值和最小值不同，其差异的大小不同，有些指标差异的方向也不同，两年混合数据可以综合反映两种意见类型上市公司的治理指标情况。

表 7.3　　　　　　　　　　　公司治理指标描述性统计结果

指标	年度	均值		中位数		标准差		最大值		最小值	
		非标	标准	非标	标准	非标	标准	非标	标准	非标	标准
流通股比率	2009	71.360	69.30	71.050	75.970	22.436	31.728	100.00	100.00	14.200	0.000
	2010	78.039	73.147	79.968	87.090	21.148	32.268	100.00	100.00	29.285	0.000
	混合	74.632	71.185	72.874	81.430	22.015	31.970	100.00	100.00	14.200	0.000
第一大股东性质	2009	1.733	1.762	2.000	2.000	0.646	0.873	4.000	4.000	1.000	1.000
	2010	1.711	1.979	2.000	2.000	0.706	0.935	4.000	4.000	1.000	1.000
	混合	1.722	1.869	2.000	2.000	0.675	0.908	4.000	4.000	1.000	1.000
第一大股东持股比例	2009	27.545	32.896	25.170	29.900	12.773	13.663	72.366	75.720	3.640	11.920
	2010	27.017	31.834	25.510	31.790	12.065	12.526	60.120	57.270	4.440	8.410
	混合	27.286	32.376	25.310	30.045	12.403	13.096	72.366	75.720	3.640	8.410
第二至十大股东持股比例	2009	27.545	32.896	25.170	29.900	12.773	13.663	72.366	75.720	3.640	11.920
	2010	16.685	22.945	14.738	21.809	10.026	13.371	41.941	55.797	1.662	1.811
	混合	17.092	22.756	16.739	21.866	9.996	14.058	44.614	72.728	1.448	1.811
前十大股东中机构持股比例	2009	12.263	14.710	6.021	8.794	13.310	16.499	55.752	80.000	0.000	0.000
	2010	11.116	12.942	5.477	9.633	12.092	14.561	40.252	60.928	0.000	0.000
	混合	11.701	13.844	5.922	9.475	12.709	15.566	55.752	80.000	0.000	0.000
股权均衡度	2009	1.651	1.683	1.569	1.558	0.512	0.570	3.362	4.801	1.029	1.020
	2010	1.654	1.685	1.525	1.571	0.551	0.524	3.409	3.551	1.021	1.023
	混合	1.653	1.684	1.549	1.567	0.530	0.547	3.409	4.801	1.021	1.020

续表

指标	年度	均值		中位数		标准差		最大值		最小值	
		非标	标准	非标	标准	非标	标准	非标	标准	非标	标准
管理层持股比例	2009	1.004	6.217	0.000	0.001	7.400	18.513	68.091	84.794	0.000	0.000
	2010	0.138	8.540	0.000	0.000	0.898	18.890	8.522	74.904	0.000	0.000
	混合	0.580	7.355	0.000	0.001	5.327	18.687	68.091	84.794	0.000	0.000
董事会规模	2009	8.812	8.901	9.000	9.000	1.869	1.942	15.000	20.000	4.000	5.000
	2010	8.557	8.804	9.000	9.000	2.046	2.070	19.000	19.000	4.000	5.000
	混合	8.687	8.854	9.000	9.000	1.957	2.001	19.000	20.000	4.000	5.000
独立董事比例	2009	36.958	35.764	33.333	33.333	5.029	5.821	50.000	55.556	25.000	0.000
	2010	37.127	36.887	33.333	33.333	5.873	4.829	60.000	50.000	22.222	30.000
	混合	37.041	36.314	33.333	33.333	5.446	5.374	60.000	55.556	22.222	0.000
监事会规模	2009	3.871	3.792	3.000	3.000	1.180	1.098	8.000	7.000	2.000	2.000
	2010	3.753	3.412	3.000	3.000	1.173	0.944	9.000	8.000	2.000	3.000
	混合	3.813	3.606	3.000	3.000	1.175	1.040	9.000	8.000	2.000	2.000
年内董事会议次数	2009	8.535	7.307	8.000	7.000	4.277	3.123	33.000	25.000	1.000	2.000
	2010	8.433	7.990	8.000	8.000	3.382	2.991	21.000	22.000	3.000	3.000
	混合	8.485	7.641	8.000	7.000	3.855	3.071	33.000	25.000	1.000	2.000
两职合一	2009	0.941	1.109	1.000	1.000	0.661	0.598	2.000	2.000	0.000	0.000
	2010	0.990	0.845	1.000	1.000	0.621	0.507	2.000	2.000	0.000	0.000
	混合	0.965	0.980	1.000	1.000	0.640	0.570	2.000	2.000	0.000	0.000
高管是否变更	2009	0.495	0.277	0.000	0.000	0.502	0.450	1.000	1.000	0.000	0.000
	2010	0.474	0.536	0.000	1.000	0.502	0.501	1.000	1.000	0.000	0.000
	混合	0.485	0.404	0.000	0.000	0.501	0.492	1.000	1.000	0.000	0.000

注："非标"表示年报被出具非标准意见的公司，"标准"表示年报被出具标准意见的公司。

在股权结构指标中，与标准公司相比，2009年非标公司流通股比例的中位数和标准差值较小；第一大股东持股比例、第二至十大股东持股比例和前十大股东中机构持股比例的均值、中位数、标准差、最大值和最小值均小；第一大股东性质和股权均衡度的均值、标准差略小且差距不大。2010年和两年混合数据与2009年的情况基本相同。可以看出，股权分散上市公司的年度财务报告被出具非标准审计意见的可能性大。

在董事会、监事会和管理层指标中，与标准公司相比，2009年管理层持股比例的均值、标准差和最大值小，董事会规模较小，独立董事比例较大（符合我国董事会成员中应当至少包括1/3独立董事的规定），监事会规模较大，年内董事会议次数较多，两职合一略小，高管变更情况较多；2010年两职合一略大，高管变更情况较少，其他指标与2009年基本相同。两年混合数据中，非标公司的年内董事会议次数多，上市公司的管理层持股比例、董事会规模、两职合一和高管是否变更小，独立董事比例和监事会规模较大。可以看出，不同年度两类公司的上述指标差异不大、方向不同。

从两年两类审计意见类型的公司治理指标的描述性统计结果可以看出，两类审计意见公司治理指标均有差异，能够部分证实假设 2 和假设 1，进而证实了假设 1。

2. 财务指标描述性统计分析

财务指标描述性统计结果见表 7.4。从表 7.4 中 2009 年、2010 年和两年混合数据可以看出：与标准公司相比，非标公司的资产负债率较大，其均值大于100%，说明有部分上市公司已资不抵债；每股收益、每股净资产、总资产周转率、现金流量债务比、流动比率等财务指标值都较小，说明非标公司的获利能力、资产管理能力和偿债能力都较差。

通过两类审计意见类型的公司治理指标的描述性统计结果可以看出，财务指标影响审计意见类型，上市公司财务状况、经营成果越好，其年报被出具非标准审计意见的可能性越小。

表 7.4　　　　　　　　　　　财务指标描述性统计结果

指标	年度	均值		中位数		标准差		最大值		最小值	
		非标	标准	非标	标准	非标	标准	非标	标准	非标	标准
每股收益	2009	-0.342	0.225	-0.120	0.133	0.908	0.388	2.390	1.700	-4.210	-0.710
	2010	-0.027	0.274	0.018	0.180	0.442	0.285	1.540	1.230	-2.484	-0.403
	混合	-0.188	0.249	0.010	0.161	0.734	0.341	2.390	1.700	-4.210	-0.710
每股净资产	2009	-0.114	2.813	0.231	2.444	3.194	1.795	5.202	9.853	-23.961	0.054
	2010	0.226	3.349	0.416	2.911	2.514	2.170	5.627	11.214	-14.524	0.140
	混合	0.053	3.075	0.325	2.657	2.879	2.001	5.627	11.214	-23.961	0.054
总资产周转率	2009	0.413	0.731	0.287	0.649	0.423	0.487	2.304	2.338	0.000	0.002
	2010	0.555	0.761	0.419	0.684	0.584	0.503	2.798	2.931	0.000	0.001
	混合	0.482	0.746	0.342	0.659	0.512	0.493	2.798	2.931	0.000	0.001
现金流量债务比	2009	-5.830	0.229	0.004	0.158	58.871	0.600	0.629	2.715	-591.618	-3.216
	2010	-0.069	0.245	0.006	0.110	0.953	0.769	1.100	6.398	-9.107	-0.903
	混合	-3.008	0.237	0.005	0.128	42.048	0.687	1.100	6.398	-591.618	-3.216
流动比率	2009	0.651	2.599	0.422	1.557	0.716	5.408	4.496	53.450	0.000	0.196
	2010	1.296	3.200	0.599	1.860	3.810	4.057	36.802	29.713	0.002	0.304
	混合	0.967	2.894	0.509	1.715	2.727	4.791	36.802	53.450	0.000	0.196
资产负债率	2009	188.242	41.609	90.694	37.782	496.551	20.591	4 193.939	96.397	0.173	1.446
	2010	155.699	37.726	74.566	37.242	273.990	21.088	1 893.984	97.937	2.159	0.262
	混合	172.299	39.707	83.080	37.584	402.501	20.874	4 193.940	97.937	0.170	0.262

注：表中"非标"表示年报被出具非标准意见的公司，"标准"表示年报被出具标准意见的公司。

二、回归分析

1. 显著性检验

为了进一步确定各变量指标与审计意见的相关性，需要分别对 2009 年、2010 年和两年混合的各变量进行显著性检验。首先，采用 K‑S 正态性检验的判别法对各变量进行 K‑S 检验。检验表明在 0.05 的显著性水平下，第二至十大股东持股比例变量服从正态分布，其余变量均不服从正态分布。然后，对第二至十大股东持股比例变量进行两个独立样本的 T 检验，结果表明该变量对审计意见类型有显著的影响。另外，对其余的变量采用非参数检验法（Mann‑Whitney）进行显著性检验，结果表明在 0.05 的显著性水平下，第一大股东性质、前十大股东中机构持股比例、董事会规模和监事会规模对审计意见类型没有显著的影响，其余变量对审计意见类型有显著的影响。

2. Logistic 回归分析

Logistic 模型对多重共线性问题比较敏感，在对各变量进行回归前先进行了多重共线性检验，结果表明多重共线性 VIF 值均小于 10，说明各自变量之间的共线性并不严重，可将所有数据列入方程。

（1）公司治理指标与审计意见关系的 Logistic 回归结果

将 2009 年、2010 年和两年混合的公司治理指标分别代入模型（1），得出 Logistic 回归结果（见表 7.5）。

表 7.5　　　公司治理指标与审计意见关系的 Logistic 回归结果 （Enter）

指　标	2009 年		2010 年		混合数据	
	估计值	VIF	估计值	VIF	估计值	VIF
流通股比率	− 0.025 ***	1.735	− 0.036 ***	1.901	− 0.025 ***	1.751
第一大股东性质	0.050	1.425	− 0.100	1.366	− 0.045	1.385
第一大股东持股比例	− 0.062 ***	2.410	− 0.027	2.419	− 0.042 ***	2.296
第二至十大股东持股比例	− 0.071 **	4.815	− 0.155 ***	4.661	− 0.101 ***	4.372
前十大股东中机构持股比例	− 0.010	1.208	0.003	1.146	− 0.005	1.157
股权均衡度	0.231	5.206	2.434 **	5.196	1.087 **	4.866
董事会规模	0.013	1.235	− 0.191 *	1.530	− 0.051	1.326
独立董事比例	0.069 *	1.096	− 0.005	1.273	0.039	1.156
监事会规模	0.126	1.197	0.316 *	1.219	0.179	1.201
年内召开董事会会议次数	0.074	1.107	0.102 *	1.089	0.085 **	1.046

续表

指　标	2009 年		2010 年		混合数据	
	估计值	VIF	估计值	VIF	估计值	VIF
两职合一	− 0.512*	1.119	0.591*	1.043	− 0.004	1.038
管理层持股比例	− 0.019	1.859	− 0.428**	1.515	− 0.060***	1.611
高管是否变更	0.742**	1.156	− 0.014	1.091	0.366	1.055
常数	1.302		2.389		0.869	
Nagelkerke R 方	0.294		0.435		0.288	
卡方	50.345***		76.504***		96.389***	
正确百分比	71.3		72.7		70	

注:" *** "、" ** "、" * "分别表示在 0.01、0.05、0.1 的水平下显著。

从表 7.5 可以看出:

在股权结构方面:2009 年的流通股比率、第一大股东持股比例和第二至十大股东持股比例与非标准审计意见显著负相关。2010 年的流通股比率、第二至十大股东持股比例与非标准审计意见显著负相关,股权均衡度与非标准审计意见显著正相关。从两年混合数据来看,流通股比率、第一大股东持股比例和第二至十大股东持股比例与非标准审计意见显著负相关,股权均衡度与非标准审计意见显著正相关。也就是说,流通股比率越低、第一大股东和第二至十大股东持股比例越低、股权均衡度越高的上市公司,其年报越容易被出具非标准审计意见。

在董事会、监事会和管理层方面:2009 年的独立董事比例和高管是否变更与非标准审计意见分别在 0.1、0.05 和 0.01 水平下显著正相关,两职合一与非标准审计意见在 0.1 水平下显著负相关。2010 年的董事会规模和管理层持股比例在 0.1 水平下显著负相关,监事会规模、年内召开董事会会议次数和两职合一与非标准审计意见在 0.1 水平下显著正相关。从两年混合数据来看,年内召开董事会会议次数与非标准审计意见显著正相关,说明年报被出具非标准审计意见的上市公司存在的问题多,开会的次数也多;管理层持股比例与非标准审计意见显著负相关,说明年报被出具标准意见的公司,其管理层持股比例高,他们对公司业绩的关注程度高,公司的业绩要好。从以上结果还可以看出,在董事、监事和独立董事能力强、职业操守好的前提下,董事会规模、监事会规模和独立董事比例的大小会对公司治理有一定的影响,如果没有这一前提,这三个指标的大小不能说明公司治理的好坏。

回归结果表明,股权结构方面指标中流通股比率、第一大股东、第二至十大股东持股比例和股权均衡度影响审计意见类型,说明股权结构影响公司治理、会计信息披露的质量和审计意见的类型,能够较好地证实假设 2;部分董事会特征的指标影响审计意见类型,监事会规模对审计意见没有显著影响,管理层持股比例和高管是否变更在不同程度上影响审计意见的类型，能部分的证实假设3，从而证实了假设1。

（2）加入财务指标后的 Logistic 回归结果

将公司治理指标和反映财务状况、经营成果和现金流量的 6 个财务指标均代入模型（2），得出加入财务指标后的 Logistic 回归结果见表 7.6。

表 7.6 　　　　　　　加入财务指标后的 Logistic 回归结果（Enter）

指　标	2009 年		2010 年		混合数据	
	估计值	VIF	估计值	VIF	估计值	VIF
流通股比率	-0.007	1.887	-0.043 ***	2.020	-0.016 **	1.853
第一大股东性质	-0.135	1.474	-0.355	1.533	-0.275	1.423
第一大股东持股比例	-0.021	2.693	0.018	2.643	-0.005	2.495
第二至十大股东持股比例	-0.049	5.047	-0.087 *	5.186	-0.049	4.647
前十大股东机构持股比例	-0.023	1.236	0.005	1.201	-0.004	1.183
股权均衡度	0.567	5.291	1.512	5.434	0.576	4.934
董事会规模	0.173	1.279	-0.162	1.604	0.014	1.359
独立董事比例	0.103 *	1.127	0.007	1.313	0.048	1.182
监事会规模	0.096	1.227	0.305	1.262	0.141	1.222
年内召开董事会会议次数	0.097	1.177	0.064	1.110	0.088 **	1.077
两职合一	-0.579	1.169	0.866 *	1.070	-0.055	1.058
管理层持股比例	0.049 *	1.964	-0.382	1.633	0.007	1.708
高管是否变更	0.456	1.250	-0.593	1.135	-0.114	1.082
每股收益	-1.353 **	1.491	-0.855	1.583	-1.256 ***	1.434
每股净资产	-0.663 **	2.269	-0.805 ***	2.496	-0.627 ***	2.151
总资产周转率	-1.348 **	1.254	-0.577	1.210	-0.834 **	1.196
现金流量债务比	-0.135	1.113	-0.855	1.294	-0.776 **	1.047
流动比率	-0.613 **	1.087	-0.164	1.266	-0.158	1.105
资产负债率	0.015	1.739	0.019	1.914	.021 ***	1.631
常量	-2.901		3.158		-1.669	
Nagelkerke R 方	0.711		0.701		0.655	
卡方	153.954 ***		144.597 ***		267.906 ***	
正确百分比	86.6		84.5		83.3	

注："***"、"**"、"*"分别表示在 0.01、0.05、0.1 的水平下显著。

从表 7.6 可以看出，加入财务指标后，公司治理指标对审计意见影响的方向基本一致，显著性程度降低。

2009 年，从公司治理指标来看，独立董事比例和管理层持股比例与非标准审计意见在 0.1 水平下正相关；流通股比率、第一大股东性质、第一大股东持股比例、第二至十大股东持股比例和前十大股东机构持股比例与非标准审计意见负相关，不显著；股权均衡度与非标准审计意见正相关，不显著；董事会规模、监事会规模、年内召开董事会会议次数和高管是否变更与非标准审计意见正相关，不显著；两职合一与非标准审计意见负相关，不显著。从财务指标来看，每股收益、每股净资产、总资产周转率和流动比率与非标准审计意见在 0.05 水平下负相关。

2010 年，从公司治理指标来看，流通股比率和第二至十大股东持股比例分别在 0.01 和 0.1 水平下与非标准审计意见负相关；两职合一在 0.1 水平下与非标准审计意见正相关，其他指标不显著。从财务指标来看，每股净资产与非标准审计意见在 0.01 水平下负相关，其他指标不显著。

从两年的混合数据来看，在公司治理指标中，流通股比率和董事会会议次数在 0.05 水平下与非标准审计意见显著相关，流通股比率与审计意见类型负相关，董事会会议次数与审计意见类型正相关。在财务指标中，除流动比率外，其他五个指标均与非标准审计意见显著相关，说明上市公司盈利能力、资产管理能力、偿债能力以及公司的财务实力越强，其年报得到标准审计意见的可能性越大。

部分财务指标回归结果表明，财务指标影响审计意见类型，财务指标的基础是公司财务状况、经营成果，而公司的经营状况好坏决定于公司治理的好坏，所以证实了假设 4。

总的来说，公司治理水平受公司的绩效、财务报告披露质量、有无重大不确定事项和持续经营能力的影响。如果公司经营不好、有重大不确定事项、持续经营能力差或财务报告质量差，其公司治理水平就低，其财务报告被出具非标准审计意见的可能性就大。

第四节　相关结论与对策

一、主要结论

通过实证研究可以得出：

从股权结构指标来看，上市公司的流通股比率越高，其财务报告被出具非标准审计意见的可能性越小；在不同年度和是否加入控制变量的情况下，股权结构的其他指标显著性不同，与审计意见的关系不稳定，不是决定审计意见类型的主要因素。

从董事会、监事会和管理层指标来看，董事会会议次数多的上市公司出现的问题多，其财务报告被出具非标准审计意见的可能性大；董事会、监事会和管理层的其他指标与审计意见的关系不显著。

从上述实证还可以看出，公司治理的完善程度不仅需要有科学合理的公司治理结构，还取决于董事会、监事会和管理层人员的综合能力、职业操守和敬业精神。公司治理的完善程度体现了治理的效率和公司的经营绩效以及会计信息披露的质量，公司的治理越完善，无重大不确定事项，公司治理的效率和公司的绩效就越好，持续经营能力就越强，会计信息披露的质量就越高，年度财务报告在所有重大方面就能够按照适用的财务报告编制基础编制，公允地反映上市公司的财务状况、经营成果和现金流量，其年度财务报告就会被出具标准审计意见。

二、对策

通过对公司治理与审计意见的研究，发现上市公司的公司治理存在独立董事缺乏独立性、股权结构不合理和经理层未能尽职尽责等问题，解决这些问题的最好方法有以下几点：

1. 提高独立董事的独立性

相关监管部门不能只是简单地要求提高独立董事比例，更重要的是要提高独立董事的独立性，加强其业务素质并能充分发挥其监督职能。要防止独立董事的提名权和决定权都掌握在大股东手中，需要中小股东以及其他利益相关者也能参与其中。

2. 优化股权结构

优化股权结构的目的是保证内部监管部门监督职能的有效实施，改变当前我国公司治理结构的内部监管部门无法真正发挥监督职能的状况，减少第一大股东的持股比例，实现公司治理结构原本设计时的相互制衡意图，进一步完善会计师事务所的选聘制度，保证会计师事务所的独立性。

3. 建立规范的激励和约束机制

对于经理人员，不能只约束其权利，还需要对其进行有效的激励。适当增加高级管理层的持股比例，并要求在一定时间内不得转让，可以最大限度地发挥股票的长期激励效果，激励并且约束高管人员的行为，促使他们的利益与公司利益有更大的一致性。还可以适当调整高级管理层内部的薪酬差异，以强化激励的力度。

第八章　审计费用与审计意见

第一节　相关概念、理论基础和研究假设

一、相关概念

1. 审计费用

审计费用是指审计服务机构（会计师事务所）接受委托人（被审计单位）委托依法提供专业知识和技术审计服务，委托人按双方所在地根据地方财政部门、物价部门或行业协会规定就审计服务所达成的价格，向审计服务机构提供的审计服务支付的费用。

审计工作是监督企业经济活动的重要环节，会计师事务所出具的审计报告，一是对审计工作质量和注册会计师审计责任的证明；二是对企业财务状况的检查评定；三是政府有关部门判断企业财务报表公允性与合法性的依据；四是信息使用者对企业评估的标准。在现代经济活动中，会计师事务所与被审计单位之间的审计服务形成了供求关系，被审计单位就应对会计师事务所的审计服务支付相应的审计费用。

会计师事务所的审计服务费一般由三部分构成：一是会计师事务所在对被审计单位进行审计时，执行必要的审计程序和出具审计报告所需要的费用；二是预期会计师事务所的损失费用，包括对被审计单位的诉讼损失、恢复名誉的潜在成本等；三是会计师事务所的正常利润。除此以外，影响审计收费的因素还有审计市场竞争的强度、会计师事务所是否提供非审计服务、委托人财务主管的任期长短、是否签署保留意见的审计报告等。

2. 审计质量

审计质量是在独立的审计人员拥有专业胜任能力的基础上，对被审计单位财

务报表进行审计而产生的客观效果，其中既包含会计师事务所本身在执行审计工作时的效率及效果，也包含审计工作得出结果的质量，即审计意见的质量。

影响审计质量的因素很多，如上市公司方面影响审计质量的因素有上市公司的公司治理机制、内部控制、财务状况和经营成果等；会计师事务所方面影响审计质量的因素有会计师事务所的非审计服务、质量控制、规模、任期、法律责任等；审计市场方面影响审计质量的因素有供需和低价竞争等。

二、研究理论基础

研究审计费用与审计意见的理论基础是三角理论，亦被称作企业舞弊三角形理论。该理论由美国注册舞弊审核师协会的创始人艾伯伦奇特提出，认为企业舞弊的产生需要三个条件：压力、机会和借口，就像燃烧必须同时具备热度、燃料、氧气一样，缺一不可。

1. 企业舞弊的第一要素——压力

企业舞弊者的主要动机是自身产生的压力，这种压力与企业舞弊者的直接利益相关。企业舞弊的压力大致上可分为经济压力、工作压力两种。经济压力是指企业领导者为了提早上市、吸引更多的投资商投资，或者舞弊者本人的自身经济原因，最终导致舞弊行为的产生。工作压力是指企业上级领导授意的舞弊行为，若是拒绝领导的要求，会计人员就可能产生失去工作的威胁，这种压力会促使会计人员利用职务之便挪用公司的资产。

从舞弊者本身来讲，为了达到领导者的要求，只能在财务报表上作假，主要方法是设内、外账。企业的舞弊行为一旦被发现，会严重影响企业的声誉，使潜在投资者丧失信心拒绝投资。为了舞弊行为不被发现，企业在粉饰报表的基础上，会向会计师事务所支付高额的审计费用，希望其舞弊行为不被披露。这样一来，审计费用就成为被审计单位粉饰财务报表和购买审计意见的桥梁。

2. 企业舞弊的第二要素——机会

企业舞弊的机会主要有：

(1) 会计制度的原则性和会计政策的选择性，为舞弊者带来机会

由于地区行业的差异，国家在制定与会计有关的法律规范时只能做出原则性规定，这样一来，会计法律规范的可操作性大打折扣。目前在我国的会计法规中处理的技术标准更多的是定性标准，缺乏相应的定量标准，客观上为企业调节利润提供了空间。

会计政策的选择性为舞弊者进行舞弊提供了方便，如在固定资产折旧方法的

选择上，既可以用平均年限法也可以用加速折旧法等。由于会计政策的可选择性，为企业选择不当的会计政策和会计处理方法提供了机会。

（2）法律法规惩罚措施不健全，对舞弊者不能构成威慑

法律责任的缺陷是产生会计舞弊的又一重要因素，会计舞弊的产生在很大程度上取决于一定时期法律环境的具体情况。迄今为止，我国有关会计现行的法律法规中，重视行政及刑事的处罚，民事赔偿处罚尚未完善。会计法规中更多的是定性标准，缺乏相应的定量标准，不便于执法部门对会计舞弊行为的认定和管理。因此，出现违法行为后往往难以具体执行，这样一来，会使一些人无视法律法规，继续制造会计舞弊。

3. 企业舞弊的第三要素——借口

会计制度的原则性和会计政策的可选择性以及法律法规惩罚措施的不健全，为企业舞弊者找到了舞弊的借口。他们常用的借口主要有以下几种：

（1）同样是从事会计工作的人员，人家舞弊了，什么事也未发生，还会带来若干经济利益和好处，自己为什么不可以舞弊呢？

（2）领导的要求，我不得不听，否则我可能被开除。

（3）我只是暂时借用这笔资金，将来一定会归还的。

（4）我辛苦几年为了公司，没有功劳也有苦劳，这只是公司欠我的。

（5）公司是公家的，我拿点别人又不会有损失。

企业的财务人员掌管着企业的经济命脉，面对金钱的诱惑，如果财务人员的自身素质不高，就有可能发生舞弊行为。

从上面的分析可以看出，企业舞弊需要三个要素，缺一不可。缺少压力时，舞弊者就不会有舞弊的动机；缺少机会时，舞弊者就会减少舞弊的可能；缺少借口时，舞弊者很难承受道德和良心的谴责，就会放弃舞弊行为。

三、审计意见类型与审计费用

2001年证监会发布了《公开发行证券的公司披露编报规则第14号——非标准无保留审计意见及其审计事项的处理》公告，增加了审计意见的权威性，增强了上市公司规避非标准审计意见的动力（陆正飞、童盼，2003[125]）。对于要进行再融资和配股的上市公司以及避免被特殊处理或被摘牌的亏损公司，为了满足资本市场监管的要求和相关规定，管理层就有了粉饰财务报表、操纵利润的动机。当达不到规定的业绩指标时，部分上市公司选择的捷径就是通过财务造假来虚增利润，采用向现有审计师支付异常审计费用的方式购买审计意见。对于想要上市的非上市公司，为了满足所有者、债权人和潜在投资者的要求，争取到首次公开发行股票上市的机会，也希望注册会计师出具标准审计意见的审计报告。因此，上市公司与非上市公司都存在利用经济利益（审计费用）购买审计意见的动机。

四、研究假设

国内外研究者对审计费用是否影响审计意见类型的说法不一。理论上来说，审计意见作为审计工作的最终总结，在审计工作中占据着重要位置，会计师事务所出具的审计意见直接关系着被审计单位的经济利益。

审计报告分为标准审计报告和非标准审计报告。非标准审计意见对投资者传递的是被审计单位财务状况不好、有舞弊行为可能的负面信号，上市公司为避免被出具非标准审计意见，会加强与注册会计师的谈判。注册会计师与上市公司就各种意见分歧的协调与沟通，可能导致审计时间延长，审计收费上升；一般来说，会计师事务所对于出具非标准审计意见较为谨慎，发现可能导致会计报表失真的迹象后，往往会追加必要的审计程序予以追查，会耗费更多的资源和延长审计时间；上市公司的会计报表被出具"非标准审计意见"，意味着上市公司的财务和经营存在着不确定性，增加了注册会计师的审计诉讼风险，审计收费也会相应提高。另外，采取舞弊的上市公司往往财务状况较差，经营业绩不好，实证过程中发现，他们的总资产较少，经济业务相对简单，相对成本较低。为此，提出假设1。

假设1：审计费用与审计意见类型存在相关性。

对会计师事务所而言，无论出具何种类型的审计意见，都必须遵循相关准则获得充分、适当的审计证据。对于经营业绩不好、资不抵债的上市公司，往往存在难以持续经营的问题，审计风险很大，为了规避风险，会计师事务所不会因上市公司高额的审计费用而出具标准审计意见。为此，提出假设2。

假设2：审计意见类型与审计费用不具有显著的相关性。

第二节 研究设计

一、样本的选取

以2008~2010年沪深两市A股上市公司作为研究对象，对三年中沪深两市证券交易所的上市公司年报中的信息进行筛选和整理，作为本次研究的样本数据。截至 2010 年 12 月 31 日，沪市有 875 家、深市有 1 156 家，共计 2 031 家上市公司，其中主板沪市有 875 家、深市有 372 家，中小企业板有 631 家，创业板有 153 家。选取研究样本的原则如下：

（1）剔除未披露审计费用的公司；

（2）剔除金融企业；

（3）剔除净资产收益率无意义的公司。

据此，实际选取 2008 年 1 373 家、2009 年 1 539 家、2010 年 1 705 家。具体情况见表 8.1。

表 8.1　　　　　　　　　2008～2010 年实际选取样本情况表　　　　　　单位：家

年度	上市地及板块	合计	标准公司数	非标公司数
2008 年	沪市 A 股	700	663	37
	深市 A 股	673	653	20
	其中：深市主板	416	398	18
	中小企业板	257	255	2
	A 股合计	1 373	1 316	57
2009 年	沪市 A 股	756	729	27
	深市 A 股	733	701	32
	其中：深市主板	410	390	30
	中小企业板	401	309	2
	创业板	52	52	0
	A 股合计	1 539	1 480	59
2010 年	沪市 A 股	727	703	24
	深市 A 股	978	945	33
	其中：深市主板	433	403	30
	中小企业板	405	402	3
	创业板	140	140	0
	A 股合计	1 705	1 648	57
三年	A 股总计	4 617	4 444	173

二、变量的设定

1. 因变量的设定

（1）假设 1 因变量的设置

为了证实假设 1，审计费用与审计意见类型存在相关性，研究中选取年度会计报表审计费用金额的自然对数作为因变量，用 lnFee 表示。

（2）假设 2 因变量的设置

为了证实假设 2，年报的审计意见类型与审计费用不具有显著的相关性，设置审计意见的类型作为因变量（OP），上市公司年报被出具标准审计意见时取值为 0，被出具非标准审计意见时取值为 1。

2. 自变量的设定

（1）审计意见类型

通过研究发现，对于经营状况不好的上市公司，一方面为了实现不亏损、保牌等目的，有可能粉饰财务报表，所以审计风险大；另一方面这些企业的资产规模小，业务简单，进行审计所需时间少，因此，审计费用与审计意见类型具有相关性。为了证实这一相关性，模型 1 中审计意见类型是主要解释变量。

（2）审计费用

一般来讲，审计费用的大小取决于审计的成本，按照审计准则的要求，注册会计师不得因为成本的高低减少必要的审计程序，往往进行财务舞弊的上市公司多是经营状况不好，持续经营能力存在问题的公司，对于还想继续从事审计行业的注册会计师来说，不会因为审计费用的提高，承担巨大的诉讼风险，出具标准审计意见。魏素艳、张红、刘丹（2005）[126]的研究认为审计意见类型对审计费用的影响不显著。因此，审计意见类型与事务所所收取的费用不具有显著的相关性，模型 2 中审计费用为主要解释变量。

（3）上市公司的规模

在国内外有关审计费用影响因素的研究中，被审计单位的规模一直被选为一个重要指标。原因在于被审计单位的规模越大，经济业务和会计事项就越多、越复杂，审计的工作量就会增大，审计工作需要的审计证据就更多，需进行审计测试的范围也相应加大，注册会计师需要相应地投入更多的时间和精力。因此，被审计单位的规模越大，审计费用越高。研究中用上市公司总资产来描述其规模大小，预期这一变量与审计费用正相关。

有关研究还表明，规模大的企业，与财务报表相关的内部控制好，财务信息披露质量好，预期这一变量与非标准审计意见负相关。

（4）审计师对上市公司审计的复杂程度

被审计单位的组织结构、资产、经营业务、会计业务等越复杂，审计费时越多，审计风险越大。在夏孟余（2005）[127]的研究中得出了上市公司纳入合并报表的控股子公司数目与审计费用显著正相关的结论。如果被审计单位的子公司数量多，意味着其财务报告系统比较分散，审计程序复杂，注册会计师的工作量就会增大。这样一来，会计师事务所就需要耗费更长的时间、更多的人力和物力，审计成本会增加，审计费用也会随之提高。

朱小平、余谦（2004）[71]的实证研究结果表明，应收账款占总资产的比例、存货占总资产的比例对审计费用具有显著影响。应收账款的函证和存货的监盘是审计过程中非常重要的两项工作，费时费力还容易出错，这两项资产越多，审计师所用时间越多，因此应收账款和存货与审计费用存在着相关性。在具体实证时，选取上市公司子公司个数、应收款项、存货、应收账款/总资产、存货/总资产等指标作为控制变量，预期这些指标与审计费用正相关。

（5）获利能力和偿债能力

上市公司的获利能力和偿债能力能够反映其财务状况。当公司的财务状况不佳时，其获利能力和偿债能力差，经营失败的可能性大，有些公司为掩饰其不良的经营状况，会提供虚假的会计信息，出具不实的财务报表，增加了审计的难度，增大了会计师事务所承受的诉讼风险，导致了审计收费提高。当上市公司的财务状况较好时，其获利能力和偿债能力强，上市公司粉饰财务报表的可能性小，经营失败的可能性小，会计师事务所承担的审计风险较低，审计收费相对较少。净资产收益率和总资产收益率是评价上市公司获利能力和经营风险的指标，上市公司获利能力越强，经营风险越小，净资产收益率和总资产收益率就越大。资产负债率是用来衡量上市公司偿债能力的指标，上市公司资产负债率较大时，说明企业的偿债能力弱、经营风险大，会计师事务所承担的风险就会增加，相应的审计收费就会提高。因此，选取净资产收益率、总资产收益率、资产负债率作为控制变量，预期净资产收益率、总资产收益率与审计费用和非标准审计意见负相关；资产负债率与审计费用和非标准审计意见正相关。

（6）上市公司是否被 ST

张恭杰（2008）[128]的研究结果表明，上市公司是否连续亏损对审计费用有显著影响。上市公司一旦被 ST 说明其财务状况很差，对于 ST 公司年报审计时，需要的审计证据多，审计测试的范围大，并且这类公司还存在粉饰报表的可能性，使得审计工作难度加大，其审计费用较之相同规模下的非 ST 公司高。另外，这类公司为了摘掉"ST"帽或者减轻风险警示级别从 *ST 转为 ST，通常会有强烈的盈余管理动机，有可能通过支付较高的审计费用来购买会计原则。因此，这类公司的审计风险要高于非 ST 公司，导致了审计收费的增高。另外，ST 公司的经营状况不好时，获得非标准审计意见的可能性大。研究中将是否 ST 作为控制变量，预期该指标与审计费用和非标准审计意见正相关。

（7）会计师事务所规模

一般来说，会计师事务所的规模越大、名誉越佳、资历越深，其审计质量相对越高。这类会计师事务所面临的竞争压力较小，失去某一客户对其生存威胁较小，不易被客户的不合理要求所威胁，可以充分保持其独立性。另外，规模大的会计师事务所出于对"深口袋"效应的担心，会充分考虑审计风险、关注审计质量,相应的会制定较高的审计收费。研究中将会计师事务所规模作为控制变量,预期该指标与审计费用正相关。根据 2009 年和 2010 年中国注册会计师协会发布的《会计师事务所排名》,选取了国际四大和国内十大会计师事务所作为会计师事务所规模指标。

(8) 审计年限

会计师事务所为上市公司提供审计服务年限的长短,对审计费用应当有一定的影响。会计师事务所为上市公司提供审计服务的年限越长,对其公司的经营情况越了解,审计程序相对简化,审计风险也相应减少,会降低审计成本。另外,会计师事务所在与客户签订年限较长的服务合同时,存在较高的契约成本和交易费用,会计师事务所有可能会在以后的年限中增加审计费用来弥补这方面的损失。因此,选取审计年限作为控制变量,并验证这一指标是否对审计费用有显著性影响。

(9) 地域因素

由于我国各地区的经济发展不平衡,各地物价水平相差甚远,经济发达地区的物价水平较高,势必会影响事务所审计费用的水平。因此,选取上市公司所在地作为控制变量,验证对审计费用是否有显著性的影响。

在描述性统计中,还加入了负债和利润总额,以比较不同审计意见类型的上市公司在这些指标上的差异。变量的定义和预期符号见表 8.2。

表 8.2   **变量定义表**

变量符号	名称	变量定义	备注
因变量			
lnFee	审计费用	公司本年审计费用的对数	模型(1)
OP	审计意见类型	如果审计师出具的审计意见为非标准取值为 1,否则为 0	模型(2)
自变量			
主要解释变量			
OP	审计意见类型	如果审计师出具的审计意见为非标准取值为 1,否则为 0	模型(1)
lnFee	审计费用	公司本年审计费用的对数	模型(2)
控制变量			预期符号
Asset	总资产	年末公司总资产	+
Re	应收账款	年末公司应收账款	+
Inv	存货	年末公司存货	+
ROE	净资产收益率	加权平均净资产收益率	−
Lev	资产负债率	负债总额*100%/资产总额	+
ROA	总资产收益率	利润总额*100%/总资产	−
R/A	应收账款/总资产	公司年末应收账款*100%/总资产	+
I/A	存货/总资产	公司年末存货*100%/总资产	+

续表

变量符号	名称	变量定义	备注
Zg	子公司个数	上市公司纳入合并报表的子公司个数	+
Clo	上市公司所在地	哑变量，样本公司处于物价水平较高的北京、上海、广州和深圳为1，否则为0	+
DIST	是否ST	哑变量，如果上市公司为ST公司，则取值为1，否则为0	+
Year	审计年限	会计师事务所为客户提供审计服务的连续年限	+
Big4	事务所规模四大	哑变量，由国际四大所审计为1，否则为0	+
Big10	事务所规模十大	哑变量，由国内十大所审计为1，否则为0	+
描述性统计加入，回归分析未加入的指标			
Lia	负债总额	公司09，10年末公司负债	
Lrze	利润总额	上市公司的总利润	

三、模型建立

1. 多元回归模型

借鉴斯密尼克（1980）的研究模型，参考国内审计费用相关研究，为验证假设1，建立多元回归模型，简称模型1。

$$\ln Fee = b_0 + b_1 OP + b_2 Asset + b_3 Re + b_4 Invb_5 ROE + b_6 Lev + b_7 ROA + b_8 R/A +$$
$$b_9 I/A + b_{10} Zg + b_{11} Clo + b_{12} DIST + b_{13} Year + b_{14} Big4 + b_{15} Big10 + \varepsilon \qquad (1)$$

2. Logistic 回归模型

为验证假设2，建立 Logistic 回归模型，简称模型2。

$$\ln(p/(1-p)) = \beta_0 + \beta_1 \ln Fee + \beta_2 Asset + \beta_3 ROE + \beta_4 Lev + \beta_5 ROA +$$
$$\beta_6 R/A + \beta_7 I/A + \beta_8 Zg + \beta_9 Clo + \beta_{10} DIST +$$
$$\beta_{11} Year + \beta_{12} Big4 + \beta_{13} Big10 + \varepsilon \qquad (2)$$

第三节　实证分析

一、描述性统计分析

1. 2008 年描述性统计分析

2008 年描述性统计分析情况见表8.3。

表 8.3（1）　　　　　　　**2008 年各项指标的描述性统计分析结果**

项目 指标	N（Valid）		最小值		最大值	
	标准	非标	标准	非标	标准	非标
fee	1 316	57	100 000.00	150 000.00	9.5000E+07	1.50000E+06
Asset	1 316	57	5.8200E+07	4.76282E+06	1.1970E+12	6.15461E+09
Lrze	1 316	57	−1.0852E+10	−1.03439E+09	1.61284E+11	2.70409E+08
Re	1 316	57	0	0	5.0197E+10	9.49706E+08
Inv	1 316	57	0	0	9.5979E+10	3.57916E+09
Lia	1 316	57	4.9544E+06	1.87576E+06	4.1313E+11	4.14835E+09
ROE	1 316	57	−163.45	−148.67	934.33	15 990.28
Lev	1 316	57	1.83	5.56	100.00	714.40
ROA	1 316	57	−37.19	−152.57	84.42	16.46
R/A	1 316	57	0.00	0.00	60.68	33.21
I/A	1 316	57	0.00	0.00	94.01	73.87
Zg	1 316	57	0	0	191	24
Clo	1 316	57	0	0	1	1
DIST	1 316	57	0	0	1	1
Year	1 316	57	1	1	20	17
Big4	1 316	57	0	0	1	1
Big10	1 316	57	0	0	1	1

表 8.3（2）　　　　　　　**2008 年各项指标的描述性统计分析结果**

项目 指标	均值		中位数		标准差	
	标准	非标	标准	非标	标准	非标
fee	977 969.54	495 789.47	500 000.00	450 000.00	3 954 141.93	241 712.25
Asset	7.8310E+09	1.47764E+09	2.0409E+09	8.20172E+08	4.3512E+10	1.52133E+09
Lrze	4.3010E+08	−8.90975E+07	7.5775E+07	−3.23712E+07	4.7655E+09	2.12197E+08
Re	4.08447E+08	8.99102E+07	1.12786E+08	3.99975E+07	2.09882E+09	1.57289E+08
Inv	1.2491E+09	2.34537E+08	2.7888E+08	8.14126E+07	5.5365E+09	5.66304E+08
Lia	4.2538E+09	9.28093E+08	9.2522E+08	6.74934E+08	1.9444E+10	9.92909E+08
ROE	7.93	260.77	7.08	−7.38	31.28	2 121.04
Lev	48.27	70.48	49.18	61.17	19.24	89.64
ROA	4.58	−10.04	3.85	−5.12	7.89	22.50
R/A	8.27	6.58	6.00	3.94	8.20	7.98
I/A	18.48	14.34	14.46	7.45	16.76	17.05

续表

项目 指标	均值		中位数		标准差	
	标准	非标	标准	非标	标准	非标
Zg	11. 10	5. 79	7. 00	4. 00	15. 318	5. 697
Clo	0. 26	0. 25	0. 00	0. 00	0. 436	0. 434
DIST	0. 05	0. 67	0. 00	1. 00	0. 228	0. 476
Year	6. 46	5. 68	6. 00	4. 00	4. 244	4. 721
Big4	0. 06	0. 02	0. 00	0. 00	0. 246	0. 132
Big10	0. 37	0. 35	0. 00	0. 00	0. 484	0. 481

注：表中"标准"表示年报被出具标准审计意见的上市公司，"非标"表示年报被出具非标准审计意见的上市公司。

从表 8.3 可以看出：

（1）在审计费用方面，非标公司的审计费用均值、中位数、标准差和最大值均小于标准公司，但是非标公司审计费用的最小值大于标准公司，说明非标公司的审计风险大。

（2）在上市公司的规模方面，非标公司的资产总额少，规模小。

（3）在对上市公司审计的复杂程度方面，非标公司的应收账款及应收账款/总资产、存货及存货/总资产、纳入合并范围的子公司均比标准公司少，审计花费的时间少。

（4）在公司的获利能力和偿债能力方面，从利润总额、净资产收益率、总资产收益率和资产负债率看，非标公司获利能力差，偿债能力弱。净资产收益率的最大值非标公司大于标准公司，原因是某一家非标公司的净资产很少，导致了净资产收益率异常大。

（5）在上市公司是否 ST 方面，ST 公司财务状况差，存在持续经营能力方面的疑虑，被出具非标准审计意见多。

（6）在会计师事务所规模方面，国际十大和国内十大会计师事务所，为年报被出具标准审计意见的公司服务多。

（7）在审计年限方面，为非标公司提供年报审计服务的会计师事务所连续工作时间短，为标准公司提供年报审计服务的会计师事务所连续工作时间长，说明非标公司更易更换审计师。

（8）在地域因素方面，上市公司所在地对审计意见的类型影响很小。

2. 2009 年描述性统计分析

2009 年描述性统计分析结果见 8.4。

表 8.4（1）　　　　　**2009 年各项指标的描述性统计分析结果**

项目 指标	N（Valid） 标准	N（Valid） 非标	最小值 标准	最小值 非标	最大值 标准	最大值 非标
fee	1 480	59	50 000.00	150 000.00	8.00E+08	1.50E+06
Asset	1 480	59	3.96E+07	5.22E+06	1.45E+12	7.01E+09
Lrze	1 480	59	−6.45E+09	−1.92E+09	1.40E+11	3.39E+08
Re	1 480	59	0.00	0.00	6.60E+10	7.00E+08
Inv	1 480	59	0.00	0.00	1.42E+11	2.14E+09
Lia	1 480	59	6.08E+06	1.85E+06	5.43E+11	4.67E+09
ROE	1 480	59	−424.770	−7 988.850	157.620	200.000
Lev	1 480	59	1.446	8.386	150.652	634.771
ROA	1 480	59	−59.017	−274.335	69.098	225.055
R/A	1 480	59	0.000	0.000	56.063	32.388
I/A	1 480	59	0.000	0.000	89.014	92.845
Zg	1 480	59	0	0	210	29
Clo	1 480	59	0	0	1	1
DIST	1 480	59	0	0	1	1
Year	1 480	59	1	1	21	17
Big4	1 480	59	0	0	1	1
Big10	1 480	59	0	0	1	1

表 8.4（2）　　　　　**2009 年各项指标的描述性统计分析结果**

项目 指标	均值 标准	均值 非标	中位数 标准	中位数 非标	标准差 标准	标准差 非标
fee	1.4691E+06	457 389.8305	500 000.00	380 000.00	2.09758E+07	250 638.97769
Asset	9.2429E+09	1.1283E+09	2.1334E+09	7.0145E+08	5.03873E+10	1.38624E+09
Lrze	5.0984E+08	−1.4559E+08	9.1009E+07	−2.1282E+07	4.44104E+09	3.71341E+08
Re	5.0493E+08	6.5834E+07	1.2214E+08	1.8091E+07	2.71258E+09	1.34238E+08
Inv	1.4377E+09	1.6884E+08	2.6095E+08	6.0931E+07	6.80936E+09	3.65127E+08
Lia	5.2760E+09	8.2925E+08	9.7208E+08	4.2247E+08	2.48281E+10	9.85965E+08
ROE	8.59652	−2.16544E+02	9.07500	−6.26000E+00	23.713215	1 048.152429
Lev	47.76951	78.28270	49.02188	62.62125	20.610081	81.208502
ROA	5.35050	−1.29546E+01	4.67905	−3.18646E+00	7.531452	52.747175
R/A	8.62978	5.89782	5.95107	2.54060	8.670694	7.526119
I/A	17.20758	13.78000	13.20064	6.81565	15.792790	19.111450

续表

项目 指标	均值		中位数		标准差	
	标准	非标	标准	非标	标准	非标
Zg	11.28	5.24	7.00	4.00	15.721	5.911
Clo	0.27	0.32	0.00	0.00	0.442	0.471
DIST	0.05	0.68	0.00	1.00	0.214	0.471
Year	6.27	5.22	5.00	3.00	4.563	4.986
Big4	0.06	0.02	0.00	0.00	0.233	0.130
Big10	0.46	0.51	0.00	1.00	0.499	0.504

注：表中"标准"表示年报被出具标准审计意见的上市公司，"非标"表示年报被出具非标准审计意见的上市公司。

从表8.4可以看出，2009年与2008年的描述性统计结果基本相同。非标公司的资产规模小、获利能力和偿债能力差、ST公司多、更换会计师事务所的速度快、审计费用的均值高。国内十大会计师事务所为非标公司提供的审计服务增多。由于审计风险大，非标公司审计费用的最小值大，标准公司审计费用的最小值小。

3. 2010 年描述性统计分析情况

2010年描述性统计分析情况见表8.5。

表 8.5 （1）   **2010 年各项指标的描述性统计分析结果**

项目 指标	N（Valid）		最小值		最大值	
	标准	非标	标准	非标	标准	非标
fee	1 648	57	70 000.00	150 000.00	7.78E+07	1.52E+06
Asset	1 648	57	5.99E+07	5.94E+06	1.11E+12	1.13E+10
Lrze	1 648	57	−2.54E+09	−2.81E+08	1.02E+11	1.33E+09
Re	1 648	57	0.00	0.00	8.15E+10	7.11E+09
Inv	1 648	57	0.00	0.00	1.57E+11	3.12E+09
Lia	1 648	57	3.72E+06	0.00	5.33E+11	4.51E+09
ROE	1 648	57	−9.48E+01	−183.010	6 057.00	314.130
Lev	1 648	57	0.35	2.159	979.37	291.086
ROA	1 648	57	−109.393	−24.236	264.348	98.862
R/A	1 648	57	0.000	0.000	58.099	48.607
I/A	1 648	57	0.000	0.000	193.707	86.915
Zg	1 648	57	0	0	239	38

项目 指标	N（Valid）		最小值		最大值	
	标准	非标	标准	非标	标准	非标
Clo	1 648	57	0	0	13	1
DIST	1 648	57	0	0	1	1
Year	1 648	57	1	1	22	15
Big4	1 648	57	0	0	1	1
Big10	1 648	57	0	0	10	1

表8.5（2）　　　　　2010 年各项指标的描述性统计分析结果

项目 指标	均值		中位数		标准差	
	标准	非标	标准	非标	标准	非标
fee	$8.5157E+05$	470 526.32	525 000.00	400 000.00	$2.38875E+06$	239 943.60
Asset	$9.0154E+09$	$1.6165E+09$	$2.3120E+09$	$7.4227E+08$	$4.37226E+10$	$2.34618E+09$
Lrze	$5.6601E+08$	$6.1305E+07$	$1.1977E+08$	5 930 575.42	$3.67553E+09$	$2.37750E+08$
Re	$5.0660E+08$	$6.4714E+08$	$1.3455E+08$	$8.3398E+07$	$2.59789E+09$	$1.38426E+09$
Inv	$1.5408E+09$	$2.5003E+08$	$2.8066E+08$	$4.3717E+07$	$7.20686E+09$	$5.78688E+08$
Lia	$4.9505E+09$	$7.0762E+08$	$9.4732E+08$	$1.9117E+08$	$2.07757E+10$	$1.06337E+09$
ROE	15.6095	4.0782	10.015	2.33	149.99473	75.504248
Lev	47.3626	63.91550	47.1333	56.02440	32.47398	41.060276
ROA	6.42952	$1.06508E+00$	5.52734	0.93001	9.105268	15.726841
R/A	8.88611	7.41166	6.23105	3.80347	8.816095	10.176323
I/A	17.06405	17.14130	12.87922	12.66174	16.637320	19.116813
Zg	11.09	5.95	7.00	4.00	15.506	7.232
Clo	0.27	0.32	0.00	0.00	0.540	0.469
DIST	0.05	0.63	0.00	1.00	0.214	0.487
Year	6.41	5.63	5.00	4.00	4.644	4.082
Big4	0.05	0.04	0.00	0.00	0.225	0.186
Big10	0.49	0.51	0.00	1.00	0.552	0.504

　　注：表中"标准"表示年报被出具标准审计意见的上市公司，"非标"表示年报被出具非标准审计意见的上市公司。

　　从2010年描述性统计结果来看，几乎与前两年完全相同。另外还可以看出，国际四大会计师事务所为非标公司的服务增多。

4. 2008～2010 混合年度的描述性统计分析情况

2008～2010 混合年度的描述性统计分析情况见表8.6。

表 8.6 （1）　　　　2008～2010 混合年度各项指标的描述性统计分析结果

项目 指标	N（Valid）		Minimum		Maximum	
	标准	非标	标准	非标	标准	非标
fee	4 444	173	50 000.00	150 000.00	8.00E+08	1.52E+06
Asset	4 444	173	3.96E+07	5.22E+06	1.45E+12	1.13E+10
Lrze	4 444	173	−1.09E+10	−1.92E+09	1.61E+11	1.33E+09
Re	4 444	173	0.00	0.00	8.15E+10	7.11E+09
Inv	4 444	173	0.00	0.00	1.57E+11	3.58E+09
Lia	4 444	173	3.72E+06	0.00	5.43E+11	4.67E+09
ROE	4 444	173	−424.770	−7 988.850	6 057.000	314.130
Lev	4 444	173	0.346	2.159	979.368	634.771
ROA	4 444	173	−109.393	−274.335	264.348	225.055
R/A	4 444	173	0.000	0.000	60.683	48.607
I/A	4 444	173	0.000	0.000	193.707	92.845
Zg	4 444	173	0	0	239	38
Clo	4 444	173	0	0	13	1
DIST	4 444	173	0	0	1	1
Year	4 444	173	1	1	22	17
Big4	4 444	173	0	0	1	1
Big10	4 444	173	0	0	10	1

表 8.6 （2）　　　　2008～2010 混合年度各项指标的描述性统计分析结果

项目 指标	均值		中位数		标准差	
	标准	非标	标准	非标	标准	非标
fee	1.0947E+06	474 369.9422	500 000.00	400 000.00	1.23806E+07	243322.83469
Asset	8.7404E+09	1.4043E+09	2.1545E+09	7.7607E+08	4.59839E+10	1.79904E+09
Lrze	5.0706E+08	−5.8810E+07	9.8180E+07	−4.8659E+06	4.27759E+09	2.95350E+08
Re	4.7698E+08	2.6530E+08	1.2412E+08	4.3866E+07	2.50139E+09	8.42712E+08
Inv	1.4201E+09	2.1724E+08	2.7416E+08	6.1348E+07	6.61626E+09	5.09568E+08
Lia	4.8526E+09	8.2174E+08	9.5317E+08	4.2409E+08	2.18466E+10	1.01243E+09
ROE	10.99864	13.41170	8.97500	−1.8900	93.965505	1 369.486924
Lev	47.76542	70.97754	48.29575	60.22580	25.338447	73.648166
ROA	5.52303	−7.37533	4.79091	−1.16943	8.282989	34.931525
R/A	8.61752	6.61999	6.05611	3.44558	8.590170	8.597593
I/A	17.53248	15.07224	13.43568	8.91495	16.406653	18.411585
Zg	11.16	5.65	7.00	4.00	15.520	6.283
Clo	0.26	0.29	0.00	0.00	0.479	0.457
DIST	0.05	0.66	0.00	1.00	0.218	0.475

续表

项目	均值		中位数		标准差	
指标	标准	非标	标准	非标	标准	非标
Year	6.38	5.51	5.00	4.00	4.501	4.595
Big4	0.06	0.02	0.00	0.00	0.234	0.151
Big10	0.45	0.46	0.00	0.00	0.517	0.500

注：表中"标准"表示年报被出具标准审计意见的上市公司，"非标"表示年报被出具非标准审计意见的上市公司。

从表8.6可以看出：

（1）在审计费用方面，非标公司审计费用的均值、中位数、标准差和最大值均小于标准公司，由于非标公司的审计风险大，非标公司审计费用的最小值大于标准公司。

（2）在上市公司的规模方面，与标准公司相比，非标公司的总资产规模小，审计的复杂程度低，审起来比较容易。

（3）在上市公司审计的复杂程度方面，非标公司的应收账款及应收账款/总资产、存货及存货/总资产、纳入合并范围的子公司均比标准公司少，也就是说非标公司在这些方面审计花费的时间少。

（4）在上市公司的获利能力和偿债能力方面，非标公司的获利能力差，偿债能力弱，持续经营能力存在问题，当财务指标对管理层的压力太大时，就可能舞弊，审计风险大。

（5）在上市公司是否ST方面，ST公司面临退市的风险，经营风险大，被出具非标准审计意见多。

（6）在会计师事务所规模方面，国际四大和国内十大会计师事务所为非标公司的服务增多。

（7）在审计年限方面，为非标公司提供年报审计服务的会计师事务所连续工作时间短，为标准公司提供年报审计服务的会计师事务所连续工作时间长，说明非标公司更易更换会计师事务所。

（8）在地域因素方面，上市公司所在地对审计意见类型的影响很小。

从以上描述性统计结果可以看出，非标公司与标准公司审计费用存在差异，具有一定的相关性，与假设1相符。

二、相关性分析

为了检验审计费用、审计意见类型及各变量之间的相关性，需要进行相关性检验，2008~2010年各年度及2008~2010混合年度的相关性检验结果，见表8.7~表8.10。

表 8.7

2008 年 Pearson 相关性检验

	Infee	OP	Asset	Lrze	Re	Inv	Lia	Roe	Lev	Roa	R/A	I/A	Zg	Year	Clo	DIST	Big4	Big10
Infee	1	-0.058*	0.483**	0.294**	0.453**	0.497**	0.554**	0.007	0.129**	0.051	-0.133**	-0.003	0.462**	0.035	0.222**	-0.105**	0.600**	0.043
OP	-0.058*	1	-0.030	-0.022	-0.031	-0.037	-0.035	0.117**	0.167**	-0.310**	-0.041	-0.049	-.070*	-0.036	0	0.450**	-0.039	-0.009
asset	0.483**	-0.030	.1	0.857**	0.549**	0.774**	0.926**	-0.003	0.035	0.027	-0.065*	-0.025	0.119**	-0.004	0.130**	-0.043	0.323**	-0.040
Lrze	0.294**	-0.022	0.857**	1	0.308**	0.536**	0.621**	0.002	-0.032	0.105**	-0.044	-0.023	0.048	0.008	0.071**	-0.028	0.178**	-0.022
Re	0.453**	-0.031	0.549**	0.308**	1	0.617**	0.698**	-0.004	0.082**	0.005	0.113**	-0.005	0.161**	-0.051	0.131**	-0.045	0.318**	-0.045
Inv	0.497**	-0.037	0.774**	0.536**	0.617**	1	0.829**	-0.003	0.090**	0.017	-0.064*	0.200**	0.313**	-0.014	0.154**	-0.051	0.338**	-0.044
Lia	0.554**	-0.035	0.926**	0.621**	0.698**	0.829**	1	-0.004	0.097**	-0.001	-0.063*	-0.009	0.173**	-0.024	0.150**	-0.050	0.380**	-0.043
ROE	0.007	0.117**	-0.003	0.002	-0.004	-0.003	-0.004	1	0.031	0.068*	-0.015	0.001	-0.001	-0.018	0	0.084**	-0.005	-0.020
Lev	0.129**	0.167**	0.035	-0.032	0.082**	0.090**	0.097**	0.031	1	-0.524**	0.000	0.190**	0.101**	0.005	-0.012	0.159**	0.029	-0.036
ROA	0.051	-0.310**	0.027	0.105**	0.005	0.017	-0.001	0.068*	-0.524**	1	0.010	0.017	0.048	-0.010	0.034	-0.257**	0.040	0.049
R/A	-0.133**	-0.041	-0.065*	-0.044	0.113**	-0.064*	-0.063*	-0.015	0.000	0.010	1	-0.052	-0.078**	-0.060*	0.006	-0.062*	-0.088**	0.056*
I/A	-0.003	-0.049	-0.025	-0.023	-0.005	0.200**	-0.009	0.001	0.190**	0.017	-0.052	1	0.126**	-0.020	0.102**	-0.031	-0.045	-0.016
Zg	0.462**	-0.070*	0.119**	0.048	0.161**	0.313**	0.173**	-0.001	0.101**	0.048	-0.078**	0.126**	1	0.071**	0.188**	-0.105**	0.259**	-0.034
Year	0.035	-0.036	-0.004	0.008	-0.051	-0.014	-0.024	-0.018	0.005	-0.010	-0.060*	-0.020	0.071**	1	-0.024	-0.073**	-0.040	-0.156**
Clo	0.222**	-0.004	0.130**	0.071**	0.131**	0.154**	0.150**	0	-0.012	0.034	0.006	0.102**	0.188**	-0.024	1	-0.013	0.187**	0.041
DIST	-0.105**	0.450**	-0.043	-0.028	-0.045	-0.051	-0.050	0.084**	0.159**	-0.257**	-0.062*	-0.031	-0.105**	-0.073**	-0.013	1	-0.054*	-0.011
Big4	0.600**	-0.039	0.323**	0.178**	0.318**	0.338**	0.380**	-0.005	0.029	0.040	-0.088**	-0.045	0.259**	-0.040	0.187**	-0.054*	1	-0.199**
Big10	0.043	-0.009	-0.040	-0.022	-0.045	-0.044	-0.043	-0.020	-0.036	0.049	0.056*	-0.016	-0.034	-0.156**	0.041	-0.011	-0.199**	1

注：** 表示在 0.01 水平（双侧）下显著相关；* 表示在 0.05 水平（双侧）下显著相关。

表 8.8

2009 年 Pearson 相关性检验

	Infee	OP	Asset	Lrze	Re	Inv	Lia	Roe	Lev	Roa	R/A	I/A	Zg	Year	Clo	DIST	Big4	Big10
Infee	1	-0.090**	0.536**	0.429**	0.464**	0.478**	0.577**	0.050*	0.156**	0.045	-0.106**	0.016	0.427**	0.072**	0.187**	-0.111**	0.557**	-0.035
OP	-0.090**	1	-0.032	-0.029	-0.032	-0.036	-0.035	-0.207**	0.223**	-0.268**	-0.061*	-0.041	-0.075**	-0.044	0.024	0.468**	-0.034	0.018
Asset	0.536**	-0.032	1	0.936**	0.627**	0.786**	0.957**	0.009	0.057*	0.011	-0.064*	-0.017	0.125**	0.007	0.120**	-0.042	0.337**	-0.056*
Lrze	0.429**	-0.029	0.936**	1	0.468**	0.705**	0.820**	0.015	-0.001	0.059*	-0.045	-0.014	0.058*	0.029	0.095**	-0.034	0.251**	-0.055*
Re	0.464**	-0.032	0.627**	0.468**	1	0.659**	0.735**	0.010	0.086**	0.005	0.115**	-0.002	0.157**	-0.040	0.101**	-0.043	0.330**	-0.051*
Inv	0.478**	-0.036	0.786**	0.705**	0.659**	1	0.833**	0.013	0.104**	0.010	-0.062*	0.193**	0.262**	-0.008	0.131**	-0.046	0.305**	-0.045
Lia	0.577**	-0.035	0.957**	0.820**	0.735**	0.833**	1	0.010	0.110**	0.000	-0.065*	-0.002	0.173**	-0.012	0.128**	-0.047	0.384**	-0.059*
Roe	0.050*	-0.207**	0.009	0.015	0.010	0.013	0.010	1	-0.117**	0.246**	0.026	0.033	0.028	-0.063*	0.023	-0.140**	0.015	0.014
Lev	0.156**	0.223**	0.057*	-0.001	0.086**	0.104**	0.110**	-0.117**	1	-0.026	-0.011	0.254**	0.129**	0.010	-0.033	0.192**	0.051*	0.020
Roa	0.045	-0.268**	0.011	0.059*	0.005	0.010	0.000	0.246**	-0.026	1	0.055*	-0.001	0.034	0.006	0.015	-0.166**	0.034	-0.042
R/A	-0.106**	-0.061*	-0.064*	-0.045	0.115**	-0.062*	-0.065*	0.026	-0.011	0.055*	1	-0.062*	-0.067*	-0.103**	0.017	-0.053*	-0.076**	0.075**
I/A	0.016	-0.041	-0.017	-0.014	-0.002	0.193**	-0.002	0.033	0.254**	-0.001	-0.062*	1	0.124**	-0.017	0.051*	-0.043	-0.049	0.008
Zg	0.427**	-0.075**	0.125**	0.058*	0.157**	0.262**	0.173**	0.028	0.129**	0.034	-0.067*	0.124**	1	0.081**	0.155**	-0.106**	0.206**	-0.003
Year	0.072**	-0.044	0.007	0.029	-0.040	-0.008	-0.012	-0.063*	0.010	0.006	-0.103**	-0.017	0.081**	1	0.023	-0.089**	-0.016	-0.221**
Clo	0.187**	0.024	0.120**	0.095**	0.101**	0.131**	0.128**	0.023	-0.033	0.015	0.017	0.051*	0.155**	0.023	1	-0.033	0.165**	-0.046
DIST	-0.111**	0.468**	-0.042	-0.034	-0.043	-0.046	-0.047	-0.140**	0.192**	-0.166**	-0.053*	-0.043	-0.106**	-0.089**	-0.033	1	-0.016	-0.018
Big4	0.557**	-0.034	0.337**	0.251**	0.330**	0.305**	0.384**	0.015	0.051*	0.034	-0.076**	-0.049	0.206**	-0.016	0.165**	-0.046	1	-0.221**
Big10	-0.035	0.018	-0.056*	-0.055*	-0.051*	-0.045	-0.059*	0.014	0.020	-0.042	0.075**	0.008	-0.003	-0.221**	-0.046	-0.018	-0.221**	1

注: *** 表示在 0.01 水平（双侧）下显著相关; * 表示在 0.05 水平（双侧）下显著相关。

表 8.9

2010 年 Pearson 相关性检验

	Infee	OP	Asset	Lrze	Re	Inv	Lia	Roe	Lev	Roa	R/A	I/A	Zg	Year	Clo	DIST	Big4	Big10
Infee	1	-0.088**	0.447**	0.381**	0.399**	0.411**	0.492**	0.108**	0.142**	0.040	-0.084**	0.066**	0.463**	0.110**	0.129**	-0.108**	0.465**	-0.004
OP	-0.088**	1	-0.031	-0.025	0.010	-0.033	-0.037	-0.014	0.090**	-0.102**	-0.030	0.001	-0.060*	-0.030	0.016	0.418**	-0.015	0.007
Asset	0.447**	-0.031	1	0.906**	0.625**	0.600**	0.814**	0.018	0.045	0.000	-0.074**	0.001	0.151**	0.018	0.094**	-0.041	0.337**	-0.048*
Lrze	0.381**	-0.025	0.906**	1	0.514**	0.544**	0.690**	0.020	0.001	0.068**	-0.057*	-0.012	0.112**	0.022	0.083**	-0.035	0.277**	-0.047
Re	0.399**	0.010	0.625**	0.514**	1	0.628**	0.702**	0.007	0.066**	-0.007	0.132**	0.022	0.141**	-0.004	0.080**	-0.029	0.267**	-0.029
Inv	0.411**	-0.033	0.600**	0.544**	0.628**	1	0.770**	0.000	0.107**	-0.011	-0.064**	0.249**	0.287**	0.011	0.096**	-0.043	0.266**	-0.026
Lia	0.492**	-0.037	0.814**	0.690**	0.702**	0.770**	1	0.005	0.119**	-0.019	-0.079**	0.042	0.208**	0.009	0.089**	-0.046	0.354**	-0.040
Roe	0.108**	-0.014	0.018	0.020	0.007	0.000	0.005	1	-0.010	0.068**	-0.011	-0.021	0.009	-0.025	0.030	-0.010	0.105**	-0.019
Lev	0.142**	0.090**	0.045	0.001	0.066**	0.107**	0.119**	-0.010	1	-0.130**	0.048*	0.402**	0.109**	0.026	-0.044	0.171**	0.040	0.002
Roa	0.040	-0.102**	0.000	0.068**	-0.007	-0.011	-0.019	0.068**	-0.130**	1	0.048*	-0.050*	0.008	-0.016	0.023	-0.079**	0.025	0.004
R/A	-0.084**	-0.030	-0.074**	-0.057*	0.132**	-0.064**	-0.079**	-0.011	0.048*	0.046	1	-0.048*	-0.082**	-0.109**	0.029	-0.056*	-0.042	0.046
I/A	0.066**	0.001	0.001	-0.012	0.022	0.249**	0.042	-0.021	0.402**	-0.050*	-0.048*	1	0.135**	0.019	0.025	-0.016	-0.016	0.019
Zg	0.463**	-0.060*	0.151**	0.112**	0.141**	0.287**	0.208**	0.009	0.109**	0.008	-0.082**	0.135**	1	0.088**	0.123**	-0.089**	0.189**	-0.001
Year	0.110**	-0.030	0.018	0.022	-0.004	0.011	0.009	-0.025	0.026	-0.016	-0.109**	0.019	0.088**	1	0.001	-0.053*	-0.018	-0.168**
Clo	0.129**	0.016	0.094**	0.083**	0.080**	0.096**	0.089**	0.030	-0.044	0.023	0.029	0.025	0.123**	0.001	1	-0.027	0.135**	-0.036
DIST	-0.108**	0.418**	-0.041	-0.035	-0.029	-0.043	-0.046	-0.010	0.171**	-0.079**	-0.056*	-0.016	-0.089**	-0.053*	-0.027	1	-0.032	-0.014
Big4	0.465**	-0.015	0.337**	0.277**	0.267**	0.266**	0.354**	0.105**	0.040	0.025	-0.042	-0.016	0.189**	-0.018	0.135**	-0.032	1	-0.210**
Big10	0	0	-0.048*	-0.047	-0.029	-0.026	-0.040	-0.019	0.002	0.004	0.046	0.019	-0.001	-0.168**	-0.036	-0.014	-0.210**	1

注：** 表示在 0.01 水平（双侧）下显著相关；* 表示在 0.05 水平（双侧）下显著相关。

表 8.10

2008～2010 混合年度 Pearson 相关性检验

	Infee	OP	Asset	Lrze	Re	Inv	Lia	Roe	Lev	Roa	R/A	I/A	Zg	Year	Clo	DIST	Big4	Big10
Infee	1																	
OP	-0.080**	1																
Asset	0.491**	-0.031*	1															
Lrze	0.368**	-0.026	0.896**	1														
Re	0.434**	-0.016	0.606**	0.431**	1													
Inv	0.453**	-0.035*	0.707**	0.588**	0.637**	1												
Lia	0.540**	-0.036*	0.901**	0.714**	0.713**	0.803**	1											
Roe	0.036**	0.002	0.004	0.008	0.003	0.002	0.002	1										
Lev	0.141**	0.152**	0.046**	-0.010	0.075**	0.101**	0.109**	-0.015	1									
Roa	0.047**	-0.226**	0.012	0.075**	0.002	0.005	-0.006	0.113**	-0.183**	1								
R/A	-0.105**	-0.044**	-0.067**	-0.048**	0.122**	-0.063**	-0.069**	-0.002	0.017	0.043**	1							
I/A	0.027	-0.028	-0.013	-0.017	0.006	0.005	0.011	0.006	0.298**	-0.014	-0.055**	1						
Zg	0.450**	-0.068**	0.132**	0.071**	0.151**	0.216**	0.185**	0.008	0.112**	0.029*	-0.076**	0.129**	1					
Year	0.075**	-0.037*	0.008	0.020	-0.028	-0.001	-0.007	-0.028	0.015	-0.005	-0.094**	-0.004	0.081**	1				
Clo	0.172**	0.012	0.111**	0.081**	0.098**	0.120**	0.116**	0.006	-0.033*	0.023	0.019	0.053**	0.150**	0.001	1			
DIST	-0.109**	0.445**	-0.042**	-0.032*	-0.038**	-0.046**	-0.047**	0.004	0.173**	-0.162**	-0.058**	-0.029	-0.100**	-0.071**	-0.025	1		
Big4	0.538**	-0.029	0.332**	0.233**	0.300**	0.295**	0.369**	0.021	0.040**	0.031*	-0.067**	-0.035*	0.216**	-0.024	0.158**	-0.043**	1	
Big10	0.002	0.004	-0.047**	-0.040**	-0.038**	-0.034**	-0.045**	-0.011	-0.004	0.004	0.060**	0.003	-0.011	-0.182**	-0.018	-0.016	-0.210**	1

注：** 表示在 0.01 水平（双侧）下显著相关；* 表示在 0.05 水平（双侧）下显著相关。

1. 2008 年相关性检验

表 8.7 列示出了 2008 年各变量 Pearson 相关性的检验结果。从单变量检验的结果来看，2008 年沪深两市 A 股上市公司的审计费用与审计意见类型在 0.05 水平下显著负相关。审计费用与总资产、利润总额、应收账款、存货、负债总额、资产负债率、应收账款/总资产、子公司个数、上市公司所在地、是否 ST、是否国际四大会计师事务所等指标在 0.01 水平下显著相关，其中审计费用与总资产、利润总额、应收账款、存货、负债总额、资产负债率、上市公司所在地、是否国际四大会计师事务所等指标与预计符号一致。审计费用与应收账款/总资产、是否 ST 指标显著负相关，与预测不符。审计费用与净资产收益率、总资产收益率、存货/总资产、审计年限、是否国内十大会计师事务所等指标没有显著相关关系。

审计意见类型与审计费用、总资产收益率、子公司个数等指标在 0.01 的水平下显著负相关，与净资产收益率、资产负债率、是否 ST 等指标在 0.01 水平下显著正相关，与其他指标没有显著相关关系。

2. 2009 年相关性检验

表 8.8 列示出了 2009 年各变量 Pearson 相关性的检验结果。从单变量检验的结果来看，2009 年沪深两市 A 股上市公司的审计费用与总资产、利润总额、应收账款、存货、负债总额、资产负债率、子公司个数、审计年限、上市公司所在地、是否国际四大会计师事务所等指标在 0.01 水平下显著正相关，与预测符号一致。审计费用与审计意见、应收账款/总资产、是否 ST 等指标在 0.01 水平下显著负相关，与预测符号不一致。审计费用与净资产收益率指标在 0.05 水平下显著正相关，与预测符号不一致。审计费用与总资产收益率、存货/总资产和是否国内十大会计师事务所等指标没有显著相关关系。

审计意见类型与审计费用、净资产收益率、总资产收益率、子公司个数等指标在 0.01 水平下显著负相关，与资产负债率、是否 ST 等指标在 0.01 的水平下显著正相关，与应收账款/总资产等指标在 0.05 水平下显著负相关，与其他指标没有显著相关关系。

3. 2010 年相关性检验

表 8.9 列示出了 2010 年各变量 Pearson 相关性的检验结果。从单变量检验的结果来看，2010 年沪深两市 A 股上市公司的审计费用与总资产、利润总额、应收账款、存货、负债总额、净资产收益率、资产负债率、存货/总资产、子公司个数、审计年限、上市公司所在地和是否国际四大会计师事务所等指标在 0.01 水平下显著正相关，净资产收益率与预测符号不一致。审计费用与审计意见类

型、应收账款/总资产、是否 ST 等指标在 0.01 水平下显著负相关，应收账款/总资产和是否 ST 指标与预测符号不一致。

审计意见类型与审计费用、总资产收益率等指标在 0.01 水平下显著负相关，与资产负债率、是否 ST 等指标在 0.01 水平下显著正相关，与子公司个数在 0.05 水平下显著负相关。

4. 2008～2010 混合年度相关性检验

表 8.10 列示出了混合年度各变量 Pearson 相关性的检验结果。从单变量检验的结果来看，2008～2010 混合年度沪深两市 A 股上市公司的审计费用与总资产、利润总额、应收账款、存货、负债总额、资产负债率、总资产收益率、子公司个数、审计年限、上市公司所在地和是否国际四大会计师事务所等指标在 0.01 水平下显著正相关，总资产收益率与预测符号不一致。审计费用与审计意见类型、应收账款/总资产和是否 ST 等指标在 0.01 水平下显著负相关，应收账款/总资产和是否 ST 指标与预测符号不一致。

审计意见类型与审计费用、总资产收益率、应收账款/总资产和子公司个数等指标在 0.01 水平下显著负相关，与总资产、存货、负债总额和审计年限等指标在 0.05 水平下显著负相关，与资产负债率、是否 ST 等指标在 0.01 水平下显著正相关，与其他指标的相关性不显著。

通过相关性分析，能够证实假设 1，同时也验证了审计费用与总资产、利润总额、应收账款、存货、负债总额、上市公司所在地、是否国际四大会计师事务所等指标的相关性，且与预测符号一致。

三、多元线性回归

为了更精确地检验审计费用与审计意见的相关性，采用多元回归法分析审计费用与审计意见类型的相关方向与程度。2008～2010 年各年以及 2008～2010 年混合指标的回归情况见表 8.11。

表 8.11　　　　　　　　　　　多元线性回归表

年份	2008 年			2009 年			2010 年			三年混合数据		
样本量	1 373			1 539			1 705			4 617		
变量	B	Sig.	VIF	B	Sig.	VIF	B	Sig.	VIF	B	Sig.	VIF
（常量）	12. 879	0. 000		13. 119	0. 000		13. 175	0. 000		13. 113	0. 000	
OP	0. 011	0. 876	1. 323	−0. 184	0. 016	1. 414	−0. 159	0. 027	1. 226	−0. 109	0. 010	1. 300
Asset	0. 161	0. 000	2. 908	0. 251	0. 000	3. 086	0. 117	0. 000	2. 011	0. 167	0. 000	2. 368

续表

年份	2008 年			2009 年			2010 年			三年混合数据		
样本量	1 373			1 539			1 705			4 617		
变量	B	Sig.	VIF	B	Sig.	VIF	B	Sig.	VIF	B	Sig.	VIF
Re	0. 119	0. 000	1. 798	0. 100	0. 000	2. 049	0. 097	0. 000	2. 149	0. 101	0. 000	1. 987
Inv	− 0. 013	0. 592	3. 705	− 0. 059	0. 012	3. 591	0. 021	0. 223	2. 233	− 0. 004	0. 734	2. 777
Roe	− 0. 005	0. 740	1. 304	0. 025	0. 052	1. 108	0. 046	0. 000	1. 018	0. 026	0. 000	1. 046
Lev	0. 003	0. 000	1. 567	0. 076	0. 000	1. 207	0. 070	0. 000	1. 293	0. 072	0. 000	1. 209
Roa	0. 045	0. 008	1. 945	0. 001	0. 954	1. 135	0. 022	0. 060	1. 035	0. 017	0. 023	1. 116
R/A	− 0. 065	0. 000	1. 072	− 0. 048	0. 000	1. 092	− 0. 037	0. 002	1. 118	− 0. 049	0. 000	1. 093
I/A	− 0. 028	0. 038	1. 250	− 0. 011	0. 424	1. 251	− 0. 021	0. 125	1. 351	− 0. 023	0. 003	1. 257
Zg	0. 199	0. 000	1. 270	0. 199	0. 000	1. 185	0. 214	0. 000	1. 158	0. 204	0. 000	1. 183
Year	0. 042	0. 001	1. 054	0. 048	0. 000	1. 097	0. 060	0. 000	1. 059	0. 051	0. 000	1. 066
Clo	0. 068	0. 020	1. 089	0. 078	0. 007	1. 065	0. 031	0. 164	1. 042	0. 057	0. 000	1. 056
DIST	− 0. 113	0. 028	1. 295	− 0. 104	0. 059	1. 332	− 0. 135	0. 010	1. 269	− 0. 120	0. 000	1. 293
Big4	1. 233	0. 000	1. 315	1. 155	0. 000	1. 292	0. 891	0. 000	1. 248	1. 096	0. 000	1. 271
Big10	0. 243	0. 000	1. 086	0. 129	0. 000	1. 124	0. 111	0. 000	1. 086	0. 157	0. 000	1. 093
R^2	0. 608			0. 570			0. 485			0. 544		
F	140. 321 ***			134. 557 ***			105. 983 ***			365. 941 ***		

从表 8. 11 中可以看出，各变量间的多重共线性 VIF 值均小于 10，说明各自变量之间的共线性不严重，可将所有数据列入方程。各年的多元线性回归结果如下：

1. 2008 年多元线性回归分析

表 8. 11 的回归结果表明，2008 年的审计费用与审计意见类型正相关，不显著。审计费用分别与总资产、应收账款、资产负债率、总资产收益率、子公司个数、审计年限、上市公司所在地、是否国际四大和国内十大会计师事务所等指标显著正相关，与应收账款/总资产、存货/总资产和是否 ST 等指标显著负相关，与存货和净资产收益率等指标负相关但不显著。

2. 2009 年多元线性回归分析

表 8. 11 的回归结果表明，2009 年的审计费用与审计意见类型显著负相关。审计费用分别与总资产、应收账款、资产负债率、子公司个数、审计年限、上市公司所在地、是否国际四大和国内十大会计师事务所等指标显著正相关，与存货、应收账款/总资产和是否 ST 等指标显著负相关，与净资产收益率在 0. 1 水平下显著负相关，与总资产收益率、存货/总资产等指标负相关但不显著。

3. 2010 年多元线性回归分析

表 8.11 的回归结果表明,2010 年的审计费用与审计意见类型显著负相关。审计费用分别与总资产、应收账款、净资产收益率、资产负债率、总资产收益率、子公司个数、审计年限、是否国际四大和国内十大会计师事务所等指标显著正相关,与应收账款/总资产和是否 ST 等指标显著负相关,与存货、存货/总资产和上市公司所在地等指标相关性不显著。

4. 2008 ~ 2010 年三年混合样本的多元线性回归分析

表 8.11 的回归结果表明,三年混合样本的审计费用与审计意见类型显著负相关。审计费用分别与总资产、应收账款、净资产收益率、资产负债率、总资产收益率、子公司个数、审计年限、上市公司所在地、是否国际四大和国内十大会计师事务所等指标显著正相关,与应收账款/总资产、存货/总资产和是否 ST 等指标显著负相关,与存货指标的相关性不显著。

由此可以得出,审计费用与审计意见类型显著负相关,证实了假设 1。

审计费用与总资产、应收账款、资产负债率、子公司个数、审计年限、是否国际四大和国内十大会计师事务所等控制变量指标正相关,预期符号得以证实。审计费用与净资产收益率、总资产收益率指标负相关,预期符号没有得以证实。审计费用与应收账款/总资产、存货/总资产和是否 ST 等指标显著负相关,与预期符号不符。审计费用与存货指标的正相关关系未得到证实。

四、审计意见类型与审计费用关系的实证研究

审计意见的类型取决于上市公司财务报表的质量、持续经营能力和有无重大不确定事项,审计意见类型与审计费用不具有显著的相关性。以下就这一假设进行实证分析。

1. 显著性检验

(1) K – S 正态性检验

为了进一步确定模型 2 各变量指标与审计意见的相关性,分别对 2008 年、2009 年、2010 年和 2008 ~ 2010 年三年混合样本的各变量进行显著性检验。首先采用 K – S 正态性检验的判别法对各变量进行 K – S 检验,然后进行均值差异检验。

①2008 年和 2009 年 K – S 正态性检验

2008 年和 2009 年正态性检验结果如表 8.12 所示。

表 8. 12   **2008 年和 2009 年 K – S 检验结果**

指标	2008 年				2009 年			
	N	Kolmogorov-Smirnov Z	渐近显著性（双侧）	是否符合正态分布	N	Kolmogorov-Smirnov Z	渐近显著性（双侧）	是否符合正态分布
lnfee	1 373	5. 061	0. 000	否	1 539	5. 081	0. 000	否
asset	1 373	15. 911	0. 000	否	1 539	16. 804	0. 000	否
ROE	1 373	10. 132	0. 000	否	1 539	16. 297	0. 000	否
Lev	1 373	3. 210	0. 000	否	1 539	2. 925	0. 000	否
ROA	1 373	7. 051	0. 000	否	1 539	10. 031	0. 000	否
R/A	1 373	5. 870	0. 000	否	1 539	6. 355	0. 000	否
I/A	1 373	5. 263	0. 000	否	1 539	5. 571	0. 000	否
Zg	1 373	8. 719	0. 000	否	1 539	9. 337	0. 000	否
Clo	1 373	17. 247	0. 000	否	1 539	18. 014	0. 000	否
DIST	1 373	19. 855	0. 000	否	1 539	21. 092	0. 000	否
Year	1 373	4. 817	0. 000	否	1 539	6. 379	0. 000	否
Big4	1 373	19. 976	0. 000	否	1 539	21. 192	0. 000	否
Big10	1 373	15. 073	0. 000	否	1 539	14. 118	0. 000	否

　　根据表 8. 12 中 K – S 检验结果可知，2008 年、2009 年选取的影响审计意见类型各指标，双尾检验的显著性水平均小于 0. 05，总体样本不符合正态分布。

　　②2010 年和 2008 ~ 2010 年三年混合样本的 K – S 正态性检验

　　2010 年和 2008 ~ 2010 年三年混合样本的 K – S 正态性检验结果如表 8. 13 所示。

表 8. 13   **2010 年和 2008 ~ 2010 年三年混合样本 K – S 检验结果**

指标	2010 年				三年混合样本			
	N	Kolmogorov-Smirnov Z	渐近显著性（双侧）	是否符合正态分布	N	Kolmogorov-Smirnov Z	渐近显著性（双侧）	是否符合正态分布
lnfee	1 705	4. 969	0. 000	否	4 617	8. 696	0. 000	否
asset	1 705	17. 313	0. 000	否	4 617	28. 919	0. 000	否
ROE	1 705	17. 206	0. 000	否	4 617	27. 175	0. 000	否
Lev	1 705	4. 688	0. 000	否	4 617	6. 372	0. 000	否
ROA	1 705	8. 537	0. 000	否	4 617	15. 233	0. 000	否
R/A	1 705	6. 584	0. 000	否	4 617	10. 884	0. 000	否
I/A	1 705	6. 346	0. 000	否	4 617	9. 861	0. 000	否
Zg	1 705	9. 834	0. 000	否	4 617	16. 120	0. 000	否
Clo	1 705	17. 721	0. 000	否	4 617	30. 425	0. 000	否
DIST	1 705	22. 237	0. 000	否	4 617	36. 523	0. 000	否
Year	1 705	7. 487	0. 000	否	4 617	10. 671	0. 000	否
Big4	1 705	22. 318	0. 000	否	4 617	36. 696	0. 000	否
Big10	1 705	13. 601	0. 000	否	4 617	24. 606	0. 000	否

根据表 8.13 中 K - S 检验结果可知，2010 年和 2008 ~ 2010 年三年混合样本选取的影响审计意见类型的各指标，双尾检验的显著性水平均小于 0.05，总体样本不符合正态分布。

（2）均值差异检验

根据单样本 K - S 检验结果得知，总体样本不符合正态分布。因此，可以运用非参数检验的两个独立样本 Mann - Whitney U 检验，检验非标公司与标准公司的审计费用等指标是否存在显著性差异。

①2008 年和 2009 年的均值差异检验

2008 年和 2009 年的均值差异检验见表 8.14。

表 8.14　　　　　　　　2008 年和 2009 年 Mann - Whitney U 检验结果

指　标	2008 年		2009 年	
	Z	渐近显著性（双侧）	Z	渐近显著性（双侧）
lnfee	- 1.882	0.060	- 4.204	0.000
asset	- 5.481	0.000	- 7.543	0.000
ROE	- 8.447	0.000	- 8.033	0.000
Lev	- 3.504	0.000	- 5.077	0.000
ROA	- 8.840	0.000	- 8.885	0.000
R/A	- 2.122	0.034	- 3.215	0.001
I/A	- 3.012	0.003	- 3.427	0.001
Zg	- 3.805	0.000	- 4.578	0.000
Clo	- 0.089	0.929	- 0.949	0.343
DIST	- 16.417	0.000	- 18.338	0.000
Year	- 1.692	0.091	- 2.304	0.021
Big4	- 1.413	0.158	- 1.327	0.184
Big10	- 0.242	0.809	- 0.699	0.484

根据表 8.14 的 Mann - Whitney U 检验结果得知：

2008 年非标公司与标准公司在审计费用上 Z 值为 - 1.882，其对应的双尾显著性为 0.06，存在比较显著的差异。非标公司与标准公司在总资产、净资产收益率、资产负债率、总资产收益率、应收账款/总资产、存货/总资产、子公司个数、是否 ST 等指标上存在显著性差异，显著性小于 0.05。非标公司与标准公司的审计年限存在差异，显著性为 0.091。非标公司与标准公司在上市公司所在地、是否国际四大和国内十大会计师事务所等指标上不存在显著性差异。

2009 年非标公司与标准公司在审计费用上 Z 值为 - 4.204，其对应的双尾显著性为 0，存在显著性差异。非标公司与标准公司在总资产、净资产收益率、资产负债率、总资产收益率、应收账款/总资产、存货/总资产、子公司个数、是否ST、审计年限等指标上显著性小于 0.05，存在显著性差异。非标公司与标准公司在上市公司所在地、是否国际四大和国内十大会计师事务所等指标上不存在显著性差异。

②2010 年和 2008～2010 年三年混合样本均值差异检验

2010 年和 2008～2010 年三年混合样本均值差异检验见表 8.15。

表 8.15　2010 年和 2008～2010 年三年混合样本 Mann–Whitney U 检验结果

指　标	2010 年		三年混合样本	
	Z	渐近显著性（双侧）	Z	渐近显著性（双侧）
lnfee	-3.922	0.000	-5.923	0.000
asset	-6.811	0.000	-11.561	0.000
ROE	-5.599	0.000	-12.687	0.000
Lev	-3.590	0.000	-7.043	0.000
ROA	-6.494	0.000	-13.919	0.000
R/A	-2.706	0.007	-4.672	0.000
I/A	-0.733	0.464	-4.086	0.000
Zg	-3.793	0.000	-7.029	0.000
Clo	-0.911	0.362	-1.029	0.303
DIST	-17.268	0.000	-30.106	0.000
Year	-1.130	0.258	-2.999	0.003
Big4	-0.608	0.543	-1.935	0.053
Big10	-0.387	0.699	-0.412	0.680

根据表 8.15 的 Mann–Whitney U 检验结果得知：

2010 年非标公司与标准公司在审计费用上存在显著性差异，Z 值为 -3.922，其对应的双尾显著性为 0。非标公司与标准公司在总资产、净资产收益率、资产负债率、总资产收益率、应收账款/总资产、子公司个数、是否 ST 等指标上存在显著性差异，显著性小于 0.05。非标公司与标准公司在存货/总资产、上市公司所在地、审计年限、是否国际四大和国内十大会计师事务所等指标上不存在显著性差异。

2008～2010 年三年混合样本非标公司与标准公司在审计费用上存在显著性差异，Z 值为 -5.923，其对应的双尾显著性为 0。非标公司与标准公司在总资产、净资产收益率、资产负债率、总资产收益率、应收账款/总资产、存货/总资产、子公司个数、是否 ST、审计年限等指标上存在显著性差异，显著性小于 0.05。非标公司与标准公司的是否国际四大会计师事务所指标存在显著性差异，显著性为 0.053。非标公司与标准公司在上市公司所在地、是否国内十大会计师事务所等指标上不存在显著性差异。

可以看出，所选指标在不同年度，非标公司与标准公司存在差异的显著性不同。审计费用在非标公司与标准公司之间存在着显著性差异。非标公司与标准公司涉及上市公司盈利、偿债能力、资产规模的财务指标和纳入合并范围的子公司个数等指标存在显著性的差异，上市公司所在地、是否国内十大会计师事务所等指标存在差异不显著。是否国际四大会计师事务所指标在 2008～2010 年三年混合样本的检验中存在较显著的差异。

2. Logistic 回归结果分析

Logistic 模型对多重共线性问题比较敏感，在对各变量进行回归前，先进行了多重共线性检验，检验结果表明多重共线性均小于 10，说明各自变量之间的共线性不严重，可将所有数据列入方程。Logistic 回归结果见表 8.16。

表 8.16　　　　　　　　　　Logistic 回归结果（强制进入）

年份	2008 年			2009 年			2010 年			三年混合数据		
样本量	1 373			1 539			1 705			4 617		
项目	B	Sig.	VIF	B	Sig.	VIF	B	Sig.	VIF	B	Sig.	VIF
（常量）	−14.169	0.019		−3.982	0.517		−2.246	0.667		−6.353	0.047	
lnfee	0.642	0.146	2.447	−0.273	0.539	1.414	−0.241	0.532	1.883	0.044	0.852	2.135
asset	−9.876	0.031	1.342	−19.620	0.008	3.086	−6.552	0.060	1.298	−9.882	0.000	1.352
ROE	−0.136	0.551	1.301	−0.126	0.804	2.267	−0.066	0.901	1.026	−0.618	0.045	1.045
Lev	0.382	0.101	1.602	0.689	0.000	1.440	0.058	0.520	1.309	0.309	0.001	1.222
ROA	−0.801	0.001	1.907	−0.657	0.001	1.100	−0.150	0.290	1.031	−0.327	0.000	1.092
R/A	−0.316	0.105	1.039	−0.557	0.008	1.190	−0.175	0.319	1.047	−0.328	0.003	1.041
I/A	−0.134	0.465	1.103	−0.141	0.430	1.092	0.040	0.792	1.229	−0.124	0.203	1.137
Zg	−0.530	0.267	1.353	0.072	0.868	1.041	−0.050	0.887	1.316	−0.204	0.407	1.310
Clo	0.585	0.164	1.091	0.929	0.022	1.113	0.210	0.207	1.041	0.312	0.017	1.057
DIST	2.396	0.000	1.105	2.405	0.000	1.288	3.092	0.000	1.075	2.722	0.000	1.093
Year	0.029	0.861	1.058	−0.229	0.254	1.063	0.003	0.988	1.074	−0.045	0.656	1.076
Big4	0.185	0.882	1.755	1.457	0.227	1.129	1.688	0.062	1.419	1.126	0.067	1.552
Big10	−0.107	0.774	1.151	0.157	0.664	1.104	0.257	0.302	1.101	0.165	0.380	1.120
Nagelkerke R Square	0.441			0.514			0.332			0.402		
Chi-square	186.879.***			237.192***			150.298***			536.16***		
平均正确率	96.4			96.82			96.598			96.62		

从表 8.16 可以得出，审计意见类型与审计费用的关系不存在显著性，非标准审计意见不会完全随着审计费用的增加而变为标准审计意见。

总之，非标准审计意见与上市公司资产规模、总资产收益率、应收账款/总资产、是否 ST、净资产收益率等指标显著负相关，资产规模大的上市公司比较注重管理，财务报表规范，其财务报表被出具标准审计意见的可能性大。获利能力弱，经营风险大的上市公司，其财务报表被出具非标准审计意见的可能性大。

第四节　相关结论与对策

一、相关结论

通过上述实证研究，可以得出以下结论：

1. 审计费用

(1) 审计费用与审计意见

上市公司的审计费用与审计意见类型具有显著的相关性，证实了假设 1。审计费用与审计意见类型负相关，审计费用越高，非标准审计意见的可能性越小。研究还发现，非标公司的业绩差，审计风险大，其审计费用的最小值大于标准公司。

(2) 审计费用与资产规模

上市公司的资产规模大小是影响审计费用的主要因素，2008 年、2009 年和 2010 年都与审计费用在 0.01 水平下显著正相关，与预测符号一致。

(3) 对上市公司审计的复杂程度

审计费用与上市公司的子公司个数和应收账款指标显著正相关，与预测符号一致。应收账款/总资产指标与审计费用显著负相关，与预测符号相反，应收账款/总资产指标取决于应收账款和总资产两个因素，在应收账款一定的情况下，总资产越多该比值越小，但审计师的工作量相同。

(4) 公司的获利能力和偿债能力

审计费用与资产负债率显著正相关，说明偿债能力越强，事务所承担的审计风险越小，审计费用越小，与预测符号一致。审计费用与净资产收益率和总资产收益率指标显著负相关，说明上市公司的获利能力越强，支付审计费用越多，与预测符号不一致。

(5) 是否 ST

审计费用与是否 ST 指标显著负相关，与预测符号不符。这种现象的发生是因为这类企业的资产规模小，经济业务简单。

（6）会计师事务所规模

审计费用与是否国际四大和国内十大会计师事务所指标显著正相关，与预测符号相符。

（7）审计年限

审计费用与审计年限显著正相关，说明会计师事务所在与客户签订年限较长的服务合同时，带来了较高的契约成本和交易费用，审计费用增大。

（8）地域因素

处于北京、上海、广州和深圳等物价水平高的地区，审计费用高，与预测符号一致。

2. 审计意见类型

（1）审计费用

Logistic 回归结果表明，审计意见类型与审计费用不具有显著的相关性，也就是说，审计意见类型决定于被审计单位的财务报表质量以及其经营失败的可能性，审计意见购买的情况不是普遍现象。

（2）其他因素

非标准审计意见类型与上市公司总资产、净资产收益率、总资产收益率显著负相关，与资产负债率、应收账款/总资产和是否 ST 指标显著正相关，与存货/总资产、子公司个数、审计年限和是否国内十大会计师事务所等指标不存在相关性。

二、对策

通过对审计费用与审计意见的研究，发现上市公司的审计收费制度不够完善、有关审计费用的披露不够规范等问题，提出应对措施如下：

1. 完善审计收费制度

目前我国的审计费用金额是由会计师事务所和被审计单位协商制定的，容易出现购买审计意见的行为。为避免购买审计意见行为的发生，需要制定统一、公开的审计收费标准。审计收费标准应采取以人工小时为基础，根据被审计单位的规模、总体财务状况和内部控制的强弱制定。

现行的审计费用支付方式是由被审计单位直接支付给会计师事务所的，这种方式由于缺乏第三方的监管，容易出现审计质量无法保障的现象。建议被审计单位先支付给当地的行业主管部门或注册会计师协会，由行业主管部门或注册会计师协会对审计工作质量进行审查，鉴定之后再决定是否支付给事务所。这样一来，有了第三方的质量把关，对报表使用者更为有利。

2. 完善审计费用的披露机制

通过数据的收集发现，虽然审计费用的披露要求已经颁布，仍有部分公司未披露审计费用，多数公司对于审计费用的披露很不全面，不利于监管部门的监管。因此，需要进一步完善审计费用的披露机制。建议由证监会设计披露审计收费信息的统一表格，采用表格的形式列示年报审计收费信息，要求上市公司按统一格式如实披露审计收费信息，特殊事项在表格的备注中说明。

第九章 持续经营能力与审计意见

第一节 相关概念、现状与研究假设

一、相关概念和现状

1. 持续经营能力概念的界定

持续经营假设是会计确认和计量的四项基本假设之一，国际会计准则第 1 号对持续经营是这样描述的："企业一般被认为是继续经营，即在可预见的未来持续经营。它假定这一企业既不企图也不必要停止或从实质上削弱它的经营规模"。中国注册会计师审计准则第 1324 号将持续经营假设定义为：被审计单位在编制会计报表时，假设其经营活动在可预见的将来会继续下去，不拟也不必终止经营或破产清算，可以在正常的经营过程中变现资产、清偿债务。

持续经营假设为会计核算创造了一个稳定的基础。尽管在现实经济生活中，绝对意义上持续经营的企业是不存在的，但是多数企业能够在相对稳定的一段期间内保持连续状态。一旦会计人员有证据证明企业将要破产清算，持续经营的基本前提或假设便不再成立，企业也就不能按照企业会计准则的规定编制财务报表。

2. 持续经营能力的影响因素分析

导致企业持续经营能力产生重大疑虑事项或情况的原因多种多样，总结起来可以分为财务、经营和其他等三方面事项。

（1）财务方面
在财务方面被审计单位存在的可能导致对持续经营假设产生重大疑虑的事项

或情况主要有：

①资不抵债。主要表现为被审计单位的净资产为负或营运资金出现负数。

②筹集资金困难。主要表现为定期借款即将到期，但预期不能展期或偿还或过度依赖短期借款为长期资产筹资，存在债权人撤销财务支持的迹象。

③偿债能力弱。主要表现为拖欠或停止发放股利、在到期日无法偿还债务和无法履行借款合同的条款。

④经营绩效差。主要表现为被审计单位的关键财务比率不佳，发生重大经营亏损或用以产生现金流量的资产价值出现大幅下跌，无法获得开发必要的新产品或进行其他必要的投资所需资金，债权人撤销财务支持，不再能够获得正常的商业信用由赊购变为货到付款等。

（2）经营方面

在经营方面被审计单位存在的可能导致对持续经营假设产生重大疑虑的事项或情况主要有：

①清算或终止经营。主要表现为管理层计划清算被审计单位或终止经营。

②关键人员短缺。主要表现为被审计单位的关键管理人员离职且无人代替、出现用工困难等问题。

③市场竞争失利。主要表现为被审计单位失去主要市场、关键客户、特许权、执照或主要供应商，出现非常成功的竞争者。

④重要材料短缺。主要表现为被审计单位缺少企业生产经营高度依赖的重要原材料供应。

（3）其他方面

在其他方面被审计单位存在的可能导致对持续经营假设产生重大疑虑的事项或情况主要有：

①违反有关法规。主要表现为被审计单位违反有关资本或其他发行要求，被有关部门撤销或责令关闭，或被处以较大数额的罚款，导致被审计单位无法持续经营或对其持续经营能力产生重大影响。

②存在未决诉讼等或有事项。常见的或有事项主要包括未决诉讼或仲裁、债务担保、产品质量保证（含产品安全保证）、承诺、亏损合同、重组义务、环境污染整治等。如果被审计单位的未决诉讼或监管程序可能导致企业财产被冻结或被有关部门责令停产整改，也可能导致其无法支付索赔金额。

③对企业不利的法律法规变化。由于法律法规或政府政策的变化，预期会对企业产生不利影响。

④重大灾害事件。被审计单位对发生的灾害未购买保险或保额不足。

3. 持续经营能力对审计意见的影响

审计准则规定注册会计师应根据获取的审计证据，运用职业判断，确定是否存在与事项或情况相关的重大不确定性，并考虑对审计意见的影响。根据被审计单位管理层对拟采取改善措施的情况及不确定性的披露情况，确定出具的审计意见类型。如果被审计单位存在持续经营能力问题，注册会计师就应当对其年度报告发表带强调事项段无保留意见、保留意见、无法表示意见和否定意见等非标准审计意见的审计报告。

（1）带强调事项段无保留意见

如果注册会计师认为财务报表已充分披露可能导致对持续经营能力产生重大疑虑的事项或情况，并由此导致被审计单位可能无法在正常的经营过程中变现资产或清偿债务，以及管理层针对这些事项或情况的应对计划，注册会计师应当发表无保留意见，并在审计报告中增加强调事项段，强调可能导致对持续经营能力产生重大疑虑的事项或情况存在重大不确定性的事实，提醒财务报表使用者关注财务报表附注中对有关事项的披露。

（2）保留意见

如果注册会计师认为持续经营假设适合具体情况，但存在重大不确定性，且被审计单位未对导致持续经营能力产生重大疑虑的事项或情况作出充分披露，注册会计师应依据其严重程度发表保留意见或否定意见，若影响不具有广泛性，则发表保留意见。

（3）无法表示意见

当被审计单位存在多项可能导致对其持续经营能力产生重大疑虑的事项或情况存在重大不确定性时，如果注册会计师难以判断财务报表的编制基础是否适合继续采用持续经营假设，应将其视为对注册会计师的审计范围构成重大限制。这种情况下，注册会计师应当考虑出具无法表示意见的审计报告。

（4）否定意见

如果注册会计师认为持续经营假设适合具体情况，但存在重大不确定性，且被审计单位未作出充分披露，注册会计师应依据其严重程度发表保留意见或否定意见，若情况严重且影响重大广泛，则发表否定意见。

如果财务报表按持续经营基础编制，而注册会计师运用职业判断认为管理层在编制财务报表时运用持续经营假设是不适当的，则无论财务报表中对管理层运用持续经营假设的不适当性是否作出披露，注册会计师均应发表否定意见。

总之，由于上市公司存在持续经营能力方面的问题，出具的审计报告均为非标准审计意见的审计报告。

4. 上市公司被出具持续经营能力非标准审计意见的概况

近几年来，我国上市公司的非标准审计意见主要原因是持续经营能力问题，2005~2010年因持续经营能力导致的非标准审计情况见表9.1。

表 9.1 2005～2010 年持续经营非标准审计意见情况表

年度 项 目	2010	2009	2008	2007	2006	2005
持续经营能力引起的非标意见	84	93	82	85	76	94
当年非标意见	118	118	111	121	149	162
占当年非标意见比重（％）	71.19	78.81	73.87	70.25	51.01	58.02

由表 9.1 可以看出，从 2005～2010 年由于持续经营能力不确定而导致的非标准审计意见的比率一直居高不下，所以有理由相信持续经营能力是注册会计师出具审计意见时考虑的首要问题，持续经营能力差的公司，更倾向于收到非标准审计意见。

二、研究假设

注册会计师出具的审计报告是投资者做出决策的重要依据，上市公司能否持续经营直接影响着审计报告意见的类型。因此，审计意见特别是非标准审计意见的出具与上市公司持续经营能力之间存在着必然关系。根据审计准则关于持续经营能力对审计意见的影响规定，提出以下假设：

假设 1： 持续经营能力存在问题的上市公司会收到注册会计师所出具的非标准审计意见的审计报告。

假设 2： 年报被出具非标准审计意见与标准审计意见审计报告的上市公司持续经营能力之间存在显著差异。

第二节 研究设计

一、样本选取

1. 研究样本的选取

选取 2010 年被出具非标准审计意见的 113 家上市公司作为研究样本，具体选取过程如下：

（1）查询 2010 年年报中出具非标准审计意见的 118 家上市公司。

（2）一共剔除五家上市公司，其中 B 股上市公司两家，2010 年新上市的公司两家，因2008年破产重组导致2009年成为零资产零负债的上市公司一家。

2. 控制样本的选取

查找2010年被出具标准无保留意见且与研究样本同行业、资产规模相近的上市公司，确定了113家上市公司作为控制样本。选择控制样本的标准是：①标准公司与非标公司的资产规模相近；②标准公司与非标公司的行业相同（行业以中国证监会发布的行业分类为准）。

研究样本和控制样本资产规模接近的检验结果见表9.2。

表9.2　　　　　　　　　　　　两组样本资产规模的检验

		方差方程的Levene检验		均值方程的t检验				
		F	Sig.	t	df	Sig.（双侧）	均值差值	标准误差值
总资产	假设方差相等	0.201	0.654	-0.802	224	0.423	-1.677E8	2.09121E8
	假设方差不相等			-0.802	223.925	0.423	-1.677E8	2.09121E8

从表9.2可以发现，方差方程的Levene检验结果显示，$F = 0.201$，$Sig = 0.654 > 0.05$，可以认定两样本的方差相等，控制样本在总资产规模方面与研究样本基本上相近，不存在显著差异。

二、变量选择

1. 因变量的选择

研究中选择审计意见类型为因变量（用OP表示），当上市公司年报的审计意见类型是非标准审计意见的定义为"1"，上市公司审计意见类型是标准审计意见的定义为"0"。

2. 自变量的选择

（1）非财务指标

①有无担保事项

担保是指法律为确保特定的债权人实现债权，以债务人或第三人的信用或者特定财产来督促债务人履行债务的制度。担保事项会导致或有事项的发生，产生预计负债、非经营性损益，最终将导致企业无法持续经营或对其持续经营能力产生重大影响，使企业经营风险增大，企业将倾向于收到非标准审计意见的审计报告。

②有无重大诉讼、仲裁事项

诉讼仲裁的结果无法准确预测，可能导致企业财产被冻结或被有关部门责令停产整改，也可能导致企业无法支付索赔金额，会使企业持续经营能力产生重大影响或无法持续经营，企业收到非标准审计意见审计报告的概率较大。

③第一股东性质

王跃堂、赵子夜（2003）[129]利用1998～2001年沪深两市上市公司数据为样本，研究上市公司第一股东性质对审计意见的类型产生的影响，发现相对于第一大股东为非国有股的公司，当第一大股东为国有股时，公司更容易获得标准类型审计意见的审计报告。

④上期审计意见类型

根据陆正飞、童盼（2003）[125]的研究可知，公司上期的审计意见类型影响本期的意见类型，即上期收到标准意见审计报告的公司本期更有可能收到标准意见审计报告，而上期收到非标准意见审计报告的公司，很可能还存在同样的遗留问题，因此本期收到非标准意见审计报告的概率会相当大。

⑤亏损与否

根据章永奎、刘峰（2002）[38]的研究可知，公司的持续经营状况影响公司的审计意见类型，亏损公司的年报被出具非标准意见的可能性比盈利公司要大得多。

⑥报表披露时间

如果管理层或治理层在财务报表日后严重拖延对财务报表的批准，注册会计师应当会询问拖延的原因，如果认为拖延可能涉及与持续经营能力相关的事项或情况，注册会计师会考虑重大不确定性事项对审计结论的影响，出具非标准审计意见的审计报告。

（2）财务指标

企业在财务、经营或偿债方面存在某些事项或情况，可能导致经营风险，这些事项或情况单独或连同其他事项或情况可能导致持续经营假设产生重大疑虑，从而影响注册会计师发表的审计意见类型。因此，分别从能够全面反映企业持续经营能力的盈利能力、营运能力和偿债能力三个方面选取财务指标。

1）盈利能力方面

①市净率

市净率指的是每股市价与每股净资产的比值。市净率越高，企业的财务风险越大，市净率越低，该股票保值增值的空间就比较大。在目前的研究中很少有人用到市净率，但根据国内外的一些研究成果，可以推测出市净率与审计意见存在着一定的联系。

②每股收益

每股收益反映了每股创造的税后利润。章永奎和刘峰（2002）[38]的研究显示，每股收益指标与审计意见类型之间存在显著的相关性。每股收益是衡量上市公司盈利能力最重要的财务指标，能够反映普通股的获利水平，该指标越高，表明所创造的利润越多。

③每股净资产

夏立军、杨海斌（2002）[109]的研究表明，每股净资产指标和审计意见类型之间有显著的相关性。每股净资产能够反映公司的经营成果，在股数和投资者投入资本一定的情况下，每股净资产越大，净资产越多，留存收益越多，说明公司的经营状况好，经济实力雄厚，则注册会计师对公司的评价越积极，公司收到标准无保留意见审计报告的可能性大。

④总资产收益率

包和陈（Bao and Chen, 1998）[130]的研究结果显示，总资产收益率指标与审计意见类型之间存在很强的相关性，能够综合反映公司资产的盈利能力。

2）偿债能力方面

①流动比率

贝尔和塔伯（Bell and Tabor, 1991）[110]研究显示，流动比率指标与审计意见类型之间存在显著的相关性。流动比率反映了公司的短期偿债能力，流动比率越高，企业的短期偿债能力越强，公司陷入财务危机的可能性就越低，持续经营能力就比较稳定。

②资产负债率

朱小平、余谦（2003）[131]等的研究表明，资产负债率指标和审计意见类型之间存在显著的相关性。资产负债率是一项衡量企业利用债权人资金进行经营活动能力的指标，资产负债率指标既反映了公司的长期偿债能力，又反映了公司资本结构的稳定性。一般认为资产负债率越高，公司的偿债能力越差，公司的持续经营能力也越差。

③利息保障倍数

利息保障倍数指标反映企业的利息支付能力，表示息税前利润对利息费用的倍数，反映公司负债经营的财务风险程度。一般情况下，该指标值越大，表明公司偿付借款和利息的能力越强，负债经营的财务风险就越小，具有较强的持续经营能力。

④经营现金流量与负债比

朱小平、余谦（2003）[131]的研究结果显示，经营现金流量与负债比对审计意见类型有显著的影响。该指标越大，公司的短期偿债能力越强，持续经营能力也就越强。

3）营运能力方面

①应收账款周转率

吕先锖、王伟（2007）[132]的研究结果显示，当上市公司的应收账款周转率较高时，注册会计师更趋向于对被审计单位的年报出具非标准审计意见，原因可能在于注册会计师并不把应收账款周转率看作公司营运能力的代表性指标，而是认为当上市公司的应收账款周转率较高时，可能预示着本年度平均应收账款总额的减少但这对上市公司并不是一件好事，常常暗含着公司本期的信用政策过紧、存货过多，最终导致市场销售量下降，影响了企业的盈利水平。

②总资产周转率

陈晓、陈治鸿（2000）[133]以因财务状况异常而被特别处理（ST）作为上市公司陷入财务困境的标志，对中国上市公司的财务困境进行预测，通过试验1 260种变量组合，发现总资产周转率对上市公司持续经营能力有显著的预示效应。

③存货周转率

存货周转率指标是衡量和评价企业购入存货、投入生产、销售收回等各环节管理状况的综合性指标，是整个企业管理的一个重要内容。存货周转率指标的好坏反映了企业存货管理水平的高低，会影响企业的短期偿债能力，也会影响企业的持续经营能力。

上述各变量的定义见表9.3。

表9.3　　　　　　　　　　　　　变量定义表

	变量	符号	编号	变量定义	指标的类型	影响方向预测
因变量	审计意见类型	OP		非标准取"1"值，标准取"0"值		
自变量	有无担保事项	KA	1	有担保事项取"1"值，否则取"0"值	—	+
	重大诉讼仲裁事项	KB	2	有重大诉讼仲裁事项取"1"值，否则取"0"值	—	+
	第一股东性质	KC	3	国有或国家取"1"值，其他取"0"值	—	—
	上期审计意见类型	KD	4	上期审计意见为非标取"1"值，标准取"0"值	—	+
	亏损与否	KE	5	公司亏损取"1"值，否则取"0"值	—	+
	报表披露时间	KF	6	披露时间为最后一周取"1"值，一周之前取"0"值	—	+

续表

	变量	符号	编号	变量定义	指标的类型	影响方向预测
自变量	市净率	LE	7	每股市价/每股净资产	盈利能力	-
	每股收益	EPS	8	属于普通股的当期净利润/普通股加权平均数	盈利能力	-
	每股净资产	LC	9	股东权益/总股数	盈利能力	-
	流动比率	LR	10	流动资产/流动负债	偿债能力	-
	资产负债率	LEV	11	负债总额/资产总额	偿债能力	+
	利息保障倍数	KH	12	息税前利润/利息费用	偿债能力	-
	应收账款周转率	KK	13	销售收入/平均应收账款净额	营运能力	-
	总资产周转率	KG	14	销售收入/平均资产净额	营运能力	-
	存货周转率	LD	15	销货成本/平均存货余额	营运能力	-
	总资产收益率	KI	16	息税前利润/平均资产净额	盈利能力	-
	经营现金流量与负债比	KJ	17	经营性现金净流量/负债	偿债能力	-

三、模型建立

研究中选用 Logistic 回归模型：

$$\ln(p/(1-p)) = \beta_0 + \beta_1 KA + \beta_2 KB + \beta_3 KC_3 + \beta_4 KD + \beta_5 KE + \beta_6 KF +$$
$$\beta_7 LE + \beta_8 EPS + \beta_9 LC + \beta_{10} LR + \beta_{11} LEV + \beta_{12} KH +$$
$$\beta_{13} KK + \beta_{14} KG + \beta_{15} LD + \beta_{16} KI + \beta_{17} KJ + \varepsilon$$

第三节　实证分析

实证分析分为两部分：第一部分是以 2010 年非标公司作为研究样本，以 2010 年标准公司作为控制样本，分别对 2009 年和 2010 年以及两年混合的数据进行实证研究；第二部分是以 2009 年和 2010 年非标公司作为研究样本，以相应年度的标准公司作为控制样本，对其相应的数据进行实证研究。通过实证研究，确定持续经营能力对审计意见的影响。

一、2010 年度的实证分析

1. 描述性统计

2010 年非标公司和标准公司 2009 年和 2010 年的描述性统计结果见表 9.4。

表9.4 （1）   2010 年非标公司和标准公司描述性统计结果

指标	年度	最小值		最大值	
		非标	标准	非标	标准
有无担保事项	2010	0	0	1	1
	2009	0	0	1	1
重大诉讼仲裁事项	2010	0	0	1	1
	2009	0	0	1	1
第一股东性质	2010	0	0	1	1
	2009	0	0	1	1
上期审计意见	2010	0	0	1	0
	2009	0	0	1	1
亏损与否	2010	0	0	1	1
	2009	0	0	1	1
报表披露时间	2010	0	0	1	1
	2009	0	0	1	1
市净率	2010	−1 442.857	2.595	368.5	46
	2009	−348	−3.8938	888	28.696
每股收益	2010	−2.484	−0.4029	3.6934	1.39
	2009	−4.21	−0.71	2.39	1.3751
每股净资产	2010	−14.52	0.18	5.63	11.23
	2009	−8.33	−2.26	4.21	10.12
总资产收益率	2010	−728.51	−16.61	274.98	293.3
	2009	−6 481.92	−17.98	205.79	73.47
流动比率	2010	0	−0.15	36.8	88.73
	2009	0	0.2	8.6	23.2
资产负债率	2010	1.08	0.43	2 969.76	82.08
	2009	−10.4	0.52	13 837.77	634.77
利息保障倍数	2010	−15.08	0.086	73 776.027	0.086
	2009	−45 244.0486	−15 195.77	17 633.1206	3 811.5927
应收账款周转率	2010	0	0.95	156 869.5	865.6
	2009	0	0.52	653.2	1 057.15
总资产周转率	2010	0	0.12	2.78	4.08
	2009	0	0.13	7 468.02	3.33
存货周转率	2010	0	0	5 073.35	216.07
	2009	0	0.33	307.27	11 662.43

表 9.4（2）   **2010 年非标公司和标准公司描述性统计结果**

指标	年度	均值		中位数		标准差	
		非标	标准	非标	标准	非标	标准
有无担保事项	2010	0.41	0.36	0	0	0.493	0.483
	2009	0.41	0.37	0	0	0.493	0.485
重大诉讼仲裁事项	2010	0.58	0.14	1	0	0.497	0.35
	2009	0.61	0.19	1	0	0.49	0.391
第一股东性质	2010	0.35	0.37	0	0	0.48	0.485
	2009	0.47	0.39	0	0	0.501	0.49
上期审计意见	2010	0.82	0.01	1	0	0.383	0.094
	2009	0.65	0.01	1	0	0.48	0.094
亏损与否	2010	0.42	0.03	0	0	0.497	0.161
	2009	0.54	0.06	1	0	0.501	0.242
报表披露时间	2010	0.55	0.12	1	0	0.5	0.32
	2009	0.41	0.09	0	0	0.493	0.285
市净率	2010	-4.8389	7.53713	4.74	6.0101	148.877221	5.323686
	2009	17.51799	7.788536	5.0769	5.9585	108.46198	4.9839479
每股收益	2010	0.04185	0.274457	0.02	0.1798	0.6405042	0.3002404
	2009	-0.2366	0.27928	-0.01	0.19	0.7904832	0.3319736
每股净资产	2010	0.0887	1.39	0.25	2.58	2.38312	2.27486
	2009	0.1178	2.7513	0.22	2.44	2.06464	1.73556
总资产收益率	2010	-6.0377	7.8311	0.86	5.55	96.78267	27.583
	2009	-65.9495	6.8006	-2.2	4.8	610.51353	9.91364
流动比率	2010	1.2524	4.9386	0.6	2.1	3.54737	10.66603
	2009	0.859	3.022	0.48	1.86	1.1245	3.2433
资产负债率	2010	191.6442	33.8619	78.53	31.94	397.18494	20.8857
	2009	357.716	40.8549	73.29	36.22	1 461.3717	59.60191
利息保障倍数	2010	1 026.85873	41.25271	3.833	9.1868	7 235.234593	144.381798
	2009	-219.059925	-58.732867	2.3751	8.5217	4 584.38	1 495.06
应收账款周转率	2010	1 587.4908	60.5998	5.77	6.53	14 824.8425	147.08976
	2009	11.3475	51.4342	0.81	6.03	62.74811	148.10879
总资产周转率	2010	0.523805	0.825575	0.35	0.66	0.5773683	0.6707591
	2009	81.68646	0.8025	0.71	0.69	704.56865	0.57608
存货周转率	2010	73.838673	9.488496	2.52	4.01	518.5480841	24.0780105
	2009	9.7934	114.0199	2.27	3.72	34.89678	1 096.90173

注："非标"表示 2010 年年报被出具非标准审计意见上市公司，"标准"表示 2010 年年报被出具标准审计意见上市公司。

从表 9.4 可以看出，2010 年非标公司和标准公司描述性统计结果，其非财务指标与财务指标的描述性统计结果存在差异。

（1）非财务指标

与标准公司相比，非标公司的有无担保事项和重大诉讼仲裁事项较多，上期审计意见类型多为非标准审计意见，亏损企业较多，报表披露时间较晚，说明这些指标与是否收到非标准审计意见的审计报告正相关。有无担保事项、重大诉讼仲裁事项、亏损与否等指标的数值越大，说明公司的持续经营能力存在的问题越多，越容易收到非标准审计意见的审计报告。

与 2010 年非标公司的 2009 年数据相比，非标公司 2010 年的有无担保事项未发生变化，第一大股东国有股股东减少，重大诉讼仲裁事项和是否亏损数减少，上期审计意见类型非标准审计意见增多。这一现象表明，上市公司持续经营存在的问题不是一朝一夕形成的，而是多年累计的结果。因此，可以通过企业上期的非财务指标来判断企业本期的持续经营能力和经营风险，进而判断审计意见类型。

（2）财务指标

①盈利能力

与标准公司相比，非标公司的市净率、每股收益、每股净资产和总资产收益率等盈利指标小，说明非标公司盈利能力差。

非标公司 2010 年和 2009 年相比，每股的净资产和市净率减少，说明这些公司的股价在下跌，净资产在减少。每股收益由负数变为正数，说明这些公司 2010 年总体由亏损变为盈利，2010 年业绩好于 2009 年。总资产收益率两年均为负数，没有比较意义。

从标准差来看，非标公司的标准差大，说明这些公司盈利能力指标的离散度大，稳定性差。

②偿债能力

与标准公司相比，非标公司的流动比率小、资产负债率大、利息保障倍数 2009 年小、2010 年大，经营现金流量与负债比小。可以看出，非标公司的偿债能力非常差，有些已资不抵债。

非标公司 2010 年和 2009 年相比，流动比率增加，资产负债率虽减少但仍大于 100%，利息保障倍数增加。也就是说，这些公司上一年的偿债能力就很差。

③营运能力

与标准公司相比，非标公司的应收账款周转率和存货周转率较快，总资产周转率慢，可以看出这些公司在清理资产。

非标公司 2010 年和 2009 年相比，2010 年应收账款周转率和存货周转率比 2009 年快，总资产的周转率慢，说明 2010 年这些公司在加紧出售存货和清理应收账款。

通过描述性统计可以说明，非标公司比标准公司的盈利能力、偿债能力和营运能力差，持续经营能力弱，经营风险大。通过两年的业绩比较，可以看出非标公司的持续经营能力问题是多年积累的结果，非标公司与标准公司的持续经营能力之间存在显著差异，与假设 2 相符。

2. 指标显著性检验

（1）指标的正态性检验

各指标的 K－S 正态检验结果如表 9.5 所示。

表 9.5　　　　　　2009 年和 2010 年单样本 Kolmogorov-Smirnov 检验

指　　标 有无担保事项	N	2010 年			2009 年		
		K－S Z	渐近显著性（双侧）	是否符合正态分布	K－S Z	渐近显著性（双侧）	是否符合正态分布
重大诉讼仲裁事项	226	6.015	0.000	否	5.912	0.000	否
第一股东性质	226	6.219	0.000	否	5.673	0.000	否
上期审计意见	226	6.185	0.000	否	6.422	0.000	否
亏损与否	226	5.775	0.000	否	6.656	0.000	否
报表披露时间	226	7.205	0.000	否	7.047	0.000	否
市净率	226	6.422	0.000	否	5.396	0.000	否
每股收益	226	5.828	0.000	否	3.161	0.000	否
每股净资产	226	2.977	0.040	否	1.256	0.085	符合
流动比率	226	1.757	0.000	否	3.492	0.000	否
资产负债率	226	5.226	0.000	否	6.320	0.000	否
利息保障倍数	226	5.315	0.000	否	7.550	0.000	否
应收账款周转率	226	7.041	0.000	否	5.903	0.000	否
总资产周转率	226	7.291	0.000	否	7.129	0.000	否
存货周转率	226	2.207	0.000	否	7.127	0.000	否
总资产报酬率	226	6.940	0.000	否	6.743	0.000	否
经营现金流量与负债比	226	5.351	0.000	否	7.632	0.000	否

从表 9.5 可知，除 2009 年的每股净资产外，其他自变量的 P 值都 < 0.05，只有该变量服从正态分布。因此，对该变量进行独立样本 T 检验，对其他变量进行非参数 Mann－Whitney U 显著性检验。

（2）均值差异检验

①独立样本 T 检验

对于符合正态分布的 2009 年每股净资产采用独立样本 T 检验，检验结果见表 9.6。

表 9.6   2009 年每股净资产 T 检验结果

每股净资产		方差方程的 Levene 检验		均值方程的 t 检验				
		F	Sig.	t	df	Sig.（双侧）	均值差值	标准误差值
	假设方差相等	1.28	0.259	−10.275	223	0	−2.66993	0.25986
	假设方差不相等	—	—	−9.93	171.29	0	−2.66993	0.26887

从表 9.6 结果可知，每股净资产 Sig（双侧）值 < 检验值 0.05，说明非标公司与标准公司的每股净资产指标存在显著差异，该指标影响公司的审计意见类型。

②Mann – Whitney U 检验

采用 Mann – Whitney U 检验法，检验非标公司与标准公司的财务指标是否存在显著差异，检验的结果见表 9.7。

表 9.7   2009 年和 2010 年 Mann – Whitney U 检验结果

指 标	2009 年		2010 年	
	Z	渐近显著性（双侧）	Z	渐近显著性（双侧）
有无担保事项	−0.159	0.873	−0.769	0.442
重大诉讼仲裁事项	−6.407	0.000**	−6.741	0.000**
第一股东性质	−0.912	0.362	−0.327	0.744
上期审计意见	−10.87	0.000**	−12.352	0.000**
亏损与否	−6.688	0.000**	−7.114	0.000**
报表披露时间	−4.883	0.000**	−6.867	0.000**
市净率	−3.248	0.001**	−2.463	0.014**
每股收益	−7.134	0.000**	−7.078	0.000**
每股净资产	T 检验	—	−9.929	0.000**
流动比率	−9.127	0.000**	−8.667	0.000**
资产负债率	−6.699	0.000**	−8.572	0.000**
利息保障倍数	−3.837	0.000**	−3.206	0.001**
应收账款周转率	−9.183	0.000**	−2.407	0.016**
总资产周转率	−1.969	0.049**	−4.682	0.000**
存货周转率	−2.163	0.031**	−2.73	0.006**
总资产收益率	−5.955	0.000**	−4.924	0.000**
经营现金流量与负债比	−6.616	0.000**	−5.797	0.000**

注：** 为在 0.05 水平下显著，* 为在 0.1 水平下显著。

从表9.7可知：

①对2009年除每股净资产外的其他16个指标进行了 Mann – Whitney U 检验，从显著性水平看，有14个指标在0.05水平下显著，即这些指标影响上市公司的审计意见类型。有无担保事项和第一股东性质指标不存在显著性的差异。

②对2010年的17个指标都进行了 Mann – Whitney U 检验，从显著性水平看，有15个指标在0.05水平下显著，即这些指标影响公司审计意见类型。有无担保事项和第一股东性质指标不存在显著性的差异。

通过对两年的显著性指标进行分析可知，非标公司与标准公司的有无重大诉讼仲裁事项、上期审计意见、亏损与否、报表披露时间、市净率、每股收益、每股净资产、流动比率、资产负债率、利息保障倍数、应收账款周转率、总资产周转率、存货周转率、总资产报酬率、经营现金流量与负债比等指标存在显著性差异，即这15个指标影响公司的意见类型，再次验证了假设2。

根据上述分析只能判断非标公司与标准公司的各项指标是否存在差异，不能判断各财务指标对审计意见类型的影响方向，所以需要进行进一步的分析。

3. Logistic 回归分析

（1）多重共线性诊断

Logistic 回归模型的数据来自随机样本，该回归对多重共线性敏感，当自变量存在多重共线性时，回归系数的方差随着多重共线性强度的增加而加速增长，会造成回归方程在高度显著的情况下，有些回归系数通不过检验，甚至出现回归系数的正负号得不到合理的经济解释的情况，因此，需要通过对具有多重共线性的变量加以剔除，以消除其影响。利用 SPSS17.0 对通过显著性检验的17个变量进行多重共线性诊断，诊断结果见表9.8。

从表9.8可以看出，2009年和2010年的17个指标的方差膨胀因子（VIF）值均小于10，容忍度较大，说明这些变量之间多重共线性较小，可以接受。

（2）Logistic 初步回归分析

Logistic 初步回归结果见表9.8。

表9.8　2009年和2010年及两年混合 Logistic 初步回归结果（ENTER）

指标	2010 年			2009 年			混合		
	B	Sig.	VIF	B	Sig.	VIF	B	Sig.	VIF
常量	−4.511**	0.016		−2.064**	0.022		−1.165*	0.084	
KA	−0.651	0.435	1.092	−0.552	0.396	1.205	−0.502	0.263	1.073
KB	0.440	0.595	1.454	0.080	0.909	1.470	0.338	0.474	1.403
KC	−0.850	0.329	1.126	−0.376	0.558	1.129	−0.379	0.383	1.082

续表

指标	2010 年			2009 年			混合		
	B	Sig.	VIF	B	Sig.	VIF	B	Sig.	VIF
KD	10.137 *	0.056	1.694	3.429 **	0	1.616	4.548	0 **	1.565
KE	2.178 *	0.1	1.521	1.049	0.112	1.432	1.663 **	0.002	1.383
KF	2.496 **	0.003	1.33	1.963 **	0.003	1.213	2.093 **	0	1.213
LE	0.005	0.584	1.057	0	0.854	1.155	0	0.943	1.052
EPS	0.633	0.805	2.4	−0.242	0.795	1.341	0.168	0.774	1.445
LC	0.008	0.981	2.793	−0.356	0.162	2.188	−0.359 **	0.048	2.030
LR	−0.012	0.967	1.38	−0.215	0.326	1.451	−0.239	0.126	1.145
LEV	0.056 **	0.028	3.105	0.001	0.574	5.11	0	0.6	4.644
KH	0	0.915	1.447		0.874	4.766	0	0.64	1.381
KK	0	0.925	1.099	−0.009	0.101	1.076	0	0.855	1.017
KG	−0.618	0.512	1.379	0.742 **	0.019	1.042	0.562 **	0.018	1.018
LD	0	0.644	1.086	0	0.768	1.014	0	0.863	1.015
KI	−0.039	0.12	2.945	−0.013	0.453	8.788	−0.018 **	0.024	4.853
KJ	−2.041	0.295	1.407	−0.792	0.38	1.049	−1.212 *	0.061	1.021
Nagelkerke R 方	0.837			0.907			0.853		
卡方	219.282 ***			257.904 ***			458.998 ***		

注：*** 代表 0.01 水平下显著性，** 代表 0.05 水平下显著性，* 代表 0.1 水平下显著性。

表 9.8 显示了 2009 年和 2010 年及两年混合的 Logistic 初步回归结果：

①对系数 B 分析

2010 年上市公司重大诉讼仲裁事项、上期审计意见、亏损与否、报表披露时间、资产负债率与非标准审计意见正相关，与预测方向一致。第一股东性质、流动比率、总资产周转率、总资产收益率、经营现金流量与负债比与非标准审计意见负相关，与预测方向一致。市净率、每股收益、每股净资产与非标准审计意见正相关，与预测方向相反。有无担保事项与非标准审计意见负相关，与预测方向相反。利息保障倍数、应收账款周转率、存货周转率与非标准审计意见不相关。

2009 年重大诉讼仲裁事项、上期审计意见、亏损与否、报表披露时间、资产负债率与非标准审计意见正相关，与预测方向一致。有无担保事项与非标准审计意见负相关，与预测方向相反。第一股东性质、每股收益、每股净资产、流动比率、应收账款周转率、总资产报酬率、经营现金流量与负债比与非标准审计意见负相关，与预测方向一致。总资产周转率与非标准审计意见正相关，与预测方向相反。市净率、利息保障倍数、存货周转率与非标准审计意见不相关。

2010 年与 2009 年混合年度的重大诉讼仲裁事项、上期审计意见、亏损与否、报表披露时间与非标准审计意见正相关，与预测方向一致。每股收益、总资产周转率与非标准审计意见正相关，与预测方向相反。有无担保事项与非标准审计意见负相关，与预测方向相反。第一股东性质、每股净资产、流动比率、总资产报酬率、经营现金流量与负债比与审计意见负相关，与预测方向一致。市净率、资产负债率、利息保障倍数、应收账款周转率、存货周转率与非标准审计意见不相关。

②显著性分析

以显著性水平 0.05 为标准，2010 年的报表披露时间、资产负债率显著；2009 年的上期审计意见、报表披露时间、总资产周转率显著；2010 年与 2009 年混合年度的上期审计意见、亏损与否、报表披露时间、每股净资产、总资产周转率、总资产报酬率、经营现金流量与负债比显著。

强迫进入回归所得结论表明，各变量在模型中的显著性不强，为了证实假设，需要采用 SPSS17.0 提供的向前条件回归法进一步检验。

（3）进一步 Logistic 回归分析

进一步 Logistic 回归分析见表 9.9。

表 9.9　　2009 年和 2010 年及两年混合 Logistic 回归结果（向前条件）

指　标	2010 年		2009 年		混合	
	B	Sig.	B	Sig.	B	Sig.
常量	− 5.375 **	0	− 2.752 **	0	− 1.685 **	0
上期审计意见	9.207 **	0.008	3.419 **	0	4.668 **	0
亏损与否	2.369 **	0.012	1.423 **	0.014	1.82 **	0
报表披露时间	2.284 **	0.001	1.999 **	0.001	2.092 **	0
每股净资产	—	—	− 0.542 **	0.006	− 0.468 **	0.001
资产负债率	0.053 **	0.003	—	—	—	—
应收账款周转率	—	—	− 0.009 **	0.045	—	—
总资产周转率			0.755 **	0.006	0.577 **	0.013
总资产收益率	− 0.031 **	0.028	—	—	− 0.015 **	0.004
经营现金流量与负债比	—	—	—	—	− 0.941 *	0.08
Nagelkerke R 方	0.899		0.823		0.847	
卡方	252.449 ***		213.327 ***		453.480 ***	
标准正确率	97.3		93.2		94.7	
非标准正确率	92.9		89.2		90.3	
平均正确率	95.1		91.6		92.7	

注：** 为在 0.05 水平下显著，* 为在 0.1 水平下显著。

表9.9的进一步 Logistic 回归结果表明：

1）非财务指标

非财务指标中上期审计意见、亏损与否和报表披露时间与审计意见类型显著相关。

①上期审计意见

上期审计意见与非标准审计意见显著正相关，与预测方向一致。原因是导致对上期财务报表发表非标准无保留意见的事项在本期尚未解决，仍对本期财务报表产生重大影响，本期持续经营能力仍存在问题。

②亏损与否

亏损与否与非标准审计意见显著性正相关，与预测方向一致。亏损与否反映了企业是否净利润大于零，若净利润小于零，表明公司的持续经营能力存在不确定性，注册会计师就会更加偏向于出具非标准审计意见。

③报表披露时间

报表披露时间与非标准审计意见显著正相关，与预测方向一致。原因是这些公司存在影响财务报表的问题多，持续经营能力存在不确定性，推迟了财务报表的披露时间。这类公司的审计风险大，收到非标准审计意见审计报告的可能性大。

2）财务指标

①盈利能力

每股净资产与非标准审计意见显著负相关，与预测方向一致。每股净资产能够反映公司的经营成果，每股净资产越大，说明其经济实力越雄厚，公司越有可能收到标准审计意见。

总资产收益率与非标准审计意见显著负相关，与预测方向一致。总资产收益率是企业包括净资产和负债在内的全部资产的总体盈利能力，该指标越高，说明公司盈利能力越强，在可预见的未来能够持续经营，年报被出具非标准审计意见的可能性就越小。

②偿债能力

2010年资产负债率与非标准审计意见显著正相关，与预测方向一致。原因是上市公司资产负债率越大，偿债压力越大，持续经营能力的不确定性越大，其年报就越有可能被出具非标准审计意见。

混合回归结果还说明，经营现金流量与负债比与非标准审计意见显著负相关，与预测方向一致。原因是上市公司的现金流量比率越大，短期偿债能力越强，持续经营能力越好，越不可能收到非标准审计意见。

③营运能力

2009年和两年混合回归结果显示，总资产周转率与非标准审计意见显著正相关，与预测方向相反。总资产周转率高是资产利用效率高的体现，但是年报被出具标准审计意见的上市公司一般净利润为负数，总资产少，在销售收入一定的情况下，总资产越小总资产周转率越大，注册会计师对其年报出具非标准审计意见可能性大。

以上结果说明，持续经营能力存在问题的上市公司，会收到注册会计师所出具的非标准审计意见的审计报告。与假设 1 相符。

二、进一步实证分析

为了避免偶发情形的影响，现将对 2009 年和 2010 年非标公司与标准公司（以下简称混合年度）进行进一步检验分析，以证实研究假设。

1. 描述性统计分析

2009 年和 2010 年混合年度财务指标的描述性统计结果见表 9.10。

表 9.10 （1）　　　　　2009 和 2010 混合年度财务指标的描述性统计结果

指　　标	N		最小值		最大值	
	非标	标准	非标	标准	非标	标准
有无担保事项	230	230	0	0	1	1
重大诉讼仲裁事项	230	230	0	0	1	1
每股收益	230	230	-4.210	-0.710	3.693	2.25
流动比率	230	230	0	-0.150	36.802	88.73
资产负债率	230	230	0	0.430	2 969.760	141.07
利息保障倍数	230	230	-73 776.027	-491.635	19 325.949	1 220.503
应收账款周转率	230	230	0	0	10 407.69	865.6
总资产周转率	230	230	0	0	2.78	884.430
总资产报酬率	230	230	-728.51	-17.98	274.98	293.3
经营现金流量与负债比	230	230	-591.618	-4.733	2.53	12.78

表 9.10 （2）　　　　　2009 和 2010 混合年度财务指标的描述性统计结果

指　　标	均值		中位数		标准差	
	非标	标准	非标	标准	非标	标准
有无担保事项	0.33	0.32	0	0	0.473	0.468
重大诉讼仲裁事项	0.6	0.17	1	0	0.492	0.380
每股收益	-0.13	0.321	0.01	0.195	0.774	0.385
流动比率	0.994	4.042	0.520	1.895	2.605	8.571

续表

指　　标	均值		中位数		标准差	
	非标	标准	非标	标准	非标	标准
资产负债率	155.209	36.812	79.45	34.61	295.971	21.589
利息保障倍数	-504.694	22.163	1.449	7.159	6 014.165	126.857
应收账款周转率	835.457	30.292	5.260	2.280	10 407.69	107.118
总资产周转率	0.461	11.595	0.3	1.6	0.518	60.81
总资产收益率	-7.321	7.669	0.425	5.570	74.744	20.958
经营现金流量与负债比	-2.666	0.433	0.005	0.196	39.023	1.259

注："非标"表示 2010 年年报被出具非标准审计意见的上市公司，"标准"表示 2010 年年报被出具标准审计意见的上市公司。

从表 9.10 可以看出 2009 和 2010 混合年度财务指标的描述性统计结果：

（1）非财务指标

与标准公司相比，非标公司的有无担保事项和重大诉讼仲裁事项多。

（2）财务指标

①盈利能力

与标准公司相比，非标公司的每股收益和总资产收益率小，说明其盈利能力差。

②偿债能力

与标准公司相比，非标公司的流动比率、利息保障倍数、经营现金流量与负债比小，资产负债率大，说明其偿债能力差。

③营运能力

与标准公司相比，非标公司的应收账款周转率大，总资产周转率小。应收账款周转率的大小取决于销售收入和应收账款，在销售收入一定的前提下，应收账款越小，该比值越大。

总的来看，非标公司和标准公司在盈利能力、偿债能力、营运能力等方面有很大的差距，特别是偿债能力，部分上市公司基本上是负债经营，财务风险大，破产的可能性大，持续经营能力存在着重大不确定性。说明持续经营能力存在问题的公司，倾向于收到非标准审计意见审计报告，与假设 1 相符。

2. 均值差异检验

（1）正态性检验

对混合年度财务、非财务指标 K-S 正态性检验的结果如表 9.11 所示。

表 9.11　　　　2009 和 2010 混合年度单样本 Kolmogorov – Smirnov 检验结果

| 指　　标 | N | 正态参数[a,b] | | 最极端差别 | | | Kolmogorov-Smirnov Z | 渐近显著性（双侧） | 是否符合正态分布 |
		均值	标准差	绝对值	正	负			
有无担保事项	460	0.49	0.500	0.346	0.346	-0.337	7.412	0.000	否
重大诉讼仲裁事项	460	0.33	0.470	0.429	0.429	-0.252	9.206	0.000	否
每股收益	460	0.38	0.487	0.400	0.400	-0.282	8.589	0.000	否
流动比率	460	0.096	0.651	0.205	0.132	-0.205	4.402	0.000	否
资产负债率	460	2.518	6.509	0.347	0.317	-0.347	7.448	0.000	否
利息保障倍数	460	96.010	217.827	0.330	0.318	-0.330	7.071	0.000	否
应收账款周转率	460	-241.266	4 257.142	0.486	0.424	-0.486	10.418	0.000	否
总资产周转率	460	432.875	7 362.758	0.477	0.471	-0.477	10.221	0.000	否
总资产报酬率	460	6.028	43.314	0.445	0.387	-0.445	9.537	0.000	否
经营现金流量与负债比	460	0.174	55.342	0.298	0.298	-0.284	6.385	0.000	否

从表 9.11 可知，上述自变量均不符合正态分布，应当进行非参数显著性检验，以检验非标公司与标准公司的各项指标有无差异。

（2）Mann – Whitney U 检验

对混合年度的财务指标进行 Mann – Whitney U 检验，检验结果见表 9.12。

表 9.12　　　　2009 和 2010 年混合年度 Mann – Whitney U 检验结果

指　　标	U	w	z	渐进显著性（双侧）
有无担保事项	26 105	52 670	-0.298	0.766
重大诉讼仲裁事项	15 295	41 860	-9.285	0.000
每股收益	10 570	37 135	-11.140	0.000
流动比率	7 745.5	34 310.5	-13.121	0.000
资产负债率	9 749.5	36 314.5	-11.715	0.000
利息保障倍数	17 549.5	44 114.5	-6.243	0.000
应收账款周转率	21 803.5	48 368.5	-3.260	0.001
总资产周转率	8 839.5	35 404.5	-12.355	0.000
总资产报酬率	14 253	40 818	-8.556	0.000
经营现金流量与负债比	14 223.5	40 788.5	-8.577	0.000

从表 9.12 的 Mann – Whitney U 检验结果得知，非标公司与标准公司在有无担保事项指标上差异不显著。其他指标的渐进显著性（双侧）均小于 0.05，可以认定在重大诉讼仲裁事项、盈利能力、偿债能力和营运能力上存在显著性差异。

3. Logistic 回归分析

(1) 多重共线性检验

在进行 Logistic 回归分析前，先对上述自变量进行了多重共线性检验，结果表明各自变量的 VIF 值在 1.009 ~ 1.832 之间，均小于 10，可以将全部自变量进入 SPSS 进行 Logistic 回归。

(2) Logistic 回归分析

Logistic 回归结果如表 9.13 所示。

表 9.13　　　　　　　混合年度 Logistic 初步回归结果（向后条件）

指　标	2010 年		2009 年		混合年度	
	B	Sig.	B	Sig.	B	Sig.
重大诉讼仲裁事项	1.351 **	0.002	—	—	1.287 **	0
每股收益	− 0.937 **	0.033	− 1.333 **	0.09	− 0.86 **	0.02
流动比率	—	—	− 0.166	0.33	− 0.119 *	0.061
资产负债率	0.039 **	0	0.018 *	0.057	0.028 **	0
利息保障倍数	0.001	0.354	—	—	0	0.206
应收账款周转率	0	0.671	0.109	0.151	0	0.687
总资产周转率	− 1.149 **	0.006	0.151	0	− 1.523 **	0
经营现金流量与负债比	− 1.059	0.101	—	—	− 0.551 **	0.049
常量	− 1.726 **	0	1.41 *	0.057	0.623	0.217
2Nagelkerke R 方	0.634		0.896		0.757	
卡方	145.868 ***		260.789 ***		385.919 ***	
标准正确率	85.8		90.6		87.4	
非标准正确率	78.8		98.3		90.0	
平均正确率	82.3		94.4		88.7	

注：** 为在 0.05 水平下显著，* 为在 0.1 水平下显著。

根据表 9.13 的 Logistic 回归结果可知，2009 年和 2010 年混合年度利息保障倍数、应收账款周转率与非标准审计意见不具有相关性，2010 年利息保障倍数、2009 年应收账款周转率与审计意见正相关，不显著。

① 非财务指标方面

重大诉讼仲裁事项与公司被出具非标准审计意见显著正相关，与预测方向一致。重大诉讼仲裁事项属于或有事项，涉及的金额大，这类事项一旦发生对公司的财务状况和经营成果影响很大，有可能造成企业无法正常经营乃至破产，因此，这类影响企业持续经营能力事项的存在，注册会计师就会对其年报出具非标准审计意见的审计报告。

②财务指标方面

盈利能力指标方面，每股净资产和每股收益与非标准审计意见显著负相关，与预测方向一致。每股净资产和每股收益指标反映了公司的经营成果，该指标越大，说明公司的经营成果越好，公司更有可能收到标准审计意见的审计报告。

偿债能力指标方面，流动比率与非标准审计意见在0.1水平下负相关，与预测方向一致，流动比率是用来衡量企业流动资产在短期债务到期以前，可以变为现金用于偿还负债的能力，企业的流动比率低，说明企业的变现能力弱，可能会影响企业正常的生产经营，导致企业的持续经营能力存在不确定性，所以流动比率低的企业容易收到非标准审计意见。资产负债率与非标准审计意见显著正相关，与预测方向一致，上市公司资产负债率越大，偿债压力越大，持续经营的不确定性越大，就越有可能收到非标准审计意见。经营现金流量与负债比与非标准审计意见显著负相关，与预测方向一致，该指标的比值越大，短期偿债能力越强，持续经营能力越好，越不可能收到非标准审计意见的审计报告。

营运能力指标方面，总资产周转率与非标准审计意见正相关，与预测方向相反。原因是非标公司的总资产少，持续经营能力存在疑虑，被出具非标准审计意见的可能性大。

第四节　相关结论与对策

一、相关结论

通过对2009年和2010年上市公司审计意见与持续经营能力的关系的实证分析，发现上市公司的上期审计意见、亏损与否、报表披露时间和重大仲裁诉讼事项等非财务指标对非标准审计意见有显著影响。反映盈利能力的每股收益、每股净资产和总资产收益率和反映偿债能力的资产负债率、经营现金流量与负债比以及反映营运能力的总资产周转率等财务指标，对非标准审计意见有显著影响。证实了非标公司与标准公司之间的持续经营能力存在明显差距，与假设2相符。同时也说明持续经营能力存在问题的上市公司，收到注册会计师出具的非标准审计意见审计报告的可能性大，与假设1相符。

二、对策

通过对持续经营能力与审计意见的研究，针对注册会计师对非财务指标关注不够、上市公司对非财务指标的披露不够规范等问题，提出如下应对措施：

1. 注册会计师应多加关注非财务指标

研究过程中发现注册会计师一般较为关注财务指标，对持续经营能力存在疑虑的非财务指标如有无担保事项等或有事项方面的关注不够，有可能导致审计失败。实际上，上市公司的非财务指标更能直观地反映出企业的持续经营能力，注册会计师应该对非财务指标进行系统的审计，并依据财务指标和非财务指标反映出的问题出具审计意见。

2. 上市公司应完善非财务指标的披露制度

财务报表中非财务指标列示不完整、不明确，容易造成财务报表信息使用者对非财务指标的判断失误。为了使信息使用者更好地使用财务报表，相关部门应该督促上市公司进一步完善非财务指标的披露制度。

第十章　内部控制与审计意见

第一节　相关理论分析与研究假设

一、相关理论研究

1. 内部控制概念的界定

1992 年，美国"反对虚假财务报告委员会"所属的内部控制专门研究委员会发起组织机构委员会在 1994 年《内部控制——整体架构》修改篇中提出：内部控制是一个过程，受企业董事会、管理当局和其他员工影响，旨在保证财务报告的可靠性、经营的效果和效率以及现行法规的遵循。内部控制——整体架构主要由控制环境、风险评估、控制活动、信息与沟通和监督五要素构成。

中国注册会计师审计准则第 1211 号——了解被审计单位及其环境并评估重大错报风险所称的内部控制是：被审计单位为了合理保证财务报告的可靠性、经营的效率和效果以及对法律法规的遵守，由治理层、管理层和其他人员设计和执行的政策和程序。

我国《企业内部控制基本规范》所称的内部控制是由企业董事会、监事会、经理层和全体员工实施的，旨在实现控制目标的过程。

从上述内部控制的概念可知，内部控制的目标是要保证财务报告的可靠性、经营的效率和效果以及现行法律、法规的遵循。由于内部控制固有的局限性，其保证程度只能做到合理保证。

2. 内部控制要素与财务报告可靠性的关系

内部控制要素包括控制环境、风险评估、控制活动、信息与沟通和监督五个要素。内部控制五要素与财务报表的认定密切相关，是内部控制系统与财务报告可靠性关系的具体体现。

（1）控制环境与认定

控制环境包括治理职能和管理职能，以及治理层和管理层对内部控制及其重要性的态度、认识和措施。控制环境是内部控制中的基础要素，影响员工对内部控制的意识，对会计报表各认定的实现有重大影响。良好的控制环境是实施有效内部控制的基础，如果管理层缺乏正直的品格和良好的道德，在面临改善盈余的内部或外部压力下，就可能会有意地误报，从而影响整个会计报表的认定。相反，如果管理层具有正直的品格和良好的道德，就会选择能使财务状况、经营成果和现金流量得以公允反映的会计政策和会计估计。

完善的人力资源政策能够确保执行政策和程序的人员具有胜任能力和正直的品行。企业如果缺少一套好的员工雇佣、培训、业绩考评及晋升等政策，会导致员工去做有损企业利益的行为，结果可能导致授权（存在或发生）、遗漏（完整性）、计价或分摊、列报等方面的重大差错。

管理层对风险的态度会影响会计报表的表述。例如，如果管理层比较保守，在计提减值准备时可能会倾向于多提，从而低估资产的价值（计价或分摊）。

（2）风险评估与认定

被审计单位的风险评估过程包括识别与财务报告相关的经营风险，以及针对这些风险所采取的措施，其作用是识别、评估和管理影响被审计单位实现经营目标能力的各种风险。如果当员工的工资或薪水与收益紧密相关时，负责预算的员工可能会有意去粉饰实际结果，以达到增加工资或薪水的目的。管理层如果不能识别和应对该错报风险，就会出现误报，这种误报与存在或发生、完整性和计价认定的可靠性就值得怀疑。

（3）控制活动与认定

控制活动是指有助于确保管理层的指令得以执行的政策和程序，包括与授权、业绩评价、信息处理、实物控制和职责分离等相关的活动。

实物控制用于保护企业的资产，以确保资产安全和记录可靠，同时降低存在或发生、完整性、计价或分摊认定的控制风险。

将资产保管同资产的会计记录职责相分离，可以降低员工盗窃的风险（存在或发生、权利和义务）。将处理现金支出同调节银行账户相分离，可以降低不记录支票付款的风险（完整性）。明细账与总账由不同的职员分别登记，可以降低记录差错的风险（计价或分摊）。

（4）信息与沟通与认定

与财务报告相关的信息系统，包括可以生成、记录、处理和报告交易、事项和情况，对相关资产、负债和所有者权益履行经营管理责任的程序和记录。信息系统的生成包括信息的收集和确认，能够保证财务报告所提供信息的完整性。信息的处理是对信息的分类和记录，对记录的适当控制有助于计价和分摊认定的实现，对分类的适当控制有助于表达与披露、权利和义务认定的实现。信息的报告是企业编制财务报告的全过程，影响财务报告质量的各个方面。

与财务报告相关的沟通包括使员工了解各自在与财务报告有关的内部控制方面的角色和职责，员工之间的工作联系，以及向适当级别的管理层报告例外事项的方式。沟通能够大大加强财务报表各个认定的可靠性，如果管理层对控制非常关注，员工就会认真履行各自的职责，如更加仔细地审核凭证可以使过账错误大大降低。有效的沟通会明确地将相关职责分配给执行控制程序的员工，使相关的员工清楚如何进行控制，以及自身在内部控制系统中的角色和责任，这样就会增强财务报告的可靠性。

（5）监督与认定

对内部控制的监督是指被审计单位评价内部控制在一段时间内运行有效性的过程，其目的是确保其他内部控制要素像设计时一样得到有效执行，影响到各个认定的实现。例如：实际与预算差异原因的调查与分析（计价或分摊）；客户对报表期望差距的追踪（计价或分摊）；检查交易和事项是否恰当的分类（分类）；存货、有价证券、厂房设备和其他有价资产的定期盘点（存在或发生、完整性、计价或分摊、权利和义务）。

因此，内部控制能够为财务报告的可靠性提供合理保证。如果企业没有内部控制，财务报告不一定可靠；如果企业的财务报告不可靠，则企业的内部控制系统一定无效。

3. 内部控制与财务报表审计的关系

内部控制的目标是合理保证企业经营管理合法合规、资产安全、财务报告及相关信息真实完整，提高经营效率和效果，促进企业实现发展战略。

财务报表审计的目标是对财务报表是否不存在重大错报发表审计意见，审计准则要求注册会计师在财务报表审计中考虑与财务报表编制相关的内部控制，其目的不是对被审计单位内部控制的有效性发表意见。注册会计师所了解和评价的内部控制只是与财务报表审计相关的内部控制，并不是被审计单位所有的内部控制。

一般来说，如果上市公司内部控制健全有效，能够合理保证财务报表的可靠性，注册会计师通过对与财务报表相关的内部控制的设计是否合理、是否执行的了解，对设计合理且正在执行的内部控制进行有效性测试，评估其财务报表重大错报风险，再根据重大错报风险评估结果制定或修订审计计划，确定进一步审计程序的性质、时间和范围，进而对财务报表发表审计意见，实现财务报表审计的总体目标。

在财务报表审计中，对被审计单位内部控制测试的范围分为了解范围和控制测试范围，了解范围主要是了解所有与会计报表相关的内部控制，测试范围主要是了解、初评后确定准备信赖的相关内部控制。

二、研究假设

通过对内部控制与审计意见的理论分析，说明审计师最终决策（审计意见）的形成往往是建立在被审计单位内部控制基础上的，内部控制信息披露与财务报告质量、公司质量之间存在一定的关联性。高质量的内部控制能够限制对外报告信息的故意操纵，降低会计处理和财务报告中无意的程序和估计差错风险，减轻影响财务报告信息质量的企业经营和战略的内在风险，降低注册会计师所承担的审计风险，加大了出具标准无保留审计意见审计报告的可能性，也就是说内部控制与非标准审计意见之间存在着负相关关系。因此，提出假设如下：

假设 1： 内部控制与审计意见具有相关性。

假设 2： 内部控制质量较高的公司年报被出具非标准审计意见的可能性小，审计意见与内部控制之间具有负相关性。

第二节 研 究 设 计

一、样本选择

内部控制与审计意见的实证研究分为 2009 年和 2010 年两部分。

1. 2009 年样本的选取

将 2009 年沪深两市 A 股上市公司作为研究对象，对 2009 年沪深两市上市公司年报中的信息进行筛选整理，剔除无内部控制指数的上市公司，实际选取 1 569 家作为本次研究的样本数据。具体情况如表 10.1 所示。

表 10.1　　　　　　　　　2009 年实际选取样本情况表　　　　　　　　单位：家

上市地及板块	合计	标准审计意见数	非标准审计意见数
沪市 A 股	839	799	40
深市 A 股	730	689	41
其中：深市主板	457	419	38
中小企业板	273	270	3
合计	1 569	1 488	81

2. 2010 年样本的选取

（1）研究样本选取

以 2010 年沪深两市非标公司为研究对象，对上市公司年报的信息进行筛选和整理，作为本次研究的样本数据。截至 2011 年 4 月 30 日，非标公司有 118家，实际选取 114 家。选取研究样本的原则如下：

①剔除 B 股上市公司。由于 B 股上市公司经营环境和监管环境与 A 股具有较大差别，数据的可比性较差，故将 *ST 帝贤 B 和雷伊 B 两家上市公司剔除。

②剔除数据不全样本。S*ST 圣方在 2010 年没有出年报，缺少变量数据被剔除。

③剔除异常值样本。为了确保实证研究结果不受影响，剔除由于公司特殊情况造成的某些指标变量异常大或是异常小的样本，S*ST 鑫安 2009 年的总资产为0，故将其删除。

（2）控制样本选取

选取 2010 年度同行业和资产规模相近的年报被出具标准审计意见的 114 家上市公司作为控制样本。同行业和资产规模相近的含义同上。

二、变量选择

1. 因变量的选择

选择审计意见（OP）为因变量，将审计意见划分为"非标准意见"和"标准意见"两种。在模型中，因变量是一个虚拟变量，当上市公司被出具"非标准意见"时取 1，反之取 0。

2. 自变量的选择

（1）内部控制（IC）

内部控制是主要解释变量。2009 年采用王宏、蒋占华、胡为明、赵丽生（2011）[134] 等著的《中国上市公司内部控制指数研究》一书中上市公司内部控制指数作为内部控制变量；2010 年的内部控制评价数据来源于上市公司年报"公司治理"或"重要事项"一节和单独披露的"内部控制自我评估报告"以及"社会责任报告"中披露的信息。通过对上市公司 2010 年年报的查询，根据企业内部控制基本规范的五大要素和财政部关于企业内部控制评价指引的内部控制参考评价指标，一旦上市公司建立或从事了与某一指标相关的制度或行为时赋予 1分，对分值进行加总后即可得到评价指标。评价指标越高，上市公司内部控制的质量越高。

（2）上市公司规模

鲁桂华（2007）[135]等的实证研究发现，在审计风险、公司财务特征、事务所特征等变量一定的前提下，被审计单位的相对规模显著地影响审计师的审计意见决策，规模较小的被审计单位被出具非标准审计意见的概率较高。选取上市公司总资产（Asset）和子公司个数（Zg）指标反映上市公司的规模，这两个指标越大，上市公司的规模越大。

（3）盈利能力指标

李淑华（1998）[83]的研究表明，被出具了非标准无保留意见的公司收益能力普遍较差，这些盈利能力差的公司通常面临未来发展的不确定性，公司的资产质量存在很大的疑问，甚至公司的持续经营能力会受到质疑。吴锡皓（2009）[28]等的实证研究发现，每股收益和总资产净利率越高的上市公司，被出具非标准审计意见的概率越低，反之亦然，即公司总资产净利率和被出具非标准审计意见的可能性成反比。分别选取利润总额（Lrze）、总资产收益率（ROA）、基本每股收益（EPS）、每股净资产（NAPS）和调整的净资产收益率（R）等指标，反映企业的盈利能力。

（4）偿债能力

上市公司资产负债率越高，偿债能力越弱，财务风险越大，审计风险也越大，年报被出具非标准审计意见的可能性增大。因此，选取资产负债率（Lev）作为偿债能力方面的指标。

（5）营运能力（或资产管理能力）

理论上讲，总资产周转率越大，公司的营运和盈利能力越强，收到标准审计意见审计报告的可能性增大。但在持续经营能力与审计意见的实证中发现，经营状况不好的上市公司的盈利能力弱，总资产很小，总资产周转率较收到标准审计意见审计报告的上市公司快。因此，选取总资产周转率（TATR）作为营运能力方面的指标。

（6）非财务指标

①是否 ST（DIST）

上市公司是否被 ST，是上市公司陷入财务困境的标志，也是上市公司年报是否被出具非标准审计意见的一个重要影响因素。由于 ST 公司的财务状况很差，经营风险较大，持续经营能力存在重大疑虑，所以年报被出具非标准审计意见的可能性大。该变量为哑变量，如果上市公司为 ST 公司时取值为 1，否则为 0。

②上年是否亏损（Loss）

该变量为哑变量，如果去年亏损，企业就有扭亏的动机，出具非标准无保留的审计意见的可能性就会加大。如果亏损则取值为 1，否则为 0。

③会计师事务所规模

国外一些研究证明了事务所的规模会对审计的独立性产生影响，规模越大的事务所独立性越强。规模大的事务所会受到更多的监督，有更多较高水平的专业人员，风险和责任意识相对较强。事务所的规模能够影响会计师的独立性，从而影响审计意见类型。研究中选取是否国际四大会计师事务所（Big4）和是否国内十大会计师事务所（Big10）作为自变量，这两个变量是虚拟变量，会计师事务所为国际四大或国内十大时取1，否则为0。国际四大和国内十大的确定，以中注协发布的《会计师事务所排名》为依据。

④上市年限（Age）

上市公司上市的时间越久，积累的问题越多，越难以达到规定所要求的盈利目标，更容易用盈余管理的手段操纵利润，加大被出具非标准审计意见的可能性。

⑤是否设立审计委员会（NAO）

上市公司设立审计委员会有利于加强公司内部监督和完善内部控制，从而提高财务信息质量，改善审计意见类型。如果设立审计委员会时取值为1，否则为0。

⑥是否国有控股（State）

理论上讲，国有控股企业受到国家的监督，财务报表的编制会比较规范。上市公司的最终控制人为国有时取值为0，否则为1。

⑦审计年限（Year）

审计年限（Year）反映的是会计师事务所为客户提供审计服务的连续年限。实证研究发现，收到非标准审计意见的上市公司更容易变更年报会计师事务所，即年报被出具非标准审计意见的上市公司比标准公司的审计年限短。

各变量的定义见表10.2。

表 10.2　　　　　　　　　　　　变量定义表

变量符号	名称	变量定义	预期符号
因变量			
OP	审计意见类型	如果审计师出具的审计意见为非标准取值为1，否则为0	
自变量 **主要解释变量**			
IC	内部控制	2009 年内部控制指数 2010 年内部控制评价指标总评分	－
控制变量			
Asset	总资产	年末公司总资产	－
Lrze	利润总额	年末公司利润总额	－
R	净资产收益率调整项	净资产为负数取 －1，净资产收益率小于零取 0，净资产等于或大于零取1	－
ROA	总资产收益率	利润总额 * 100/总资产	－
EPS	每股收益	属于普通股的当期净利润/普通股加权平均数	－
NAPS	每股净资产	属于普通股的当期净资产/普通股加权平均数	－

续表

变量符号	名称	变量定义	预期符号
Lev	资产负债率	负债总额 * 100/资产总额	+
TATR	总资产周转率	营业收入/总资产	−
DIST	是否ST	哑变量，如果上市公司为ST公司，则取值为1，否则为0	+
Zg	子公司个数	上市公司纳入合并报表的子公司个数	+/−
Tunnel	年末其他应收款和总资产的比例	年末其他应收款/总资产	+
Loss	上年是否亏损	公司上年亏损取"1"值，否则取"0"值	+
Big4	是否国际四大	哑变量，由国际四大所审计为1，否则为0	+/−
Big10	是否国内十大	由国内十大所审计为1，否则为0	+/−
State	是否国有控股	国有控股取"0"值，否则取"1"值	−
NAO	是否设立审计委员会	设立审计委员会取"1"值，否则取"0"值	−
Age	上市年限	上市年限截止财务报告年度	+
Year	审计年限	会计师事务所为客户提供审计服务的连续年限	+
2009年描述性统计加入回归分析未加入的指标			
IC′	内部控制排名	中国上市公司内部控制排名	

三、模型建立

2009年的Logistic回归模型，简称模型一：

$$\ln(p/(1-p)) = \beta_0 + \beta_1 IC_{09} + \beta_2 Asset + \beta_3 Lrze + \beta_4 R + \beta_5 ROA$$
$$+ \beta_6 Lev + \beta_7 DIST + \beta_8 Zg + \beta_9 Big4 + \beta_{10} Big10 + \varepsilon \quad (1)$$

2010年的Logistic回归模型，简称模型二：

$$\ln(p/(1-p)) = \beta_0 + \beta_1 IC_{10} + \beta_2 EPS + \beta_3 NAPS + \beta_4 TATR + \beta_5 Tunnel$$
$$+ \beta_6 Lev + \beta_7 Loss + \beta_8 State + \beta_9 NAO + \beta_{10} Age$$
$$+ \beta_{11} Big4 + \beta_{12} Big10 + \varepsilon \quad (2)$$

第三节　实证分析

一、描述性统计分析

1. 2009年描述性统计分析

2009年描述性统计分析情况见表10.3。

表 10.3（1）   **2009 年描述性统计分析结果**

项目 指标	N（Valid）		最小值		最大值	
	标准	非标	标准	非标	标准	非标
IC	1 488	81	202.76	166.00	990.42	704.34
IC′	1 488	81	1	551	2 271	1 569
Asset	1 488	81	7.20E+07	5.11E+07	1.18E+13	7.01E+09
Lrze	1 488	81	−6.45E+09	−1.92E+09	1.67E+11	9.45E+08
R	1 488	81	−1	−1	1	1
ROA	1 488	81	−99.948	−334.575	69.098	1 276.533
Lev	1 488	81	1.780	20.725	199.366	2 791.991
DIST	1 488	81	0	0	1	1
Zg	1 488	81	0	0	210	36
Year	1 488	81	1	0	22	18
Big4	1 488	81	0	0	1	1
Big10	1 488	81	0	0	1	1

表 10.3（2）   **2009 年描述性统计分析结果**

项目 指标	均值		中位数		标准差	
	标准	非标	标准	非标	标准	非标
IC	686.794	453.886	689.905	465.010	103.047	110.280
IC′	749.82	1 443.56	745.50	1 501.00	437.309	178.413
Asset	4.0111E+10	1.0690E+09	2.4339E+09	5.7896E+08	4.76682E+11	1.35752E+09
Lrze	9.4748E+08	−1.0147E+08	9.5997E+07	−2.5719E+07	7.92309E+09	3.60967E+08
R	0.90	−2.47E−02	1.00	0.00	0.330	0.774
ROA	4.763	0.821	4.320	−5.613	7.789	156.487
Lev	50.705	156.467	51.195	89.634	21.099	332.883
DIST	0.06	0.75	0.00	1.00	0.232	0.434
Zg	11.75	6.83	8.00	5.00	15.727	7.113
Year	6.46	5.04	6.00	3.00	4.649	4.915
Big4	0.07	0.01	0.00	0.00	0.256	0.111
Big10	0.45	0.48	0.00	0.00	0.498	0.503

注："标准"表示年报被出具标准审计意见的上市公司，"非标"表示年报被出具非标准审计意见的上市公司。

从表 10.3 可知：

（1）无论是从内部控制指数还是从内部控制排名来看，非标公司的内部控制比标准公司差，说明内部控制与审计意见类型相关，内部控制越差的公司，其年报越容易被出具非标准审计意见，与假设相符。

（2）从公司规模来看，非标公司的总资产比年报被出具标准审计意见的上市公司少，纳入合并报表的子公司也少，即标准公司规模大，与预测符号一致。

（3）从盈利能力看，非标公司的盈利能力比年报被出具标准审计意见的上市公司差，体现在利润总额、总资产收益率和调整净资产收益率（R）均是标准公司大，与预测符号一致。

（4）从偿债能力看，非标公司的资产负债率比标准公司大，偿债能力弱，与预测符号一致。

（5）从是否 ST 看，非标公司比标准公司多，与预测符号一致。

（6）从审计年限上看，非标公司更容易更换会计师事务所。

（7）从事务所的规模来看，国际四大会计师事务所为标准公司提供的财务报表审计服务多，国内十大会计师事务所的差别不大。

2. 2010 年描述性统计分析

2010 年描述性统计结果见表 10.4。

表 10.4（1）　　　　　　2010 年描述性统计分析结果

项目 / 指标	N（Valid）		最小值		最大值	
	标准	非标	标准	非标	标准	非标
IC	114	114	22	5	75	55
EPS	114	114	−0.434	−2.48401	1.386660	3.6934
NAPS	114	114	0.200	−14.52	9.651000	18.29
TATR	114	114	0.090	0.00	6.610	2.78
Tunnel	114	114	0.00	0.00	0.133	0.100
Lever	114	114	2.62	2.16	93.46	2 969.76
Loss	114	114	0	0	1	1
State	114	114	0	0	1	1
NAO	114	114	0	0	1	1
Age	114	114	1	1	19	21
Big4	114	114	0	0	1	1
Big10	114	114	0	0	1	1

表 10.4（2）　　　　　　2010 年描述性统计分析结果

项目 / 指标	均值		中位数		标准差	
	标准	非标	标准	标准	非标	标准
IC	50.47	22.44	51.00	21.00	13.217	9.886
EPS	0.251	0.0578	0.173	0.0208	0.285	0.656
NAPS	3.121	0.261	2.833	0.255	1.803	2.924

续表

项目 指标	均值		中位数		标准差	
	标准	非标	标准	标准	非标	标准
TATR	0.839	0.535	0.655	0.365	0.736	0.591
Tunnel	0.020	0.0733	0.011	0.0200	0.024	0.167
Lever	42.230	191.473	42.21	78.715	21.125	395.276
Loss	0.11	0.55	0.00	1.00	0.308	0.499
State	0.72	0.71	1.00	1.00	0.451	0.456
NAO	1.00	0.93	1.00	1.00	0.000	0.257
Age	10.35	13.57	11.00	14.00	4.717	3.969
Big4	0.01	0.02	0.00	0.00	0.094	0.132
Big10	0.33	0.26	0.00	0.00	0.473	0.442

注:"标准"表示年报被出具标准审计意见的上市公司,"非标"表示年报被出具非标准审计意见的上市公司。

表 10.4 的 2010 年描述性统计分析结果表明:

(1)内部控制方面。与标准公司相比,非标公司内部控制的均值、中位数和标准差小,说明非标公司的内部控制差,与假设 2 相符。

(2)盈利能力和资产管理能力方面。与标准公司相比,非标公司的每股收益和每股净资产的均值和中位数小,标准差大;资产周转率的均值、中位数和标准差小;其他应收款比总资产和是否亏损的均值、中位数和标准差大,表明收到标准意见审计报告上市公司的盈利能力和资产管理能力强,与预测符号一致。

(3)其他控制变量方面。与标准公司相比,非标公司的上市年限的均值和中位数大,标准差小,表明上市年限越长的公司积累的问题越多,越容易收到非标准意见的审计报告;是否国内十大会计师事务所的均值、中位数和标准差大,与预测符号一致;是否国有控股和是否设立审计委员会的指标略小,表明国有控股和不设立审计委员会的上市公司较易收到非标准审计意见审计报告,但差别不大。

总的来说,2009 年和 2010 年非标公司与标准公司的上述指标均有差异,其差异的方向与假设和预测符号基本一致。

二、K-S 检验和 Mann-Whitney U 检验

1. K-S 检验

为了证明研究假设,需要检验非标公司与标准公司的上述各项指标之间是否存在显著差异,首先对 2009 年和 2010 年的样本公司各项指标进行 K-S 检验。

检验结果分别见表 10.5 和表 10.6。

表 10.5   2009 年 K - S 检验结果

	N	正态参数[a,b]		最极端差别			Kolmogorov-Smirnov Z	渐近显著性（双侧）	是否符合正态分布
		均值	标准差	绝对值	正	负			
IC	1 569	674.770	115.535	0.134	0.089	-0.134	5.297	0.000	否
Asset	1 569	2.4450E+10	2.62256E+11	0.463	0.442	-0.463	18.335	0.000	否
Lrze	1 569	6.9832E+08	5.45812E+09	0.408	0.392	-0.408	16.174	0.000	否
R	1 569	0.85	0.419	0.513	0.359	-0.513	20.333	0.000	否
ROA	1 569	4.559	36.162	0.332	0.327	-0.332	13.144	0.000	否
Lev	1 569	56.165	81.387	0.302	0.302	-0.268	11.970	0.000	否
DIST	1 569	0.09	0.291	0.533	0.533	-0.374	21.094	0.000	否
Zg	1 569	11.49	15.438	0.228	0.211	-0.228	9.043	0.000	否
Year	1 569	6.39	4.672	0.147	0.147	-0.124	5.815	0.000	否
Big4	1 569	0.07	0.251	0.539	0.539	-0.394	21.331	0.000	否
Big10	1 569	0.46	0.498	0.364	0.364	-0.319	14.410	0.000	否

表 10.6   2010 年 K - S 检验结果

	N	正态参数[a,b]		最极端差别			Kolmogorov-Smirnov Z	渐近显著性（双侧）	是否符合正态分布
		均值	标准差	绝对值	正	负			
IC	228	36.539	18.248	0.106	0.106	-0.076	1.594	0.012	否
EPS	228	0.134	0.468	0.202	0.153	-0.202	3.044	0.000	否
NAPS	228	1.656	2.875	0.119	0.098	-0.119	1.793	0.003	否
TATR	228	0.689	0.684	0.166	0.166	-0.157	2.506	0.000	否
Tunnel	228	0.047	0.122	0.351	0.319	-0.351	5.300	0.000	否
Lever	228	129.177	344.680	0.371	0.371	-0.356	5.604	0.000	否
Loss	228	0.33	0.471	0.429	0.429	-0.252	6.473	0.000	否
State	228	0.29	0.452	0.451	0.451	-0.264	6.804	0.000	否
NAO	228	0.96	0.184	0.540	0.425	-0.540	8.159	0.000	否
Age	228	11.94	4.646	0.114	0.062	-0.114	1.721	0.005	否
Big4	228	0.01	0.114	0.533	0.533	-0.454	8.044	0.000	否
Big10	228	0.30	0.458	0.444	0.444	-0.258	6.705	0.000	否

表 10.5 和表 10.6 显示了 K - S 检验结果，2009 年和 2010 年分别选取的各项

指标，其双尾检验的显著性水平在 0.000 ~ 0.012 之间，小于 0.05，得出总体样本不符合正态分布的结论。

2. Mann – Whitney U 检验

根据单样本 K – S 检验结果得知，总体样本不符合正态分布，因此可以运用非参数检验的两个独立样本 Mann – Whitney U 检验，检验非标公司与标准公司是否存在财务和非财务指标的显著性差异。2009 年和 2010 年检验结果分别见表 10.7 和表 10.8。

表 10.7　　　　　　　　　　2009 年 Mann – Whitney U 检验结果

	Mann – Whitney U	Wilcoxon W	Z	渐近显著性（双侧）
IC	6 891.000	10 131.000	– 13.341	0.000
Asset	21 514.000	24 754.000	– 9.637	0.000
Lrze	19 128.000	22 368.000	– 10.242	0.000
R	21 498.000	24 738.000	– 16.668	0.000
ROA	26 111.000	29 351.000	– 8.473	0.000
Lev	25 985.000	1 135 290.000	– 8.505	0.000
DIST	18 330.000	1 127 635.000	– 20.756	0.000
Zg	45 284.500	48 524.500	– 3.621	0.000
Year	47 065.500	50 305.500	– 3.181	0.001
Big4	56 104.500	59 344.500	– 2.013	0.044
Big10	57 604.500	1 166 909.500	– 0.574	0.566

根据表 10.7 的 Mann – Whitney U 检验结果得知，2009 年非标公司和标准公司在内部控制上存在比较显著的差异，其 Z 值为 – 13.341，对应的双尾显著性为 0.000。非标公司和标准公司在总资产、利润总额、R、总资产收益率、资产负债率、是否 ST、子公司个数、审计年限和是否国际四大会计师事务所等指标上存在显著性差异，显著性小于 0.05；非标公司与标准公司在是否国内十大会计师事务所指标上不存在显著性差异。

根据表 10.8 的 Mann – Whitney U 检验结果得知，2010 年非标公司与标准公司在内部控制上存在比较显著的差异，其 Z 值为 – 11.775，对应的双尾显著性为 0.000。非标公司与标准公司在每股收益、每股净资产、总资产周转率、资产负债率、上年是否亏损、上市年限、是否设立审计委员会、其他应收款比总资产等指标上存在显著性差异，在是否国有控股、是否国际四大、是否国内十大等指标上不存在显著性差异。

表 10.8   **2010 年 Mann – Whitney U 检验结果**

	Mann – Whitney U	Wilcoxon W	Z	渐近显著性（双侧）
IC	635. 500	7 190. 500	– 11. 775	. 000
EPS	2 916. 500	9 471. 500	– 7. 192	. 000
NAPS	1 424. 500	7 979. 500	– 10. 188	. 000
TATR	3 893. 500	10 448. 500	– 5. 231	. 000
Tunnel	5 351. 000	11 906. 000	– 2. 303	. 021
Lever	2 724. 000	9 279. 000	– 7. 578	. 000
Loss	3 591. 000	10 146. 000	– 7. 173	. 000
State	6 441. 000	12 996. 000	– . 146	. 884
NAO	6 042. 000	12 597. 000	– 2. 873	. 004
Age	3 842. 000	10 397. 000	– 5. 349	. 000
Big4	6 441. 000	12 996. 000	– . 580	. 562
Big10	6 042. 000	12 597. 000	– 1. 156	. 248

三、Logistic 回归分析

在进行回归前，首先对各变量的共线性进行检验，检验结果表明多重共线性在 1.023 ~ 2.236 之间，均小于 10，说明各自变量之间的共线性并不严重，可将所有数据列入方程。多重共线性检验结果见表 10.9 和表 10.10。

1. 强制条件下 Logistic 回归

（1）2009 年 Logistic 回归分析

2009 年 Logistic 回归结果如表 10.9 所示。

表 10.9   **2009 年 Logistic 回归结果（强制进入）**

	B	S. E.	Wals	Sig	Tolerance	VIF
Constant	– 12. 502	2. 853	19. 209	0. 000		
IC	– 1. 242	0. 220	31. 830	0. 000	0. 455	2. 196
Asset	– 73. 089	28. 459	6. 596	0. 010	0. 472	2. 117
Lrze	– 10. 929	3. 544	9. 511	0. 002	0. 447	2. 236
R	0. 284	0. 318	0. 797	0. 372	0. 533	1. 877
ROA	0. 080	0. 101	0. 626	0. 429	0. 950	1. 053
Lev	1. 574	0. 442	12. 698	0. 000	0. 869	1. 151
DIST	1. 450	0. 382	14. 378	0. 000	0. 602	1. 662

续表

	B	S. E.	Wals	Sig	Tolerance	VIF
Zg	0. 166	0. 382	0. 188	0. 664	0. 860	1. 163
Year	0. 108	0. 176	0. 375	0. 540	0. 916	1. 091
Big4	0. 128	1. 396	0. 008	0. 927	0. 764	1. 309
Big10	0. 182	0. 334	0. 297	0. 586	0. 881	1. 135
Nagelkerke R 方	0. 594					
卡方模型	344. 035		0. 000			
总百分比	96. 68					

表 10.9 列示的 2009 年 Logistic 回归结果显示:

2009 年上市公司的内部控制、总资产、利润总额与非标准审计意见显著负相关,资产负债率和是否 ST 指标与非标准审计意见显著正相关,与假设和预测符号一致;其他指标不显著。

(2) 2010 年 Logistic 回归分析

2010 年 Logistic 回归结果如表 10.10 所示。

表 10. 10   **2010 年 Logistic 回归结果 (强制进入)**

	B	S. E.	Wals	Sig	Tolerance	VIF
Constant	19. 844	9 218. 261	0. 000	0. 998		
IC	− 0. 188	0. 034	30. 183	0. 000	0. 633	1. 580
EPS	− 0. 086	1. 176	0. 005	0. 942	0. 783	1. 277
NAPS	0. 118	0. 200	0. 351	0. 554	0. 431	2. 321
TATR	− 0. 830	0. 513	2. 619	0. 106	0. 898	1. 113
Tunnel	− 1. 371	3. 749	0. 134	0. 715	0. 851	1. 175
Lever	0. 031	0. 012	6. 426	0. 011	0. 723	1. 384
Loss	1. 672	0. 619	7. 285	0. 007	0. 773	1. 294
State	0. 330	0. 571	0. 333	0. 564	0. 977	1. 023
NAO	− 15. 236	9 218. 261	0. 000	0. 999	0. 907	1. 103
Age	0. 025	0. 067	0. 140	0. 708	0. 671	1. 491
Big4	− 0. 857	1. 503	0. 325	0. 569	0. 907	1. 103
Big10	− 0. 945	0. 620	2. 325	0. 127	0. 934	1. 070

表 10. 10 列示的 2010 年 Logistic 回归结果显示:

2010 年上市公司的内部控制与非标准审计意见显著负相关,资产负债率、上年是否亏损与非标准审计意见显著正相关，与假设和预测符号一致。

2010年上市公司的每股收益、总资产周转率、是否设立审计委员会、上市年限与非标准审计意见负相关，与预测相符，不显著。上市公司的年末其他应收款和总资产比例、是否国有控股等指标与预测相反，不显著。

2009年和2010年的回归结果均表明上市公司内部控制与非标准审计意见显著负相关，资产负债率与非标准审计意见显著正相关。说明上市公司的内部控制好，公司的经营绩效就好，会计信息质量就高，其年报被出具标准审计意见的可能性大。上市公司的偿债能力越强，财务风险越小，其年报被出具标准审计意见的可能性越大。

2. 进一步 Logistic 回归

为了进一步验证所提出的研究假设，对2009年和2010年上市公司的内部控制、资产规模、盈利能力、偿债能力、营运能力和一些其他非财务方面的指标进行进一步的回归。

（1）2009 年进一步 Logistic 回归分析

2009年向后条件进入方式的回归结果见表10.11。

表 10.11　　　　　　　　　　2009 年 Logistic 回归结果 （向后条件）

	B	S. E.	Wals	df	Sig.	Exp （B）
Constant	-11.639	2.288	25.876	1	0.000	0.000
IC	-1.214	0.209	33.680	1	0.000	0.297
Asset	-57.902	23.380	6.134	1	0.013	0.000
Lrze	-8.838	2.952	8.962	1	0.003	0.000
Lev	0.017	0.004	15.119	1	0.000	1.017
DIST	1.363	0.366	13.834	1	0.000	3.907
Nagelkerke R 方	0.590					
卡方模型	341.692				0.000	
总百分比	96.81					

进一步回归的结果表明：

2009年上市公司的内部控制、总资产、利润总额与非标准审计意见显著负相关，资产负债率和是否 ST 与非标准审计意见显著正相关，与假设和预测符号一致。

（2）2010 年进一步 Logistic 回归分析

2010年向后条件进入方式回归结果见表10.12。

表 10.12　　　　　　　　2010 年 Logistic 回归结果（向后条件）

	B	S. E.	Wals	df	Sig.	Exp（B）
Constant	4.329	1.066	16.494	1	0.000	75.870
IC	−0.177	0.029	37.306	1	0.000	0.838
Lev	0.022	0.010	4.914	1	0.027	1.022
Loss	1.713	0.604	8.057	1	0.005	5.546
Nagelkerke R 方	0.816					
卡方模型	215.79				0.000	
总百分比	89.47					

2010 年上市公司的内部控制与非标准审计意见显著负相关，资产负债率和上年是否亏损与非标准审计意见显著正相关，与假设和预测符号一致。

由 2009 年和 2010 年的实证结果可知：上市公司内部控制越有效，其年度财务报表的可靠性越高，注册会计师出具标准审计意见审计报告的可能性大；上市公司不亏损且偿债能力强，经营风险和财务风险就小，其年度财务报表被出具标准审计意见审计报告的可能性大；上市公司总资产多，规模大，内部控制相对健全，其年度财务报表被出具标准审计意见审计报告的可能性大。

第四节　相关结论与对策

一、相关结论

研究发现：高质量的内部控制能够限制对外报告信息的故意操纵，降低会计处理和财务报告中无意的程序和估计差错风险，减轻可能影响财务报告信息质量的企业经营和战略的内在风险。由于我国审计市场竞争激烈，会计师事务所会采取多种方式（比如降低审计收费等）争取客户。审计师最终决策（审计意见）的形成是建立在被审计单位内部控制基础之上的，我国审计师对审计风险非常关注，当审计师观察到上市公司内部控制质量较高时，意味着审计师面临的审计风险较低，就会大幅度削减实质性程序（或实质性测试），发现差错的可能性就会变小，从而出具标准审计意见。内部控制与独立的外部审计之间存在一定的替代效应，审计师面临着高质量的内部控制，很有可能出具标准审计意见。

二、对策

在对内部控制评分的过程中发现，虽然我国正在逐步完善内部控制的各项政策制度，但是执行力度还没有达到很好的效果，很多政策只是对内部控制框架做出规定，原则导向较强，操作性较弱，大部分上市公司在落实基本规范的要求时存在难度，缺乏内部控制信息系统，缺乏硬性的监督检查机制，没有与考核机制相关联。为提高内部控制的质量，提出如下对策：

1. 加强对内部控制的宣传和培训力度

内部控制的建设离不开全员的参与，上市公司有必要组织全体员工学习基本规范和相关应用指引的各项要求，全面把握内部控制的基本理念和核心内容，提高风险意识，加快内部控制方面的人才培养。

2. 建立对上市公司内部控制的监督检查机制

由于基本规范中没有责任追究条款，监管机构有必要在相关规定中进一步明确董事会和管理层对建立健全内部控制的责任，制定对上市公司内部控制的监督检查机制，通过现场和非现场方式进行内部控制检查，将上市公司的内部控制体系建设情况记入上市公司及其高级管理人员的诚信记录数据库，对违反内部控制相关规定的上市公司限期整改，并在再融资和股权激励方面重点关注。

3. 积极引导内部控制信息系统的开发和使用

监管机构应加强宣传和政策扶持，积极引导企业内部控制信息系统的开发和使用，促进我国内部控制信息系统的发展，提高上市公司对内部控制信息化的重视，减少内部控制中的人为因素，全面提升内部控制水平。

第十一章 主要研究结论与建议

第一节 主要研究结论

财务报表审计的目的是提高财务报表预期使用者对财务报表的信赖程度，审计意见类型是审计师通过对被审计单位财务报表的审计，就其在所有重大方面的合法性和公允性发表的意见类型。通过对上市公司审计意见及其影响的实证研究，得出主要研究结论如下：

1. 审计意见对股价的影响

审计意见对股价影响的实证研究结果表明，从超额日收益率和累计超额收益率图形上看，非标准意见与标准意见有差异，回归结果表明这种差异不够显著，不同审计意见类型对股价的影响不大，股价对不同年度非标准审计意见的市场反应不同。

2. 会计师事务所变更与审计意见

会计师事务所变更与审计意见的实证研究结果表明，从描述性统计分析结果可以看出，变更前一年被出具非标准审计意见的上市公司更倾向于变更会计师事务所，通过进一步研究发现这种关系不够显著；第一大股东的变更和会计师事务所变更前一年度的亏损情况与会计师事务所变更之间，存在显著的正相关关系。

3. 盈余管理与审计意见

盈余管理与审计意见的实证研究结果表明，盈余管理与非标准审计意见类型有一定的正相关性，不同年度的显著程度不同。从可控应计利润指标看，上市公司都有不同程度的盈余管理行为，非标公司的盈余管理程度较高。不同年度和公司的经营环境不同，采取的盈余管理手段不同，对于经营业务活动较多的公司，更倾向于用增或减收入（费用）等手段进行盈余管理，这种情况可以通过可控应计利润指标反映出来；对于主营业务停滞、不能正常生产经营的公司，主要通过调节非经常性的利得和损失等手段进行盈余管理。

4. 公司治理与审计意见

公司治理与审计意见的实证研究结果表明，流通股比例和董事会开会次数等指标与审计意见有显著的关系，其他指标的影响不显著。我国上市公司的董事会人数、监事会人数、独立董事的比例均按规定设置，外观上差别不大，由于董事、独立董事、监事和高管的具体作为从各种信息披露中没有体现，本研究具有一定的局限性。

5. 审计费用与审计意见

审计费用与审计意见的实证研究结果表明，审计费用与审计意见类型有非常显著的负相关关系，说明被出具标准审计意见的上市公司支付的审计费用高，非标公司支付的审计费用低；影响审计费用的还有上市公司的资产规模、审计师对上市公司审计的复杂程度、上市公司的获利能力和偿债能力、是否 ST、会计师事务所规模、审计年限和上市公司所在地等因素。

实证研究结果还表明，审计意见类型与审计费用不具有显著相关性，由于大部分非标公司的持续经营能力较差，审计风险大，其最低审计费用会高于标准公司的最低水平。

6. 持续经营能力与审计意见

持续经营能力与审计意见的实证研究结果表明，上市公司的盈利能力、偿债能力和营运能力等财务指标对审计意见有显著影响，有无担保等非财务指标对审计意见类型无显著影响，因持续经营能力差被出具非标准审计意见的多为资不抵债、亏损的上市公司。说明有无担保等非财务指标没有得到注册会计师的重视；上市公司的盈利能力、偿债能力和营运能力等财务指标越强，持续经营能力越强，年报被出具标准审计意见的可能性越大。

7. 内部控制与审计意见

内部控制与审计意见的实证研究结果表明，内部控制与非标准审计意见显著负相关。说明上市公司的内部控制越好，其年报被出具非标准审计意见的可能性越小。

在上述研究中，为了揭示会计师事务所变更、盈余管理、公司治理、审计费用、持续经营能力和内部控制与审计意见之间的真实关系，避免估计结果的偏离，实证研究中引入了反映上市公司盈利能力、偿债能力和营运能力或资产管理能力等财务指标，实证研究结果表明，这些指标与非标准审计意见存在着不同程度的显著相关性。也就是说，上市公司的财务状况、经营成果和现金流量是影响审计意见的重要因素。

第二节 建 议

通过对上市公司审计意见及其影响的实证研究，针对研究中发现的审计意见信息含量不高、会计师事务所变更原因披露不真实、存在过度的盈余管理行为、股权结构不够合理以及治理层和管理层未能尽职尽责、审计收费制度不够完善、对非财务指标的披露不够规范、内部控制的监督检查机制不健全等问题，提出如下建议：

1. 进一步提高审计意见的信息含量

设立对投资者教育的专职机构，赋予专职机构法定的投资者教育义务。提高投资者的认知水平，保护投资者的权益，引导投资者根据企业内在价值做长线投资和理性投资，发挥对审计的监督约束作用，避免出现不同类型的非标准审计意见的市场反应无显著差异，甚至带强调事项无保留意见的负面市场反应大于保留意见的现象。

强化资本市场的有效性，加强对上市公司的监管。采取措施减少公司内幕交易，减少投资者与经营者之间的信息不对称，加强行业信息披露，发挥新闻媒体和社会舆论的监督功能，不断完善现行的"核准制"和市场退出机制。

2. 进一步完善会计信息披露制度

会计信息使用者所需要的财务信息必须具有可靠性、可比性和相关性，这是会计准则对会计信息披露质量的最基本的要求。进一步规范上市公司信息披露的模式，真实披露会计师事务所变更的原因，使财务报表使用者得到最可靠的信息，杜绝审计意见购买行为的发生。

改进审计费用的披露机制，由证监会设计披露审计收费信息的统一表格，采用表格的形式列示年报审计收费信息，要求上市公司按统一格式如实披露审计收费信息，使财务报表更具有可比性。完善非财务指标的披露制度，监管部门应要求上市公司在财务报表中列示完整的非财务指标，使所提供的信息与报表使用者的需求更加具有相关性。

继续加强对上市公司信息披露的监管，减少信息披露滞后和频繁更正现象，提高财务报表信息披露的质量，以利于投资者的投资决策。

3. 逐步完善上市公司的治理结构

优化股权结构，改变上市公司中股权结构不合理的现状，减少第一大股东的持股比例，完善会计师事务所的选聘制度，保证会计师事务所的独立性。

提高独立董事的独立性，加强其业务素质并充分发挥其监督职能。适当增加高级管理层的持股比例，并要求在一定时间内不得转让，激励并且约束高管人员的行为，促使他们的利益与公司利益有更大的一致性。

加强对经营者的职业道德教育，让他们从思想上认识盈余管理的弊端。不断健全或完善公司治理结构，形成内部制约和监控机制，抑制盈余管理事件的发生。推行股票期权计划和民事赔偿制度，建立和健全有效的激励约束制度。

4. 不断完善企业的内部控制制度

进一步明确董事会和管理层对建立健全内部控制的责任，制定对上市公司内部控制的监督检查机制，通过现场和非现场方式进行内部控制检查，将上市公司的内部控制体系建设情况记入上市公司及其高级管理人员的诚信记录数据库，对违反内部控制相关规定的上市公司限期整改，并在再融资和股权激励方面重点关注。

积极引导企业内部控制信息系统的开发和使用，促进我国内部控制信息系统的发展，提高上市公司对内部控制信息化的重视，减少内部控制中的人为因素，全面提升内部控制水平。

加强对内部控制的宣传和培训力度，要求上市公司组织全体员工学习内部控制基本规范和相关应用指引的各项要求，全面把握内部控制的基本理念和核心内容，提高风险意识，加快内部控制方面的人才培养。

5. 加强对会计师事务所的监管力度

加强对会计师事务所执行上市公司年报审计业务的监管，有利于将审计风险控制在一个可接受的水平，杜绝审计失败，提高审计质量和审计的公信度，有利于保护广大投资者的切身利益和资本市场的稳定与健康发展。

注册会计师协会对会计师事务所的监督应当贯穿于年报审计工作的始终，做到审前指导，审中实时监控和严格督导，年报审计完后对有关审计工作的档案进行检查，严肃处理年报审计工作中发现的舞弊行为。

6. 加强对注册会计师的职业道德教育

注册会计师审计行业的工作性质决定了审计人员不但要有专业胜任能力，还需要良好的职业道德。我国的注册会计师资格是通过考试取得的，没有相关职业道德的审查，注册会计师个人的职业道德水平参差不齐，对违规人员的处罚力度不够，导致有些注册会计师对职业道德不够重视，甚至会发生与上市公司共同舞弊的行为。

要提高审计质量必须不断加强对注册会计师个人的职业道德教育，引导注册会计师树立与社会主义市场经济相适应的道德观念和价值观念，把职业道德要求变成自己的内在信念和行为准则，增强抵制金钱信念、片面追求业务收入等错误思想侵袭的能力，促进良好的职业操守的形成。

参 考 文 献

［1］ Baskin, E. F. The communicative effectiveness of consistency exceptions, The Accounting Review, January 1972.

［2］ Firth M. Qualified audit reports: Their impact on investment decisions ［J］. The Accounting Review. July1978, 53 (3): 93 –118.

［3］ Elliott, J. A. "subject to" audit opinions and abnormal security returns: outcomes and ambiguities ［J］. Journal of Accounting and Research, April 1982: 617 – 638.

［4］ Jones, Frederick L. The Information Content of the qualified auditor's Going Concern Evaluation ［J］. Journal of Accounting and Public Policy. Spring, 1996: 1 – 27.

［5］ Charles J. P. Chen, Xijia Su and Ronald Zhao. An emerging market's reaction to initial modified audit opinions: Evidence from the Shanghai stock exchange ［J］. Contemporary accounting Research. Toront: Fall 2000: 3 – 27.

［6］ 李增泉. 实证分析: 审计意见的信息含量. 会计研究, 1999 (8): 16 –22.

［7］ 陈梅花. 股票市场审计意见信息含量研究: 来自 1995 ~ 1999 年上市公司年报的实证证据 ［J］. 中国会计与财务研究, 2002 (1): 62 – 82.

［8］ 陈晓, 王鑫. 股票市场对保留审计意见报告公告的反应 ［J］. 经济科学, 2001 (3): 78 – 89.

［9］ 姜永杰. 审计意见与股价报酬相关性研究——来自深沪市的实证 ［D］. 硕士毕业论文 (2003) 首都经济贸易大学.

［10］ 肖序, 周志方. 上市公司非标准审计意见的市场反应及价值相关性研究——来自 2001 ~ 2004 年的经验数据 ［J］. 南京审计学院学报. 2006 (3): 1 – 8.

［11］ Chow C. The Demand for External Auditing: Size Debt and Ownership Influences ［J］. The Accounting Review, 1982 (4): 326 – 335.

［12］ Krishnan J. and R. Stephens. Evidence on Opinion Shopping from Audit Opinion Conservatism ［J］. Journal of Accounting and Public Policy, 1995 (1): 179 – 201.

［13］ Schwartz K. B. and Menon. Auditor switches by failing funs ［J］. Accounting Review, 1985 (April): 248 – 261.

［14］ Johnson W. B. and T. Lys. The Market for Audit Services: Evidence from

Voluntary Auditor Changes [J]. Journal of Accounting and Economics, 1990, January: 281 – 308.

[15] Krishnan J. Auditor switching and conservation [J]. The Accounting Review, 1994 (1): 200 – 215.

[16] Schwartz, K. B. and K. Menon. Auditor Switches by failing Funs [J]. The Accounting Review, 1985 (April): 248 – 261.

[17] Bryan, Tiras and Wheaktley. The relation of audit opinion and auditor change with bankruptcy emergence, An article presented on the seventh Annual Midyear Auditing section meeting [J]. The Accounting Review, 2001 (October).

[18] Burton J., and W. Roberts. A study of auditor changes [J]. The Journal of Accountancy, 1967 (April): 31 – 36.

[19] Carpenter C. and Strawswer R. Displacement of auditors when clients go public. Journal of Accountancy, 1971 (June): 55 – 58.

[20] Bedingfield J. B. and S. E. Loeb. Auditor changes-An examination [J]. The Journal of Accountancy, 1974 (March): 66 – 69.

[21] Beattie V. and Feanrley S. Audit market competition: Auditor changes and the impact of tendering [J]. Journal of Business Finance and Accounting, 1998 (September): 261 – 289.

[22] 耿建新,杨鹤. 我国上市公司变更会计师事务所情况的分析 [J]. 会计研究, 2001 (4): 57 – 62.

[23] 李东平,黄德华,王振林. "不清洁" 审计意见、盈余管理与会计师事务所变更 [J]. 会计研究, 2001 (6): 51 – 57.

[24] 朱红军. 国外公司盈余管理与审计师更换关系探讨 [J]. 外国经济与管理, 2003 (9): 39 – 42.

[25] 杨鹤,徐鹏. 审计师更换对审计独立性影响的实证研究 [J]. 审计研究, 2004 (1): 83 – 88.

[26] 朱小斌. 上市公司更换会计师事务所的特征分析 [J]. 证券市场导报, 2001 (10): 11 – 15.

[27] 吴粒,杨雅楠. 财务困境公司变更会计师事务所的实证研究 [J]. 金融经济, 2007 (14): 107 – 108.

[28] 吴锡皓,曹智学,祝孝明. 财务能力、审计意见与自愿性审计师变更关系实证研究 [J]. 财会通讯, 2009 (12): 102 – 104.

[29] 吴溪. 证券市场中的审计师变更研究 [J]. 中国注册会计师, 2001 (5): 10 – 14.

[30] 余玉苗. 我国上市公司注册会计师审计关系研究 [J]. 审计研究,

2000 (5): 1 – 5.

[31] 袁松清. 我国 A 股市场审计师变更研究 [D] 硕士毕业论文 (2007). 北京交通大学.

[32] 张敏, 李伟, 张胜. 审计师聘任的实际决策者: 股东还是高管? [J]. 审计研究, 2010 (6): 86 – 93.

[33] Kinney W. and R. Martin. Does Auditing Reduce Bias in Financial Reporting? A Review of Audit-Related Adjustment Studies [J]. A Journal of Practice and Theory. 1994 (13): 149 – 156.

[34] Eli, B. Ferdinand, A. G. and Judy, S. L. T. Discretionary Accruals Models and Audit Qualifications. Working Paper, 1998: 1 – 20.

[35] Francis, J. and Krishnan, J. Accounting Accruals and Auditor Reporting Conservatism [J]. Contemporary Accounting Research, 1999 (16): 135.

[36] Johl, S., Jubb, C. and K. Houghton. "Earnings Management and the Audit Opinion: Evidence from Malaysia" [J]. Managerial Auditing Journal, 2007 (22): 688 –715.

[37] Bradshaw M., Richardson S. and Sloan R. Do analysts and auditors use information in accruals? [J]. Journal of Accounting Research. 2001 (39): 45 – 74.

[38] 章永奎, 刘峰. 盈余管理与审计意见相关性实证研究 [J]. 中国会计与财务研究, 2002, 4 (1): 1 – 13.

[39] 徐浩萍. 会计盈余管理与独立审计质量 [J]. 会计研究, 2004 (1): 44 – 49.

[40] 李维安, 王新汉, 王威. 盈余管理对审计意见的影响 [J]. 财经论丛, 2005 (1): 78 – 85.

[41] 刘继红. 国有股权、盈余管理与审计意见 [J]. 审计研究, 2009 (2): 32 – 39.

[42] 王爱国, 尚兆燕. 法律惩戒、审计意见与审计变通行为 [J]. 审计研究, 2010 (2): 54 – 61.

[43] 李玉平, 贾榕泉. 注册会计师审计意见与企业盈余管理相关性的研究 [J]. 青岛科技大学学报 (社会科学版), 2007, 23 (1): 46 – 49.

[44] 孟焰, 王伟. 上市公司非经常性损益扭亏盈余管理案例研究 [J]. 当代财经, 2010 (2): 123 – 128.

[45] 簿仙慧, 吴联生. 盈余管理、信息风险与审计意见 [J]. 审计研究, 2011 (1): 90 – 97.

[46] Leech, D. and Leahy, J. Ownership Structure, Control Type Classifications and the Performance of Large British Companies [J]. The Economic Journal, 1991

（101）：1418 – 1437.

［47］ Yermack D. Higher market valuation of companies with a small board of directors ［J］. Journal of financial Economics, 1996 （40）：185 – 213.

［48］ Beasley and Mark. An Empirical Analysis of the Relation Between Board of Director Composition and Financial Statement ［J］. The Accounting Review, 1996 （10）：443 – 466.

［49］ La Porta, R., F. Lopez-de-Silanes, A. Shleifer and R. W. Vishny. "Law and Finance", Journal of Political Economy, 1998 （6）：13 – 15.

［50］ Mohammad Hudaib, T. E. Cooke The Impact of Managing Director Changes and Financial Distress on Audit Qualification and Auditor Switching ［J］. Journal of Business Finance & Accounting, 2005 （32）：1703 – 1739.

［51］ 刘立国, 杜莹. 公司治理与会计信息质量关系的实证研究 ［J］. 会计研究, 2003 （2）：28 – 36.

［52］ 张俊瑞, 董南雁. 公司治理与审计意见：来自中国上市公司的证据 ［J］. 当代财经, 2006 （11）：113 – 117.

［53］ 王震, 彭敬芳. 中国上市公司治理结构与审计意见的相关性研究 ［J］. 审计与经济研究, 2007, 22 （6）：16 – 19.

［54］ 张玉兰, 田利军. 公司治理与审计意见 ［J］. 财会通讯：学术版, 2008 （8）：119 – 122.

［55］ 林妍, 裴源远. 上市公司治理结构对审计意见的影响 ［J］. 中国集体经济, 2011 （1）：143 – 144.

［56］ 肖作平. 公司治理影响审计质量吗？——来自中国资本市场的经验证据 ［J］, 管理世界, 2006 （7）：28 – 39.

［57］ 李萃, 袁建华, 解飞. 董事会特征、会计信息质量与审计意见的实证研究 ［J］. 绿色财会, 2010 （7）：6 – 9.

［58］ Simunic, D. A. The Pricing of audit services：Theory and evidence ［J］, Journal of Accounting Research, 1980 （18）：161 – 190.

［69］ Allen Craswell, Donald J. Stokes and Janet Laughton. Does the provision of non-audit services impair auditor independence? International Journal of Auditing ［J］. 2002 （1）：29 – 40.

［60］ Anderson, T. and Zeghal, D. The Pricing of Audit Services：Further Evidence from the Canadian Market ［J］. Accounting and Business Research, 1994, （4）：161 – 190.

［61］ Michael Firth. An Analysis of Audit Fee and Their Determinants in New Zealand. Audit, a Journal of Practice and Theory, Spring 1985 （3）：23 – 37.

［62］ Krishna opal Menon and David D. Williams. Long-Term Trends in Audit Fee. Audit, a Journal of Practice and Theory, March 2001 (4): 115 – 136.

［63］ Lay-Chin Low, Pearl Hock-Neo Tan and Hian-Chye Koh. The Determination of Audit Fee: an Analysis in the Singapore Context Journal of Business Finance and Accounting, spring 1990 (4): 285 – 295.

［64］ Johnson, Ericn and Kenton, B. Supplier Concentration and Pricing of Audit Services in New Zealand Auditing, Autumn, 1995 (3): 44 – 79.

［65］ Maizer, P. Auditor reputation: The international Empirical Evidence [J]. International Journal Auditing, 1997 (1): 61 – 74.

［66］ Geiger, M. and K. Raghunandan. Auditor tenure and audit reporting failure, Auditing [J]. A Journal of Practice and theory, 2002 (5): 67 – 78.

［67］ Myers J. N. , Myers L. A. and Omer T. C. Exploring the Term of the Auditor Client Relationship and the Quality of Earnings: A Case for Mandatory Auditor Rotation? [J]. The Accounting Review, 2003 (8): 779 – 799.

［68］ 伍利娜. 审计定价影响因素研究——来自中国上市公司首次审计费用披露的证据 [J]. 中国会计评论, 2003, 7 (1): 113 – 127.

［69］ 李连军. 审计服务定价与事务所声誉研究 [M]. 上海: 上海财经大学, 2004: 15 – 134.

［70］ 李爽, 吴溪. 监管信号、风险评价与审计定价: 来自审计师变更的证据 [J]. 审计研究, 2004 (1): 13 – 18.

［71］ 朱小平, 余谦. 我国审计收费影响因素之实证研究 [J]. 中国会计评论, 2004 (2): 393 – 408.

［72］ 夏立军. 盈余管理计量模型在中国股票市场的应用研究 [J]. 中国会计与财务研究, 2005 (2): 23 – 29.

［73］ 张继勋, 徐奕. 上市公司审计收费影响因素研究——来自上市公司2001 到 2003 年的经验证据 [J]. 中国会计评论, 2005 (1): 99 – 116.

［74］ 徐欢. 对我国上市公司审计费用影响因素的实证分析 [J]. 连云港职业技术学院学报, 2008 (1): 36 – 39.

［75］ 张小会, 王培兰. 上市公司年报审计费用影响因素之实证研究 [J]. 山西财政税务专科学校学报, 2007 (4): 33 – 37.

［76］ 毛钟红. 我国审计收费影响因素的经验分析 [J]. 财会通讯, 2008 (4): 32 – 45.

［77］ 陈平, 戴志燕. 基于审计关系主体的审计收费研究 [J]. 财会通讯, 2008 (9): 13 – 15.

［78］ 刘婷婷, 朱锦余. 我国 A 股上市公司审计费用决定因素分析 [J].

《经济问题探索》，2010（10）：124 - 128.

［79］Kida，T. An investigation into auditor continuity and related qualification judgments ［J］. Journal of Accounting Research，1980（Autumn）：506 - 526.

［80］Mutchler J. F. A Multivariate Analysis of the Auditors' Going concern Opinion Decision ［J］. Journal of Accounting Research，1985（8）：668 - 682.

［81］Nicholas Dopuch，Robert W. Holthausen，and Richard W. Leftwich. Predicting audit qualifications with financial and market Variables ［J］. The Accounting Review，1987（July）：431 - 452.

［82］蔡春，杨麟，陈晓媛，陈钰泓. 上市公司审计意见类型影响因素的实证分析——基于沪深股市 2003 年 A 股年报资料的研究 ［J］. 财经科学，2005（1）：95 - 102.

［83］李淑华. 上市公司年度报告审计意见之实证研究——统计特征及其信息涵义 ［J］. 审计研究资料，中国审计学会，1998（8）：1 - 33.

［84］唐恋炯，王振易. 中国证券市场审计意见的决定因素 ［J］. 河北科技师范学院学报（社会科学版），2005（2）：15 - 18.

［85］暴瑞藏，唐玉莲. 持续经营假设与审计意见关系的实证分析 ［J］. 新会计，2010（2）：43 - 44.

［86］Krishnan，J. Audit Committee Quality and Internal Control：an Empirical Analysis. Accounting Review，2005，80（2）：649 - 675.

［87］Ash-baugh-Skaife，H.，Collins，D.，Kinney，W. and LaFond，R. The effect of SOX Internal Control Deficiencies and their Re-mediation on Accrual Quality ［J］. The Accounting Review，2008，83：217 - 250.

［88］杨德明，王春丽，王兵. 内部控制、审计鉴证与审计意见 ［J］. 财经理论与实践，2009（30）：61 - 66.

［89］DeAngelo L. E. Auditor Independence，Low-balling and Disclosure Regulation ［J］. Journal of Accounting and Economics，1981a，3（2）：113 - 127.

［90］郭涛，黄瀛，焦烨妍. 非标审计意见的市场反应检验 ［J］. 沈阳工业大学学报，2005（5）：113 - 116.

［91］唐齐鸣，黄素心. ST 公布和 ST 撤销事件的市场反应研究——来自深沪股市的实证检验 ［J］. 统计研究，2006（11）：43 - 47.

［92］王萍. 关于沪市 A 股市场规模效应的实证研究 ［J］. 运筹与管理，2006（2）：119 - 123.

［93］宋献中，汤胜. 中国股市"过度反应"与"规模效应"的实证分析——基于中国上海 A 股股票市场的检验 ［J］. 暨南学报，2006（3）：74 - 78.

［94］陈梅花. 审计意见信息含量研究——来自中国证券市场的实证证据

[D]. 博士毕业论文（2001）. 上海财经大学.

[95] 刘世全. 我国上市公司审计意见的市场传导效应研究 [D]. 硕士毕业论文（2005），重庆大学.

[96] 王勇，曾子晖. 我国上市公司股利政策信息内涵实证研究 [J]. 哈尔滨工业大学学报（社会科学版），2006（6）：124 – 127.

[97] 孙爱军，陈小悦. 关于会计盈余的信息含量的研究——兼论中国股市的利润驱动特性 [J]. 北京大学学报（哲学社会科学版），2002（1）：15 – 27.

[98] 赵宇龙. 会计盈余披露的信息含量——来自上海股市的经验证据[J]. 经济研究，1998（7）：42 – 50.

[99] 姚胜琦，童菲，周晓辉. 上市公司诉讼仲裁信息的披露与股票非系统波动性的变化 [J]. 系统工程，2006（7）：37 – 44.

[100] 黄云洲，赵喜仓. 股票退市风险警示制度的效应分析 [J]. 统计与决策，2004（11）：39 – 41.

[101] Katherine Schipper. Commentary on Earnings management [J] Accounting Horizons, 1989（12）：91 – 102.

[102] Healy P. M. and J. M. Walden. A Renew of the Earnings Management Literature and Its Implications for Standard Setting [J] Accounting Horizon 1999（11）：365.

[103] William R. Scott. Financial Accounting Theory [M]. Prentice Hall, Inc. 2003, 3rd ed: 368.

[104] 秦荣生. 财务会计新课题：盈余管理 [J]. 当代财经，2001（2）：55 – 80.

[105] 杨秀艳，郑少锋. 审计意见对上市公司盈余管理的识别分析 [J]. 中国海洋大学学报（社会科学版），2007（2）：73 – 76.

[106] 李维安，王新汉，王威. 盈余管理与审计意见关系的实证研究——基于非经营性收益的分析 [J]. 财经研究，2004（11）：126 – 133.

[107] 马惠媚，袁春力. 公司绩效与审计意见类型的相关性——基于我国制造行业上市公司的实证分析 [J]. 价值工程，2009（5）：140 – 143.

[108] Biddle, G. and G. Hilary. Accounting Quality and Firm Level Capital Investment [J]. Accounting Review 2006（81）：963 – 982.

[109] 夏立军，杨海斌. 从审计意见看审计质量——上市公司 2000 年度财务报告意见实证分析 [J]. 中国注册会计师，2002（1）：23 – 26.

[110] Bell T. and Tabor R. Empirical Analysis of Audit Uncertainty Qualifications [J]. Journal of Accounting Research, 1991（8）：350 – 370.

[111] 王媛. 我国上市公司盈余管理与审计意见的相关性研究 [D]. 硕士毕业论文（2008）. 北京交通大学：21 – 30.

[112] 杜兴强，郭剑花. 审计师变更与审计意见购买：一项经验研究 [J]. 山西财经大学学报，2008 (11)：101 - 106.

[113] 刘伟，刘星. 审计师变更、盈余操纵与审计师独立性——来自中国 A 股上市公司的经验证据 [J]. 管理世界，2007 (9)：129 - 135.

[114] Warfield, T. D. , John. J. Wild and Kenneth. L. Wild. Managerial ownership, Accounting choices and Informativeness of earnings [J]. Journal of Accounting and Economics, 1995, 20.

[115] 李平，曲岩. 上市公司股权结构与审计意见关系的实证分析 [J]. 财会通讯，综合版，2010 (5)：97 - 99.

[116] 胡卉芳. 公司治理对审计意见类型的影响因素研究 [D]. 硕士毕业论文 (2010). 兰州理工大学.

[117] 蔡玉龙. 论机构投资者与上市公司治理的关系 [J]. 经济问题，2005 (8)：14 - 16.

[118] 林斌，饶静. 上市公司为什么自愿披露内部控制鉴证报告？——基于信号传递理论的实证研究 [J]. 会计研究，2009 (2)：45 - 52.

[119] 蔡宁，梁丽珍. 公司治理与财务舞弊关系的经验分析 [J]. 财经理论与实践，2003 (6)：80 - 84.

[120] 王宗军，王山慧，田原. 董事会治理与公司经营困境关系研究的现状、问题与趋势 [J]. 技术经济，2010 (9)：103 - 107.

[121] 刘晶. ST 公司高级管理人员更换与公司业绩的关系 [J]. 山东省农业管理干部学院学报，2003 (6)：119 - 121.

[122] 张涛. ST 公司高管人员更换之相关因素实证研究 [J]. 会计之友，2005 (5)：60 - 61.

[123] 蒋荣，刘星，刘斌. 中国上市公司外部审计治理有效性的实证研究——基于 CEO 变更视角 [J] 财经研究，2007, 33 (11)：92 - 102.

[124] 陈祖英，刘银国，朱龙. 公司治理与企业价值的相关性研究 [J]. 技术经济，2010 (3)：114 - 120.

[125] 陆正飞，童盼. 审计意见、审计师变更与监管政策——一项以 14 号规则为例的经验研究 [J]. 审计研究，2003 (3)：30 - 35.

[126] 魏素艳，张红，刘丹. 我国上市公司审计收费影响因素的实证分析——来自上证 180 指数样本股的经验证据 [J]. 北京理工大学学报，2005 (05)：32 - 35.

[127] 夏孟余. 上市公司审计收费影响因素的实证研究 [J]. 财会通讯（学术版），2005 (11)：54 - 56.

[128] 张恭杰. 需求基础观下上市公司审计收费影响因素实证研究——来自

沪市 2006 年报的证据 [J]. 中南财经政法大学研究生学报，2008（5）：68 – 73.

　　[129] 王跃堂，赵子夜. 股权结构影响审计意见吗？——来自沪深股市的经验证据 [J]. 中国会计与财务研究，2003（4）：1 – 50.

　　[130] Bao B. and Chen G. Audit Qualifications Prediction Using Accounting and Market Variables: The Case of Chinese Listed Companies' [J]. Working Paper，1998.

　　[131] 朱小平，余谦. 上市公司的财务指标与审计意见类型相关性的实证分析 [J]. 中国会计评论，2003，07（1）：29 – 48.

　　[132] 吕先培，王伟. 注册会计师非标准审计意见影响因素的实证研究——来自中国证券市场的行业经验证据 [J]. 审计研究，2007（1）：51 – 58.

　　[133] 陈晓，陈治鸿. 上市公司的财务困境预测 [J]. 中国会计与财务研究，2000（3）：55 – 91.

　　[134] 王宏，蒋占华，胡为明，赵丽生等. 中国上市公司内部控制指数研究 [M]. 北京：人民出版社，2011.

　　[135] 鲁桂华，余为政，张晶. 客户相对规模、非诉讼成本与审计意见决策 [J]. 中国会计评论，2007（1）：95 – 110.